FRANSE WOORDENSCHAT
nieuwe woorden leren

T&P Books woordenlijsten zijn bedoeld om u te helpen vreemde woorden te leren, te onthouden, en te bestuderen. De woordenschat bevat meer dan 7000 veel gebruikte woorden die thematisch geordend zijn.

- De woordenlijst bevat de meest gebruikte woorden
- Aanbevolen als aanvulling bij welke taalcursus dan ook
- Voldoet aan de behoeften van de beginnende en gevorderde student in vreemde talen
- Geschikt voor dagelijks gebruik, bestudering en zelftestactiviteiten
- Maakt het mogelijk om uw woordenschat te evalueren

Bijzondere kenmerken van de woordenschat

- De woorden zijn gerangschikt naar hun betekenis, niet volgens alfabet
- De woorden worden weergegeven in drie kolommen om bestudering en zelftesten te vergemakkelijken
- Woorden in groepen worden verdeeld in kleine blokken om het leerproces te vergemakkelijken
- De woordenschat biedt een handige en eenvoudige beschrijving van elk buitenlands woord

De woordenschat bevat 198 onderwerpen zoals:

Basisconcepten, getallen, kleuren, maanden, seizoenen, meeteenheden, kleding en accessoires, eten & voeding, restaurant, familieleden, verwanten, karakter, gevoelens, emoties, ziekten, stad, dorp, bezienswaardigheden, winkelen, geld, huis, thuis, kantoor, werken op kantoor, import & export, marketing, werk zoeken, sport, onderwijs, computer, internet, gereedschap, natuur, landen, nationaliteiten en meer ...

INHOUDSOPGAVE

FRANS

WOORDENSCHAT

THEMATISCHE WOORDENLIJST

NEDERLANDS FRANS

De meest bruikbare woorden
Om uw woordenschat uit te breiden en
uw taalvaardigheid aan te scherpen

7000 woorden

Thematische woordenschat Nederlands-Frans - 7000 woorden
Door Andrey Taranov

Woordenlijsten van T&P Books zijn bedoeld om u woorden van een vreemde taal te helpen leren, onthouden, en bestudering. Dit woordenboek is ingedeeld in thema's en behandelt alle belangrijk terreinen van het dagelijkse leven, bedrijven, wetenschap, cultuur, etc.

Het proces van het leren van woorden met behulp van de op thema's gebaseerde aanpak van T&P Books biedt u de volgende voordelen:

- Correct gegroepeerde informatie is bepalend voor succes bij opeenvolgende stadia van het leren van woorden
- De beschikbaarheid van woorden die van dezelfde stam zijn maakt het mogelijk om woordgroepen te onthouden (in plaats van losse woorden)
- Kleine groepen van woorden faciliteren het proces van het aanmaken van associatieve verbindingen, die nodig zijn bij het consolideren van de woordenschat
- Het niveau van talenkennis kan worden ingeschat door het aantal geleerde woorden

Copyright © 2015 T&P Books Publishing

Alle rechten voorbehouden. Niets uit deze uitgave mag worden verveelvoudigd, opgeslagen in een geautomatiseerd gegevensbestand en/of openbaar gemaakt in enige vorm of op enige wijze, hetzij elektronisch, mechanisch, door fotokopieën, opnamen of op enige andere manier zonder voorafgaande schriftelijke toestemming van de uitgever. U mag dit boek niet verspreiden in welk formaat dan ook.

T&P Books Publishing
www.tpbooks.com

ISBN: 978-1-78492-327-3

Dit boek is ook beschikbaar in e-boek formaat.
Gelieve www.tpbooks.com te bezoeken of de belangrijkste online boekwinkels.

UITSPRAAKGIDS

Letter	Frans voorbeeld	T&P fonetisch alfabet	Nederlands voorbeeld

Klinkers

Letter	Frans voorbeeld	T&P fonetisch alfabet	Nederlands voorbeeld
A a	**cravate**	[a]	acht
E e	**mer**	[ɛ]	elf, zwembad
I i [1]	**hier**	[j]	New York, januari
I i [2]	**musique**	[i]	bidden, tint
O o	**porte**	[o], [ɔ]	overeenkomst, bot
U u	**rue**	[y]	fuut, uur
Y y [3]	**yacht**	[j]	New York, januari
Y y [4]	**type**	[i]	bidden, tint

Medeklinkers

Letter	Frans voorbeeld	T&P fonetisch alfabet	Nederlands voorbeeld
B b	**robe**	[b]	hebben
C c [5]	**place**	[s]	spreken, kosten
C c [6]	**canard**	[k]	kennen, kleur
Ç ç	**leçon**	[s]	spreken, kosten
D d	**disque**	[d]	Dank u, honderd
F f	**femme**	[f]	feestdag, informeren
G g [7]	**page**	[ʒ]	journalist, rouge
G g [8]	**gare**	[g]	goal, tango
H h	**héros**	[h]	stille [h]
J j	**jour**	[ʒ]	journalist, rouge
K k	**kilo**	[k]	kennen, kleur
L l	**aller**	[l]	delen, luchter
M m	**maison**	[m]	morgen, etmaal
N n	**nom**	[n]	nemen, zonder
P p	**papier**	[p]	parallel, koper
Q q	**cinq**	[k]	kennen, kleur
R r	**mars**	[r]	rollende [r]
S s [9]	**raison**	[z]	zeven, zesde
S s [10]	**sac**	[s]	spreken, kosten
T t	**table**	[t]	tomaat, taart
V v	**verre**	[v]	beloven, schrijven
W w	**Taïwan**	[w]	twee, willen
X x [11]	**expliquer**	[ks]	links, maximaal
X x [12]	**exact**	[gz]	[g] als in goal + [z]
X x [13]	**dix**	[s]	spreken, kosten

Letter	Frans voorbeeld	T&P fonetisch alfabet	Nederlands voorbeeld
X x [14]	dixième	[z]	zeven, zesde
Z z	zéro	[z]	zeven, zesde

Lettercombinaties

ai	faire	[ɛ]	elf, zwembad
au	faute	[o], [o:]	aankomst, rood
ay	payer	[eɪ]	Azerbeidzjan
ei	treize	[ɛ]	elf, zwembad
eau	eau	[o], [o:]	aankomst, rood
eu	beurre	[ø]	neus, beu
œ	œil	[ø]	neus, beu
œu	cœur	[ø:]	lange 'uh' als in deur
ou	nous	[u]	hoed, doe
oi	noir	[wa]	zwart, wachten
oy	voyage	[wa]	zwart, wachten
qu	quartier	[k]	kennen, kleur
ch	chat	[ʃ]	shampoo, machine
th	thé	[t]	tomaat, taart
ph	photo	[f]	feestdag, informeren
gu [15]	guerre	[g]	goal, tango
ge [16]	géographie	[ʒ]	journalist, rouge
gn	ligne	[ɲ]	cognac, nieuw
on, om	maison, nom	[ɔ̃]	nasale [o]

Opmerkingen

[1] voor klinkers
[2] elders
[3] voor klinkers
[4] elders
[5] voor e, i, y
[6] elders
[7] voor e, i, y
[8] elders
[9] tussen twee klinkers
[10] elders
[11] in de meeste gevallen
[12] zelden
[13] in dix, six, soixante
[14] in dixième, sixième
[15] voor e, i, u
[16] voor a, o, y

AFKORTINGEN
gebruikt in de woordenschat

Nederlandse afkortingen

mann.	-	mannelijk
vrouw.	-	vrouwelijk
mv.	-	meervoud
on.ww.	-	onovergankelijk werkwoord
ov.ww.	-	overgankelijk werkwoord
bn	-	bijvoeglijk naamwoord
bw	-	bijwoord
abn	-	als bijvoeglijk naamwoord
bijv.	-	bijvoorbeeld
enz.	-	enzovoort
wisk.	-	wiskunde
enk.	-	enkelvoud
ov.	-	over
mil.	-	militair
vn	-	voornaamwoord
telb.	-	telbaar
form.	-	formele taal
ontelb.	-	ontelbaar
inform.	-	informele taal
vw	-	voegwoord
vz	-	voorzetsel
ww	-	werkwoord

Nederlandse artikelen

de	-	gemeenschappelijk geslacht
het	-	onzijdig
de/het	-	onzijdig, gemeenschappelijk geslacht

Franse afkortingen

m	-	mannelijk zelfstandig naamwoord
f	-	vrouwelijk zelfstandig naamwoord
pl	-	meervoud
m pl	-	mannelijk meervoud
f pl	-	vrouwelijk meervoud

m, f	-	mannelijk, vrouwelijk
vt	-	overgankelijk werkwoord
vi	-	onovergankelijk werkwoord
adj	-	bijvoeglijk naamwoord
adv	-	bijwoord
conj	-	voegwoord
prep	-	voorzetsel
pron	-	voornaamwoord
v aux	-	hulp werkwoord
v imp	-	onpersoonlijk werkwoord
vi, vt	-	onovergankelijk, overgankelijk werkwoord
vp	-	pronominaal werkwoord
etc.	-	enzovoort

BASISBEGRIPPEN

Basisbegrippen Deel 1

1. Voornaamwoorden

ik	**je**	[ʒə]
jij, je	**tu**	[ty]
hij	**il**	[il]
zij, ze	**elle**	[ɛl]
het	**ça**	[sa]
wij, we	**nous**	[nu]
jullie	**vous**	[vu]
zij, ze (mann.)	**ils**	[il]
zij, ze (vrouw.)	**elles**	[ɛl]

2. Begroetingen. Begroetingen. Afscheid

Hallo! Dag!	**Bonjour!**	[bɔ̃ʒur]
Hallo!	**Bonjour!**	[bɔ̃ʒur]
Goedemorgen!	**Bonjour!**	[bɔ̃ʒur]
Goedemiddag!	**Bonjour!**	[bɔ̃ʒur]
Goedenavond!	**Bonsoir!**	[bɔ̃swar]
gedag zeggen (groeten)	**dire bonjour**	[dir bɔ̃ʒur]
Hoi!	**Salut!**	[saly]
groeten (het)	**salut** (m)	[saly]
verwelkomen (ww)	**saluer** (vt)	[salɥe]
Hoe is het?	**Comment ça va?**	[kɔmɑ̃ sa va]
Is er nog nieuws?	**Quoi de neuf?**	[kwa də nœf]
Dag! Tot ziens!	**Au revoir!**	[orəvwar]
Tot snel! Tot ziens!	**À bientôt!**	[ɑ bjɛ̃to]
Vaarwel!	**Adieu!**	[adjø]
afscheid nemen (ww)	**dire au revoir**	[dir ərəvwar]
Tot kijk!	**Salut!**	[saly]
Dank u!	**Merci!**	[mɛrsi]
Dank u wel!	**Merci beaucoup!**	[mɛrsi boku]
Graag gedaan	**Je vous en prie**	[ʒə vuzɑ̃pri]
Geen dank!	**Il n'y a pas de quoi**	[il njapɑ də kwa]
Geen moeite.	**Pas de quoi**	[pɑ də kwa]
Excuseer me, ... (inform.)	**Excuse-moi!**	[ɛkskyz mwa]
Excuseer me, ... (form.)	**Excusez-moi!**	[ɛkskyze mwa]

excuseren (verontschuldigen)	**excuser** (vt)	[ɛkskyze]
zich verontschuldigen	**s'excuser** (vp)	[sɛkskyze]
Mijn excuses.	**Mes excuses**	[me zɛkskyz]
Het spijt me!	**Pardonnez-moi!**	[pardɔne mwa]
vergeven (ww)	**pardonner** (vt)	[pardɔne]
Maakt niet uit!	**C'est pas grave**	[sepagrav]
alsjeblieft	**s'il vous plaît**	[silvuple]
Vergeet het niet!	**N'oubliez pas!**	[nublije pɑ]
Natuurlijk!	**Bien sûr!**	[bjɛ̃ sy:r]
Natuurlijk niet!	**Bien sûr que non!**	[bjɛ̃ syr kə nɔ̃]
Akkoord!	**D'accord!**	[dakɔr]
Zo is het genoeg!	**Ça suffit!**	[sa syfi]

3. Kardinale getallen. Deel 1

nul	**zéro**	[zero]
een	**un**	[œ̃]
twee	**deux**	[dø]
drie	**trois**	[trwa]
vier	**quatre**	[katr]
vijf	**cinq**	[sɛ̃k]
zes	**six**	[sis]
zeven	**sept**	[sɛt]
acht	**huit**	[ɥit]
negen	**neuf**	[nœf]
tien	**dix**	[dis]
elf	**onze**	[ɔ̃z]
twaalf	**douze**	[duz]
dertien	**treize**	[trɛz]
veertien	**quatorze**	[katɔrz]
vijftien	**quinze**	[kɛ̃z]
zestien	**seize**	[sɛz]
zeventien	**dix-sept**	[disɛt]
achttien	**dix-huit**	[dizɥit]
negentien	**dix-neuf**	[diznœf]
twintig	**vingt**	[vɛ̃]
eenentwintig	**vingt et un**	[vɛ̃teœ̃]
tweeëntwintig	**vingt-deux**	[vɛ̃tdø]
drieëntwintig	**vingt-trois**	[vɛ̃trwa]
dertig	**trente**	[trɑ̃t]
eenendertig	**trente et un**	[trɑ̃teœ̃]
tweeëndertig	**trente-deux**	[trɑ̃t dø]
drieëndertig	**trente-trois**	[trɑ̃t trwa]
veertig	**quarante**	[karɑ̃t]
eenenveertig	**quarante et un**	[karɑ̃teœ̃]
tweeënveertig	**quarante-deux**	[karɑ̃t dø]
drieënveertig	**quarante-trois**	[karɑ̃t trwa]

vijftig	**cinquante**	[sɛ̃kɑ̃t]
eenenvijftig	**cinquante et un**	[sɛ̃kɑ̃teœ̃]
tweeënvijftig	**cinquante-deux**	[sɛ̃kɑ̃t dø]
drieënvijftig	**cinquante-trois**	[sɛ̃kɑ̃t trwa]
zestig	**soixante**	[swasɑ̃t]
eenenzestig	**soixante et un**	[swasɑ̃teœ̃]
tweeënzestig	**soixante-deux**	[swasɑ̃t dø]
drieënzestig	**soixante-trois**	[swasɑ̃t trwa]
zeventig	**soixante-dix**	[swasɑ̃tdis]
eenenzeventig	**soixante et onze**	[swasɑ̃te ɔ̃z]
tweeënzeventig	**soixante-douze**	[swasɑ̃t duz]
drieënzeventig	**soixante-treize**	[swasɑ̃t trɛz]
tachtig	**quatre-vingts**	[katrəvɛ̃]
eenentachtig	**quatre-vingt et un**	[katrəvɛ̃teœ̃]
tweeëntachtig	**quatre-vingt deux**	[katrəvɛ̃ dø]
drieëntachtig	**quatre-vingt trois**	[katrəvɛ̃ trwa]
negentig	**quatre-vingt-dix**	[katrəvɛ̃dis]
eenennegentig	**quatre-vingt et onze**	[katrəvɛ̃ teɔ̃z]
tweeënnegentig	**quatre-vingt-douze**	[katrəvɛ̃ duz]
drieënnegentig	**quatre-vingt-treize**	[katrəvɛ̃ trɛz]

4. Kardinale getallen. Deel 2

honderd	**cent**	[sɑ̃]
tweehonderd	**deux cents**	[dø sɑ̃]
driehonderd	**trois cents**	[trwa sɑ̃]
vierhonderd	**quatre cents**	[katr sɑ̃]
vijfhonderd	**cinq cents**	[sɛ̃k sɑ̃]
zeshonderd	**six cents**	[si sɑ̃]
zevenhonderd	**sept cents**	[sɛt sɑ̃]
achthonderd	**huit cents**	[ɥi sɑ̃]
negenhonderd	**neuf cents**	[nœf sɑ̃]
duizend	**mille**	[mil]
tweeduizend	**deux mille**	[dø mil]
drieduizend	**trois mille**	[trwa mil]
tienduizend	**dix mille**	[di mil]
honderdduizend	**cent mille**	[sɑ̃ mil]
miljoen (het)	**million** (m)	[miljɔ̃]
miljard (het)	**milliard** (m)	[miljar]

5. Getallen. Breuken

breukgetal (het)	**fraction** (f)	[fraksjɔ̃]
half	**un demi**	[œ̃ dəmi]
een derde	**un tiers**	[œ̃ tjɛr]
kwart	**un quart**	[œ̃ kar]

een achtste	**un huitième**	[œn ɥitjɛm]
een tiende	**un dixième**	[œ̃ dizjɛm]
twee derde	**deux tiers**	[dø tjɛr]
driekwart	**trois quarts**	[trwa kar]

6. Getallen. Eenvoudige berekeningen

aftrekking (de)	**soustraction** (f)	[sustraksjɔ̃]
aftrekken (ww)	**soustraire** (vt)	[sustrɛr]
deling (de)	**division** (f)	[divizjɔ̃]
delen (ww)	**diviser** (vt)	[divize]
optelling (de)	**addition** (f)	[adisjɔ̃]
erbij optellen (bij elkaar voegen)	**additionner** (vt)	[adisjɔne]
optellen (ww)	**ajouter** (vt)	[aʒute]
vermenigvuldiging (de)	**multiplication** (f)	[myltiplikasjɔ̃]
vermenigvuldigen (ww)	**multiplier** (vt)	[myltiplije]

7. Getallen. Diversen

cijfer (het)	**chiffre** (m)	[ʃifr]
nummer (het)	**nombre** (m)	[nɔ̃br]
telwoord (het)	**adjectif** (m) **numéral**	[adʒɛktif nymeral]
minteken (het)	**moins** (m)	[mwɛ̃]
plusteken (het)	**plus** (m)	[ply]
formule (de)	**formule** (f)	[fɔrmyl]
berekening (de)	**calcul** (m)	[kalkyl]
tellen (ww)	**compter** (vt)	[kɔ̃te]
bijrekenen (ww)	**calculer** (vt)	[kalkyle]
vergelijken (ww)	**comparer** (vt)	[kɔ̃pare]
Hoeveel?	**Combien?**	[kɔ̃bjɛ̃]
som (de), totaal (het)	**somme** (f)	[sɔm]
uitkomst (de)	**résultat** (m)	[rezylta]
rest (de)	**reste** (m)	[rɛst]
enkele (bijv. ~ minuten)	**quelques ...**	[kɛlkə]
weinig (bw)	**peu de ...**	[pø də]
restant (het)	**reste** (m)	[rɛst]
anderhalf	**un et demi**	[œne dəmi]
dozijn (het)	**douzaine** (f)	[duzɛn]
middendoor (bw)	**en deux**	[ɑ̃ dø]
even (bw)	**en parties égales**	[ɑ̃ parti egal]
helft (de)	**moitié** (f)	[mwatje]
keer (de)	**fois** (f)	[fwa]

8. De belangrijkste werkwoorden. Deel 1

aanbevelen (ww)	**recommander** (vt)	[rəkɔmɑ̃de]
aandringen (ww)	**insister** (vi)	[ɛ̃siste]
aankomen (per auto, enz.)	**venir** (vi)	[vənir]
aanraken (ww)	**toucher** (vt)	[tuʃe]
adviseren (ww)	**conseiller** (vt)	[kɔ̃seje]
afdalen (on.ww.)	**descendre** (vi)	[desɑ̃dr]
afslaan (naar rechts ~)	**tourner** (vi)	[turne]
antwoorden (ww)	**répondre** (vi, vt)	[repɔ̃dr]
bang zijn (ww)	**avoir peur**	[avwar pœr]
bedreigen (bijv. met een pistool)	**menacer** (vt)	[mənase]
bedriegen (ww)	**tromper** (vt)	[trɔ̃pe]
beëindigen (ww)	**finir** (vt)	[finir]
beginnen (ww)	**commencer** (vt)	[kɔmɑ̃se]
begrijpen (ww)	**comprendre** (vt)	[kɔ̃prɑ̃dr]
beheren (managen)	**diriger** (vt)	[diriʒe]
beledigen (met scheldwoorden)	**insulter** (vt)	[ɛ̃sylte]
beloven (ww)	**promettre** (vt)	[prɔmɛtr]
bereiden (koken)	**préparer** (vt)	[prepare]
bespreken (spreken over)	**discuter** (vt)	[diskyte]
bestellen (eten ~)	**commander** (vt)	[kɔmɑ̃de]
bestraffen (een stout kind ~)	**punir** (vt)	[pynir]
betalen (ww)	**payer** (vi, vt)	[peje]
betekenen (beduiden)	**signifier** (vt)	[siɲifje]
betreuren (ww)	**regretter** (vt)	[rəgrɛte]
bevallen (prettig vinden)	**plaire** (vt)	[plɛr]
bevelen (mil.)	**ordonner** (vt)	[ɔrdɔne]
bevrijden (stad, enz.)	**libérer** (vt)	[libere]
bewaren (ww)	**garder** (vt)	[garde]
bezitten (ww)	**posséder** (vt)	[pɔsede]
bidden (praten met God)	**prier** (vt)	[prije]
binnengaan (een kamer ~)	**entrer** (vi)	[ɑ̃tre]
breken (ww)	**casser** (vt)	[kase]
controleren (ww)	**contrôler** (vt)	[kɔ̃trole]
creëren (ww)	**créer** (vt)	[kree]
deelnemen (ww)	**participer à ...**	[partisipe a]
denken (ww)	**penser** (vi, vt)	[pɑ̃se]
doden (ww)	**tuer** (vt)	[tɥe]
doen (ww)	**faire** (vt)	[fɛr]
dorst hebben (ww)	**avoir soif**	[avwar swaf]

9. De belangrijkste werkwoorden. Deel 2

een hint geven	**donner un indice**	[dɔne ynɛ̃dis]
eisen (met klem vragen)	**exiger** (vt)	[ɛgziʒe]

excuseren (vergeven)	**excuser** (vt)	[ɛkskyze]
existeren (bestaan)	**exister** (vi)	[ɛgziste]
gaan (te voet)	**aller** (vi)	[ale]
gaan zitten (ww)	**s'asseoir** (vp)	[saswar]
gaan zwemmen	**se baigner** (vp)	[sə beɲe]
geven (ww)	**donner** (vt)	[dɔne]
glimlachen (ww)	**sourire** (vi)	[surir]
goed raden (ww)	**deviner** (vt)	[dəvine]
grappen maken (ww)	**plaisanter** (vi)	[plɛzɑ̃te]
graven (ww)	**creuser** (vt)	[krøze]
hebben (ww)	**avoir** (vt)	[avwar]
helpen (ww)	**aider** (vt)	[ede]
herhalen (opnieuw zeggen)	**répéter** (vt)	[repete]
honger hebben (ww)	**avoir faim**	[avwar fɛ̃]
hopen (ww)	**espérer** (vi)	[ɛspere]
horen (waarnemen met het oor)	**entendre** (vt)	[ɑ̃tɑ̃dr]
huilen (wenen)	**pleurer** (vi)	[plœre]
huren (huis, kamer)	**louer** (vt)	[lwe]
informeren (informatie geven)	**informer** (vt)	[ɛ̃fɔrme]
instemmen (akkoord gaan)	**être d'accord**	[ɛtr dakɔr]
jagen (ww)	**chasser** (vi, vt)	[ʃase]
kennen (kennis hebben van iemand)	**connaître** (vt)	[kɔnɛtr]
kiezen (ww)	**choisir** (vt)	[ʃwazir]
klagen (ww)	**se plaindre** (vp)	[sə plɛ̃dr]
kosten (ww)	**coûter** (vt)	[kute]
kunnen (ww)	**pouvoir** (v aux)	[puvwar]
lachen (ww)	**rire** (vi)	[rir]
laten vallen (ww)	**faire tomber**	[fɛr tɔ̃be]
lezen (ww)	**lire** (vi, vt)	[lir]
liefhebben (ww)	**aimer** (vt)	[eme]
lunchen (ww)	**déjeuner** (vi)	[deʒœne]
nemen (ww)	**prendre** (vt)	[prɑ̃dr]
nodig zijn (ww)	**être nécessaire**	[ɛtr nesesɛr]

10. De belangrijkste werkwoorden. Deel 3

onderschatten (ww)	**sous-estimer** (vt)	[suzɛstime]
ondertekenen (ww)	**signer** (vt)	[siɲe]
ontbijten (ww)	**prendre le petit déjeuner**	[prɑ̃dr ləpti deʒœne]
openen (ww)	**ouvrir** (vt)	[uvrir]
ophouden (ww)	**cesser** (vt)	[sese]
opmerken (zien)	**apercevoir** (vt)	[apɛrsəvwar]
opscheppen (ww)	**se vanter** (vp)	[sə vɑ̃te]
opschrijven (ww)	**prendre en note**	[prɑ̃dr ɑ̃ nɔt]

plannen (ww)	**planifier** (vt)	[planifje]
prefereren (verkiezen)	**préférer** (vt)	[prefere]
proberen (trachten)	**essayer** (vt)	[eseje]
redden (ww)	**sauver** (vt)	[sove]
rekenen op ...	**compter sur ...**	[kɔ̃te syr]
rennen (ww)	**courir** (vt)	[kurir]
reserveren (een hotelkamer ~)	**réserver** (vt)	[rezɛrve]
roepen (om hulp)	**appeler** (vt)	[aple]
schieten (ww)	**tirer** (vi)	[tire]
schreeuwen (ww)	**crier** (vi)	[krije]
schrijven (ww)	**écrire** (vt)	[ekrir]
souperen (ww)	**dîner** (vi)	[dine]
spelen (kinderen)	**jouer** (vt)	[ʒwe]
spreken (ww)	**parler** (vi, vt)	[parle]
stelen (ww)	**voler** (vt)	[vɔle]
stoppen (pauzeren)	**s'arrêter** (vp)	[sarete]
studeren (Nederlands ~)	**étudier** (vt)	[etydje]
sturen (zenden)	**envoyer** (vt)	[ɑ̃vwaje]
tellen (optellen)	**compter** (vi, vt)	[kɔ̃te]
toebehoren ...	**appartenir à ...**	[apartənir a]
toestaan (ww)	**permettre** (vt)	[pɛrmɛtr]
tonen (ww)	**montrer** (vt)	[mɔ̃tre]
twijfelen (onzeker zijn)	**douter** (vt)	[dute]
uitgaan (ww)	**sortir** (vi)	[sɔrtir]
uitnodigen (ww)	**inviter** (vt)	[ɛ̃vite]
uitspreken (ww)	**prononcer** (vt)	[prɔnɔ̃se]
uitvaren tegen (ww)	**gronder** (vt)	[grɔ̃de]

11. De belangrijkste werkwoorden. Deel 4

vallen (ww)	**tomber** (vi)	[tɔ̃be]
vangen (ww)	**attraper** (vt)	[atrape]
veranderen (anders maken)	**changer** (vt)	[ʃɑ̃ʒe]
verbaasd zijn (ww)	**s'étonner** (vp)	[setɔne]
verbergen (ww)	**cacher** (vt)	[kaʃe]
verdedigen (je land ~)	**défendre** (vt)	[defɑ̃dr]
verenigen (ww)	**réunir** (vt)	[reynir]
vergelijken (ww)	**comparer** (vt)	[kɔ̃pare]
vergeten (ww)	**oublier** (vt)	[ublije]
vergeven (ww)	**pardonner** (vt)	[pardɔne]
verklaren (uitleggen)	**expliquer** (vt)	[ɛksplike]
verkopen (per stuk ~)	**vendre** (vt)	[vɑ̃dr]
vermelden (praten over)	**mentionner** (vt)	[mɑ̃sjɔne]
versieren (decoreren)	**décorer** (vt)	[dekɔre]
vertalen (ww)	**traduire** (vt)	[tradɥir]
vertrouwen (ww)	**avoir confiance**	[avwar kɔ̃fjɑ̃s]
vervolgen (ww)	**continuer** (vt)	[kɔ̃tinɥe]

verwarren (met elkaar ~)	**confondre** (vt)	[kɔ̃fɔ̃dr]
verzoeken (ww)	**demander** (vt)	[dəmɑ̃de]
verzuimen (school, enz.)	**manquer** (vt)	[mɑ̃ke]
vinden (ww)	**trouver** (vt)	[truve]
vliegen (ww)	**voler** (vi)	[vɔle]
volgen (ww)	**suivre** (vt)	[sɥivr]
voorstellen (ww)	**proposer** (vt)	[prɔpoze]
voorzien (verwachten)	**prévoir** (vt)	[prevwar]
vragen (ww)	**demander** (vt)	[dəmɑ̃de]
waarnemen (ww)	**observer** (vt)	[ɔpsɛrve]
waarschuwen (ww)	**avertir** (vt)	[avɛrtir]
wachten (ww)	**attendre** (vt)	[atɑ̃dr]
weerspreken (ww)	**objecter** (vt)	[ɔbʒɛkte]
weigeren (ww)	**se refuser** (vp)	[sə rəfyze]
werken (ww)	**travailler** (vi)	[travaje]
weten (ww)	**savoir** (vt)	[savwar]
willen (verlangen)	**vouloir** (vt)	[vulwar]
zeggen (ww)	**dire** (vt)	[dir]
zich haasten (ww)	**être pressé**	[ɛtr prese]
zich interesseren voor ...	**s'intéresser** (vp)	[sɛ̃terese]
zich vergissen (ww)	**se tromper** (vp)	[sə trɔ̃pe]
zich verontschuldigen	**s'excuser** (vp)	[sɛkskyze]
zien (ww)	**voir** (vt)	[vwar]
zijn (ww)	**être** (vi)	[ɛtr]
zoeken (ww)	**chercher** (vt)	[ʃɛrʃe]
zwemmen (ww)	**nager** (vi)	[naʒe]
zwijgen (ww)	**rester silencieux**	[rɛste silɑ̃sjø]

12. Kleuren

kleur (de)	**couleur** (f)	[kulœr]
tint (de)	**teinte** (f)	[tɛ̃t]
kleurnuance (de)	**ton** (m)	[tɔ̃]
regenboog (de)	**arc-en-ciel** (m)	[arkɑ̃sjɛl]
wit (bn)	**blanc** (adj)	[blɑ̃]
zwart (bn)	**noir** (adj)	[nwar]
grijs (bn)	**gris** (adj)	[gri]
groen (bn)	**vert** (adj)	[vɛr]
geel (bn)	**jaune** (adj)	[ʒon]
rood (bn)	**rouge** (adj)	[ruʒ]
blauw (bn)	**bleu** (adj)	[blø]
lichtblauw (bn)	**bleu clair** (adj)	[blø klɛr]
roze (bn)	**rose** (adj)	[roz]
oranje (bn)	**orange** (adj)	[ɔrɑ̃ʒ]
violet (bn)	**violet** (adj)	[vjɔlɛ]
bruin (bn)	**brun** (adj)	[brœ̃]

goud (bn)	**d'or** (adj)	[dɔr]
zilverkleurig (bn)	**argenté** (adj)	[arʒɑ̃te]
beige (bn)	**beige** (adj)	[bɛʒ]
roomkleurig (bn)	**crème** (adj)	[krɛm]
turkoois (bn)	**turquoise** (adj)	[tyrkwaz]
kersrood (bn)	**rouge cerise** (adj)	[ruʒ səriz]
lila (bn)	**lilas** (adj)	[lila]
karmijnrood (bn)	**framboise** (adj)	[frɑ̃bwaz]
licht (bn)	**clair** (adj)	[klɛr]
donker (bn)	**foncé** (adj)	[fɔ̃se]
fel (bn)	**vif** (adj)	[vif]
kleur-, kleurig (bn)	**de couleur** (adj)	[də kulœr]
kleuren- (abn)	**en couleurs** (adj)	[ɑ̃ kulœr]
zwart-wit (bn)	**noir et blanc** (adj)	[nwar e blɑ̃]
eenkleurig (bn)	**monochrome** (adj)	[mɔnɔkrom]
veelkleurig (bn)	**multicolore** (adj)	[myltikɔlɔr]

13. Vragen

Wie?	**Qui?**	[ki]
Wat?	**Quoi?**	[kwa]
Waar?	**Où?**	[u]
Waarheen?	**Où?**	[u]
Waar ... vandaan?	**D'où?**	[du]
Wanneer?	**Quand?**	[kɑ̃]
Waarom?	**Pourquoi?**	[purkwa]
Waarom?	**Pourquoi?**	[purkwa]
Waarvoor dan ook?	**À quoi bon?**	[ɑ kwa bɔ̃]
Hoe?	**Comment?**	[kɔmɑ̃]
Wat voor ...?	**Quel?**	[kɛl]
Welk?	**Lequel?**	[ləkɛl]
Aan wie?	**À qui?**	[ɑ ki]
Over wie?	**De qui?**	[də ki]
Waarover?	**De quoi?**	[də kwa]
Met wie?	**Avec qui?**	[avɛk ki]
Hoeveel?	**Combien?**	[kɔ̃bjɛ̃]
Van wie? (mann.)	**À qui?**	[ɑ ki]

14. Functiewoorden. Bijwoorden. Deel 1

Waar?	**Où?**	[u]
hier (bw)	**ici** (adv)	[isi]
daar (bw)	**là-bas** (adv)	[laba]
ergens (bw)	**quelque part** (adv)	[kɛlkə par]
nergens (bw)	**nulle part** (adv)	[nyl par]

bij ... (in de buurt)	**près de ...** (prep)	[prɛ də]
bij het raam	**près de la fenêtre**	[prɛdə la fənɛtr]
Waarheen?	**Où?**	[u]
hierheen (bw)	**ici** (adv)	[isi]
daarheen (bw)	**là-bas** (adv)	[laba]
hiervandaan (bw)	**d'ici** (adv)	[disi]
daarvandaan (bw)	**de là-bas** (adv)	[də laba]
dichtbij (bw)	**près** (adv)	[prɛ]
ver (bw)	**loin** (adv)	[lwɛ̃]
in de buurt (van ...)	**près de ...**	[prɛ də]
vlakbij (bw)	**tout près** (adv)	[tu prɛ]
niet ver (bw)	**pas loin** (adv)	[pɑ lwɛ̃]
linker (bn)	**gauche** (adj)	[goʃ]
links (bw)	**à gauche** (adv)	[ɑgoʃ]
linksaf, naar links (bw)	**à gauche** (adv)	[ɑgoʃ]
rechter (bn)	**droit** (adj)	[drwa]
rechts (bw)	**à droite** (adv)	[ɑdrwat]
rechtsaf, naar rechts (bw)	**à droite** (adv)	[ɑdrwat]
vooraan (bw)	**devant** (adv)	[dəvɑ̃]
voorste (bn)	**de devant** (adj)	[də dəvɑ̃]
vooruit (bw)	**en avant** (adv)	[ɑn avɑ̃]
achter (bw)	**derrière** (adv)	[dɛrjɛr]
van achteren (bw)	**par derrière** (adv)	[par dɛrjɛr]
achteruit (naar achteren)	**en arrière** (adv)	[ɑn arjɛr]
midden (het)	**milieu** (m)	[miljø]
in het midden (bw)	**au milieu** (adv)	[omiljø]
opzij (bw)	**de côté** (adv)	[də kote]
overal (bw)	**partout** (adv)	[partu]
omheen (bw)	**autour** (adv)	[otur]
binnenuit (bw)	**de l'intérieur**	[də lɛ̃terjœr]
naar ergens (bw)	**quelque part** (adv)	[kɛlkə par]
rechtdoor (bw)	**tout droit** (adv)	[tu drwa]
terug (bijv. ~ komen)	**en arrière** (adv)	[ɑn arjɛr]
ergens vandaan (bw)	**de quelque part**	[də kɛlkə par]
ergens vandaan (en dit geld moet ~ komen)	**de quelque part**	[də kɛlkə par]
ten eerste (bw)	**premièrement** (adv)	[prəmjɛrmɑ̃]
ten tweede (bw)	**deuxièmement** (adv)	[døzjɛmmɑ̃]
ten derde (bw)	**troisièmement** (adv)	[trwazjɛmmɑ̃]
plotseling (bw)	**soudain** (adv)	[sudɛ̃]
in het begin (bw)	**au début** (adv)	[odeby]
voor de eerste keer (bw)	**pour la première fois**	[pur la prəmjɛr fwa]
lang voor ... (bw)	**bien avant ...**	[bjɛn avɑ̃]

opnieuw (bw)	**de nouveau** (adv)	[də nuvo]
voor eeuwig (bw)	**pour toujours** (adv)	[pur tuʒur]
nooit (bw)	**jamais** (adv)	[ʒamɛ]
weer (bw)	**encore** (adv)	[ɑ̃kɔr]
nu (bw)	**maintenant** (adv)	[mɛ̃tnɑ̃]
vaak (bw)	**souvent** (adv)	[suvɑ̃]
toen (bw)	**alors** (adv)	[alɔr]
urgent (bw)	**d'urgence** (adv)	[dyrʒɑ̃s]
meestal (bw)	**d'habitude** (adv)	[dabityd]
trouwens, ... (tussen haakjes)	**à propos, ...**	[ɑprɔpo]
mogelijk (bw)	**c'est possible**	[sepɔsibl]
waarschijnlijk (bw)	**probablement** (adv)	[prɔbabləmɑ̃]
misschien (bw)	**peut-être** (adv)	[pøtɛtr]
trouwens (bw)	**en plus, ...**	[ɑ̃plys]
daarom ...	**c'est pourquoi ...**	[se purkwa]
in weerwil van ...	**malgré ...**	[malgre]
dankzij ...	**grâce à ...**	[gras ɑ]
wat (vn)	**quoi** (pron)	[kwa]
dat (vw)	**que** (conj)	[kə]
iets (vn)	**quelque chose** (pron)	[kɛlkə ʃoz]
iets	**quelque chose** (pron)	[kɛlkə ʃoz]
niets (vn)	**rien**	[rjɛ̃]
wie (~ is daar?)	**qui** (pron)	[ki]
iemand (een onbekende)	**quelqu'un** (pron)	[kɛlkœ̃]
iemand (een bepaald persoon)	**quelqu'un** (pron)	[kɛlkœ̃]
niemand (vn)	**personne** (pron)	[pɛrsɔn]
nergens (bw)	**nulle part** (adv)	[nyl par]
niemands (bn)	**de personne**	[də pɛrsɔn]
iemands (bn)	**de n'importe qui**	[də nɛ̃pɔrt ki]
zo (Ik ben ~ blij)	**comme ça** (adv)	[kɔmsa]
ook (evenals)	**également** (adv)	[egalmɑ̃]
alsook (eveneens)	**aussi** (adv)	[osi]

15. Functiewoorden. Bijwoorden. Deel 2

Waarom?	**Pourquoi?**	[purkwa]
om een bepaalde reden	**on ne sait pourquoi**	[ɔ̃nə sɛ purkwa]
omdat ...	**parce que ...**	[parskə]
voor een bepaald doel	**pour une raison quelconque**	[pur yn rɛzɔ̃ kɛlkɔ̃k]
en (vw)	**et** (conj)	[e]
of (vw)	**ou** (conj)	[u]
maar (vw)	**mais** (conj)	[mɛ]
voor (vz)	**pour ...** (prep)	[pur]
te (~ veel mensen)	**trop** (adv)	[tro]

alleen (bw)	**seulement** (adv)	[sœlmɑ̃]
precies (bw)	**précisément** (adv)	[presizemɑ̃]
ongeveer (~ 10 kg)	**autour de ...** (prep)	[otur də]
omstreeks (bw)	**approximativement**	[aprɔksimativmɑ̃]
bij benadering (bn)	**approximatif** (adj)	[aprɔksimatif]
bijna (bw)	**presque** (adv)	[prɛsk]
rest (de)	**reste** (m)	[rɛst]
de andere (tweede)	**l'autre** (adj)	[lotr]
ander (bn)	**autre** (adj)	[otr]
elk (bn)	**chaque** (adj)	[ʃak]
om het even welk	**n'importe quel** (adj)	[nɛ̃pɔrt kɛl]
veel (grote hoeveelheid)	**beaucoup** (adv)	[boku]
veel mensen	**plusieurs** (pron)	[plyzjœr]
iedereen (alle personen)	**touts les ... , toutes les ...**	[tut le], [tut le]
in ruil voor ...	**en échange de ...**	[ɑn eʃɑ̃ʒ də ...]
in ruil (bw)	**en échange** (adv)	[ɑn eʃɑ̃ʒ]
met de hand (bw)	**à la main** (adv)	[ɑlamɛ̃]
onwaarschijnlijk (bw)	**peu probable** (adj)	[pø prɔbabl]
waarschijnlijk (bw)	**probablement** (adv)	[prɔbabləmɑ̃]
met opzet (bw)	**exprès** (adv)	[ɛksprɛ]
toevallig (bw)	**par hasard** (adv)	[par azar]
zeer (bw)	**très** (adv)	[trɛ]
bijvoorbeeld (bw)	**par exemple** (adv)	[par ɛgzɑ̃p]
tussen (~ twee steden)	**entre ...** (prep)	[ɑ̃tr]
tussen (te midden van)	**parmi ...** (prep)	[parmi]
zoveel (bw)	**autant** (adv)	[otɑ̃]
vooral (bw)	**surtout** (adv)	[syrtu]

Basisbegrippen Deel 2

16. Dagen van de week

maandag (de)	**lundi** (m)	[lœ̃di]
dinsdag (de)	**mardi** (m)	[mardi]
woensdag (de)	**mercredi** (m)	[mɛrkrədi]
donderdag (de)	**jeudi** (m)	[ʒødi]
vrijdag (de)	**vendredi** (m)	[vɑ̃drədi]
zaterdag (de)	**samedi** (m)	[samdi]
zondag (de)	**dimanche** (m)	[dimɑ̃ʃ]
vandaag (bw)	**aujourd'hui** (adv)	[oʒurdɥi]
morgen (bw)	**demain** (adv)	[dəmɛ̃]
overmorgen (bw)	**après-demain** (adv)	[aprɛdmɛ̃]
gisteren (bw)	**hier** (adv)	[ijɛr]
eergisteren (bw)	**avant-hier** (adv)	[avɑ̃tjɛr]
dag (de)	**jour** (m)	[ʒur]
werkdag (de)	**jour** (m) **ouvrable**	[ʒur uvrabl]
feestdag (de)	**jour** (m) **férié**	[ʒur ferje]
verlofdag (de)	**jour** (m) **de repos**	[ʒur də rəpo]
weekend (het)	**week-end** (m)	[wikɛnd]
de hele dag (bw)	**toute la journée**	[tut la ʒurne]
de volgende dag (bw)	**le lendemain**	[lɑ̃dmɛ̃]
twee dagen geleden	**il y a 2 jours**	[ilja də ʒur]
aan de vooravond (bw)	**la veille**	[la vɛj]
dag-, dagelijks (bn)	**quotidien** (adj)	[kɔtidjɛ̃]
elke dag (bw)	**tous les jours**	[tu le ʒur]
week (de)	**semaine** (f)	[səmɛn]
vorige week (bw)	**la semaine dernière**	[la səmɛn dɛrnjɛr]
volgende week (bw)	**la semaine prochaine**	[la səmɛn prɔʃɛn]
wekelijks (bn)	**hebdomadaire** (adj)	[ɛbdɔmadɛr]
elke week (bw)	**chaque semaine**	[ʃak səmɛn]
twee keer per week	**2 fois par semaine**	[dø fwa par səmɛn]
elke dinsdag	**tous les mardis**	[tu le mardi]

17. Uren. Dag en nacht

morgen (de)	**matin** (m)	[matɛ̃]
's morgens (bw)	**le matin**	[lə matɛ̃]
middag (de)	**midi** (m)	[midi]
's middags (bw)	**dans l'après-midi**	[dɑ̃ laprɛmidi]
avond (de)	**soir** (m)	[swar]
's avonds (bw)	**le soir**	[lə swar]

nacht (de)	**nuit** (f)	[nɥi]
's nachts (bw)	**la nuit**	[la nɥi]
middernacht (de)	**minuit** (f)	[minɥi]
seconde (de)	**seconde** (f)	[səgɔ̃d]
minuut (de)	**minute** (f)	[minyt]
uur (het)	**heure** (f)	[œr]
halfuur (het)	**demi-heure** (f)	[dəmijœr]
kwartier (het)	**un quart d'heure**	[œ̃ kar dœr]
vijftien minuten	**quinze minutes**	[kɛ̃z minyt]
etmaal (het)	**vingt-quatre heures**	[vɛ̃tkatr œr]
zonsopgang (de)	**lever** (m) **du soleil**	[ləve dy sɔlɛj]
dageraad (de)	**aube** (f)	[ob]
vroege morgen (de)	**pointe** (f) **du jour**	[pwɛ̃t dy ʒur]
zonsondergang (de)	**coucher** (m) **du soleil**	[kuʃe dy sɔlɛj]
's morgens vroeg (bw)	**tôt le matin**	[to lə matɛ̃]
vanmorgen (bw)	**ce matin**	[sə matɛ̃]
morgenochtend (bw)	**demain matin**	[dəmɛ̃ matɛ̃]
vanmiddag (bw)	**cet après-midi**	[sɛt aprɛmidi]
's middags (bw)	**dans l'après-midi**	[dɑ̃ laprɛmidi]
morgenmiddag (bw)	**demain après-midi**	[dəmɛn aprɛmidi]
vanavond (bw)	**ce soir**	[sə swar]
morgenavond (bw)	**demain soir**	[dəmɛ̃ swar]
klokslag drie uur	**à 3 heures précises**	[ɑ trwa zœr presiz]
ongeveer vier uur	**autour de 4 heures**	[otur də katr œr]
tegen twaalf uur	**vers midi**	[vɛr midi]
over twintig minuten	**dans 20 minutes**	[dɑ̃ vɛ̃ minyt]
over een uur	**dans une heure**	[dɑ̃zyn œr]
op tijd (bw)	**à temps**	[ɑ tɑ̃]
kwart voor ...	**moins le quart**	[mwɛ̃ lə kar]
binnen een uur	**en une heure**	[ɑnyn œr]
elk kwartier	**tous les quarts d'heure**	[tu le kar dœr]
de klok rond	**24 heures sur 24**	[vɛ̃tkatr œr syr vɛ̃tkatr]

18. Maanden. Seizoenen

januari (de)	**janvier** (m)	[ʒɑ̃vje]
februari (de)	**février** (m)	[fevrije]
maart (de)	**mars** (m)	[mars]
april (de)	**avril** (m)	[avril]
mei (de)	**mai** (m)	[mɛ]
juni (de)	**juin** (m)	[ʒɥɛ̃]
juli (de)	**juillet** (m)	[ʒɥijɛ]
augustus (de)	**août** (m)	[ut]
september (de)	**septembre** (m)	[separemɑ̃]
oktober (de)	**octobre** (m)	[ɔktɔbr]
november (de)	**novembre** (m)	[nɔvɑ̃br]
december (de)	**décembre** (m)	[desɑ̃br]

lente (de)	**printemps** (m)	[prɛ̃tɑ̃]
in de lente (bw)	**au printemps**	[oprɛ̃tɑ̃]
lente- (abn)	**de printemps** (adj)	[də prɛ̃tɑ̃]
zomer (de)	**été** (m)	[ete]
in de zomer (bw)	**en été**	[ɑn ete]
zomer-, zomers (bn)	**d'été** (adj)	[dete]
herfst (de)	**automne** (m)	[otɔn]
in de herfst (bw)	**en automne**	[ɑn otɔn]
herfst- (abn)	**d'automne** (adj)	[dotɔn]
winter (de)	**hiver** (m)	[ivɛr]
in de winter (bw)	**en hiver**	[ɑn ivɛr]
winter- (abn)	**d'hiver** (adj)	[divɛr]
maand (de)	**mois** (m)	[mwa]
deze maand (bw)	**ce mois**	[sə mwa]
volgende maand (bw)	**le mois prochain**	[lə mwa prɔʃɛ̃]
vorige maand (bw)	**le mois dernier**	[lə mwa dɛrnje]
een maand geleden (bw)	**il y a un mois**	[ilja œ̃ mwa]
over een maand (bw)	**dans un mois**	[dɑ̃zœn mwa]
over twee maanden (bw)	**dans 2 mois**	[dɑ̃ dø mwa]
de hele maand (bw)	**tout le mois**	[tu lə mwa]
een volle maand (bw)	**tout un mois**	[tutœ̃ mwa]
maand-, maandelijks (bn)	**mensuel** (adj)	[mɑ̃sɥɛl]
maandelijks (bw)	**tous les mois**	[tu le mwa]
elke maand (bw)	**chaque mois**	[ʃak mwa]
twee keer per maand	**2 fois par mois**	[dø fwa par mwa]
jaar (het)	**année** (f)	[ane]
dit jaar (bw)	**cette année**	[sɛt ane]
volgend jaar (bw)	**l'année prochaine**	[lane prɔʃɛn]
vorig jaar (bw)	**l'année dernière**	[lane dɛrnjɛr]
een jaar geleden (bw)	**il y a un an**	[ilja œnɑ̃]
over een jaar	**dans un an**	[dɑ̃zœn ɑ̃]
over twee jaar	**dans 2 ans**	[dɑ̃ dø zɑ̃]
het hele jaar	**toute l'année**	[tut lane]
een vol jaar	**toute une année**	[tutyn ane]
elk jaar	**chaque année**	[ʃak ane]
jaar-, jaarlijks (bn)	**annuel** (adj)	[anɥɛl]
jaarlijks (bw)	**tous les ans**	[tu lezɑ̃]
4 keer per jaar	**4 fois par an**	[katr fwa parɑ̃]
datum (de)	**date** (f)	[dat]
datum (de)	**date** (f)	[dat]
kalender (de)	**calendrier** (m)	[kalɑ̃drije]
een half jaar	**six mois**	[si mwa]
zes maanden	**semestre** (m)	[səmɛstr]
seizoen (bijv. lente, zomer)	**saison** (f)	[sɛzɔ̃]
eeuw (de)	**siècle** (m)	[sjɛkl]

19. Tijd. Diversen

tijd (de)	**temps** (m)	[tɑ̃]
ogenblik (het)	**instant** (m)	[ɛ̃stɑ̃]
moment (het)	**moment** (m)	[mɔmɑ̃]
ogenblikkelijk (bn)	**instantané** (adj)	[ɛ̃stɑ̃tane]
tijdsbestek (het)	**laps** (m) **de temps**	[laps də tɑ̃]
leven (het)	**vie** (f)	[vi]
eeuwigheid (de)	**éternité** (f)	[etɛrnite]
epoche (de), tijdperk (het)	**époque** (f)	[epɔk]
era (de), tijdperk (het)	**ère** (f)	[ɛr]
cyclus (de)	**cycle** (m)	[sikl]
periode (de)	**période** (f)	[perjɔd]
termijn (vastgestelde periode)	**délai** (m)	[delɛ]
toekomst (de)	**avenir** (m)	[avnir]
toekomstig (bn)	**prochain** (adj)	[prɔʃɛ̃]
de volgende keer	**la fois prochaine**	[la fwa prɔʃɛn]
verleden (het)	**passé** (m)	[pɑse]
vorig (bn)	**passé** (adj)	[pɑse]
de vorige keer	**la fois passée**	[la fwa pɑse]
later (bw)	**plus tard** (adv)	[ply tar]
na (~ het diner)	**après ...** (prep)	[aprɛ]
tegenwoordig (bw)	**à présent** (adv)	[aprezɑ̃]
nu (bw)	**maintenant** (adv)	[mɛ̃tnɑ̃]
onmiddellijk (bw)	**immédiatement** (adv)	[imedjatmɑ̃]
snel (bw)	**bientôt** (adv)	[bjɛ̃to]
bij voorbaat (bw)	**d'avance** (adv)	[davɑ̃s]
lang geleden (bw)	**il y a longtemps**	[ilja lɔ̃tɑ̃]
kort geleden (bw)	**récemment** (adv)	[resamɑ̃]
noodlot (het)	**destin** (m)	[dɛstɛ̃]
herinneringen (mv.)	**souvenirs** (m pl)	[suvnir]
archief (het)	**archives** (f pl)	[arʃiv]
tijdens ... (ten tijde van)	**pendant ...** (prep)	[pɑ̃dɑ̃]
lang (bw)	**longtemps** (adv)	[lɔ̃tɑ̃]
niet lang (bw)	**pas longtemps** (adv)	[pɑ lɔ̃tɑ̃]
vroeg (bijv. ~ in de ochtend)	**tôt** (adv)	[to]
laat (bw)	**tard** (adv)	[tar]
voor altijd (bw)	**pour toujours** (adv)	[pur tuʒur]
beginnen (ww)	**commencer** (vt)	[kɔmɑ̃se]
uitstellen (ww)	**reporter** (vt)	[rəpɔrte]
tegelijkertijd (bw)	**en même temps** (adv)	[ɑ̃ mɛm tɑ̃]
voortdurend (bw)	**tout le temps** (adv)	[tu lə tɑ̃]
constant (bijv. ~ lawaai)	**constant** (adj)	[kɔ̃stɑ̃]
tijdelijk (bn)	**temporaire** (adj)	[tɑ̃pɔrɛr]
soms (bw)	**parfois** (adv)	[parfwa]
zelden (bw)	**rarement** (adv)	[rarmɑ̃]
vaak (bw)	**souvent** (adv)	[suvɑ̃]

20. Tegenovergestelden

rijk (bn)	**riche** (adj)	[riʃ]
arm (bn)	**pauvre** (adj)	[povr]
ziek (bn)	**malade** (adj)	[malad]
gezond (bn)	**en bonne santé**	[ɑ̃ bɔn sɑ̃te]
groot (bn)	**grand** (adj)	[grɑ̃]
klein (bn)	**petit** (adj)	[pti]
snel (bw)	**vite** (adv)	[vit]
langzaam (bw)	**lentement** (adv)	[lɑ̃tmɑ̃]
snel (bn)	**rapide** (adj)	[rapid]
langzaam (bn)	**lent** (adj)	[lɑ̃]
vrolijk (bn)	**joyeux** (adj)	[ʒwajø]
treurig (bn)	**triste** (adj)	[trist]
samen (bw)	**ensemble** (adv)	[ɑ̃sɑ̃bl]
apart (bw)	**séparément** (adv)	[separemɑ̃]
hardop (~ lezen)	**à haute voix** (adv)	[ɑ ot vwa]
stil (~ lezen)	**à part soi**	[ɑ par swa]
hoog (bn)	**haut** (adj)	[o]
laag (bn)	**bas** (adj)	[ba]
diep (bn)	**profond** (adj)	[prɔfɔ̃]
ondiep (bn)	**peu profond** (adj)	[pø prɔfɔ̃]
ja	**oui** (adv)	[wi]
nee	**non** (adv)	[nɔ̃]
ver (bn)	**lointain** (adj)	[lwɛ̃tɛ̃]
dicht (bn)	**proche** (adj)	[prɔʃ]
ver (bw)	**loin** (adv)	[lwɛ̃]
dichtbij (bw)	**près** (adv)	[prɛ]
lang (bn)	**long** (adj)	[lɔ̃]
kort (bn)	**court** (adj)	[kur]
vriendelijk (goedhartig)	**bon** (adj)	[bɔ̃]
kwaad (bn)	**méchant** (adj)	[meʃɑ̃]
gehuwd (mann.)	**marié** (adj)	[marje]
ongehuwd (mann.)	**célibataire** (adj)	[selibatɛr]
verbieden (ww)	**interdire** (vt)	[ɛ̃tɛrdir]
toestaan (ww)	**permettre** (vt)	[pɛrmɛtr]
einde (het)	**fin** (f)	[fɛ̃]
begin (het)	**début** (m)	[dəbu]

linker (bn)	**gauche** (adj)	[goʃ]
rechter (bn)	**droit** (adj)	[drwa]
eerste (bn)	**premier** (adj)	[prəmje]
laatste (bn)	**dernier** (adj)	[dɛrnje]
misdaad (de)	**crime** (m)	[krim]
bestraffing (de)	**punition** (f)	[pynisjɔ̃]
bevelen (ww)	**ordonner** (vt)	[ɔrdɔne]
gehoorzamen (ww)	**obéir** (vt)	[ɔbeir]
recht (bn)	**droit** (adj)	[drwa]
krom (bn)	**courbé** (adj)	[kurbe]
paradijs (het)	**paradis** (m)	[paradi]
hel (de)	**enfer** (m)	[ɑ̃fɛr]
geboren worden (ww)	**naître** (vi)	[nɛtr]
sterven (ww)	**mourir** (vi)	[murir]
sterk (bn)	**fort** (adj)	[fɔr]
zwak (bn)	**faible** (adj)	[fɛbl]
oud (bn)	**vieux** (adj)	[vjø]
jong (bn)	**jeune** (adj)	[ʒœn]
oud (bn)	**vieux** (adj)	[vjø]
nieuw (bn)	**neuf** (adj)	[nœf]
hard (bn)	**dur** (adj)	[dyr]
zacht (bn)	**mou** (adj)	[mu]
warm (bn)	**chaud** (adj)	[ʃo]
koud (bn)	**froid** (adj)	[frwa]
dik (bn)	**gros** (adj)	[gro]
dun (bn)	**maigre** (adj)	[mɛgr]
smal (bn)	**étroit** (adj)	[etrwa]
breed (bn)	**large** (adj)	[larʒ]
goed (bn)	**bon** (adj)	[bɔ̃]
slecht (bn)	**mauvais** (adj)	[movɛ]
moedig (bn)	**vaillant** (adj)	[vajɑ̃]
laf (bn)	**peureux** (adj)	[pœrø]

21. Lijnen en vormen

vierkant (het)	**carré** (m)	[kare]
vierkant (bn)	**carré** (adj)	[kare]
cirkel (de)	**cercle** (m)	[sɛrkl]
rond (bn)	**rond** (adj)	[rɔ̃]

driehoek (de)	**triangle** (m)	[trijɑ̃gl]
driehoekig (bn)	**triangulaire** (adj)	[trijɑ̃gylɛr]
ovaal (het)	**ovale** (m)	[ɔval]
ovaal (bn)	**ovale** (adj)	[ɔval]
rechthoek (de)	**rectangle** (m)	[rɛktɑ̃gl]
rechthoekig (bn)	**rectangulaire** (adj)	[rɛktɑ̃gylɛr]
piramide (de)	**pyramide** (f)	[piramid]
ruit (de)	**losange** (m)	[lɔzɑ̃ʒ]
trapezium (het)	**trapèze** (m)	[trapɛz]
kubus (de)	**cube** (m)	[kyb]
prisma (het)	**prisme** (m)	[prism]
omtrek (de)	**circonférence** (f)	[sirkɔ̃ferɑ̃s]
bol, sfeer (de)	**sphère** (f)	[sfɛr]
bal (de)	**globe** (m)	[glɔb]
diameter (de)	**diamètre** (m)	[djamɛtr]
straal (de)	**rayon** (m)	[rɛjɔ̃]
omtrek (~ van een cirkel)	**périmètre** (m)	[perimɛtr]
middelpunt (het)	**centre** (m)	[sɑ̃tr]
horizontaal (bn)	**horizontal** (adj)	[ɔrizɔ̃tal]
verticaal (bn)	**vertical** (adj)	[vɛrtikal]
parallel (de)	**parallèle** (f)	[paralɛl]
parallel (bn)	**parallèle** (adj)	[paralɛl]
lijn (de)	**ligne** (f)	[liɲ]
streep (de)	**trait** (m)	[trɛ]
rechte lijn (de)	**ligne** (f) **droite**	[liɲ drwat]
kromme (de)	**courbe** (f)	[kurb]
dun (bn)	**fin** (adj)	[fɛ̃]
omlijning (de)	**contour** (m)	[kɔ̃tur]
snijpunt (het)	**croisement** (m)	[krwazmɑ̃]
rechte hoek (de)	**angle** (m) **droit**	[ɑ̃gl drwa]
segment (het)	**segment** (m)	[sɛgmɑ̃]
sector (de)	**secteur** (m)	[sɛktœr]
zijde (de)	**côté** (m)	[kote]
hoek (de)	**angle** (m)	[ɑ̃gl]

22. Meeteenheden

gewicht (het)	**poids** (m)	[pwa]
lengte (de)	**longueur** (f)	[lɔ̃gœr]
breedte (de)	**largeur** (f)	[larʒœr]
hoogte (de)	**hauteur** (f)	[otœr]
diepte (de)	**profondeur** (f)	[prɔfɔ̃dœr]
volume (het)	**volume** (m)	[vɔlym]
oppervlakte (de)	**surface** (f)	[syrfas]
gram (het)	**gramme** (m)	[gram]
milligram (het)	**milligramme** (m)	[miligram]

kilogram (het)	**kilogramme** (m)	[kilɔgram]
ton (duizend kilo)	**tonne** (f)	[tɔn]
pond (het)	**livre** (f)	[livr]
ons (het)	**once** (f)	[ɔ̃s]
meter (de)	**mètre** (m)	[mɛtr]
millimeter (de)	**millimètre** (m)	[milimɛtr]
centimeter (de)	**centimètre** (m)	[sɑ̃timɛtr]
kilometer (de)	**kilomètre** (m)	[kilɔmɛtr]
mijl (de)	**mille** (m)	[mil]
duim (de)	**pouce** (m)	[pus]
voet (de)	**pied** (m)	[pje]
yard (de)	**yard** (m)	[jard]
vierkante meter (de)	**mètre** (m) **carré**	[mɛtr kare]
hectare (de)	**hectare** (m)	[ɛktar]
liter (de)	**litre** (m)	[litr]
graad (de)	**degré** (m)	[dəgre]
volt (de)	**volt** (m)	[vɔlt]
ampère (de)	**ampère** (m)	[ɑ̃pɛr]
paardenkracht (de)	**cheval-vapeur** (m)	[ʃəvalvapœr]
hoeveelheid (de)	**quantité** (f)	[kɑ̃tite]
een beetje ...	**un peu de ...**	[œ̃ pø də]
helft (de)	**moitié** (f)	[mwatje]
dozijn (het)	**douzaine** (f)	[duzɛn]
stuk (het)	**pièce** (f)	[pjɛs]
afmeting (de)	**dimension** (f)	[dimɑ̃sjɔ̃]
schaal (bijv. ~ van 1 op 50)	**échelle** (f)	[eʃɛl]
minimaal (bn)	**minimal** (adj)	[minimal]
minste (bn)	**le plus petit** (adj)	[lə ply pəti]
medium (bn)	**moyen** (adj)	[mwajɛ̃]
maximaal (bn)	**maximal** (adj)	[maksimal]
grootste (bn)	**le plus grand** (adj)	[lə ply grɑ̃]

23. Containers

glazen pot (de)	**bocal** (m)	[bɔkal]
blik (conserven~)	**boîte** (f) **en fer-blanc**	[bwat ɑ̃ fɛrblɑ̃]
emmer (de)	**seau** (m)	[so]
ton (bijv. regenton)	**tonneau** (m)	[tɔno]
ronde waterbak (de)	**bassine** (f)	[basin]
tank (bijv. watertank-70-ltr)	**réservoir** (m)	[rezɛrvwar]
heupfles (de)	**flasque** (f)	[flask]
jerrycan (de)	**jerrycan** (m)	[ʒerikan]
tank (bijv. ketelwagen)	**citerne** (f)	[sitɛrn]
beker (de)	**grande tasse** (f)	[grɑ̃d tɑs]
kopje (het)	**tasse** (f)	[tɑs]

schoteltje (het)	**soucoupe** (f)	[sukup]
glas (het)	**verre** (m)	[vɛr]
wijnglas (het)	**verre** (m) **à pied**	[vɛr ɑ pje]
steelpan (de)	**casserole** (f)	[kasrɔl]
fles (de)	**bouteille** (f)	[butɛj]
flessenhals (de)	**goulot** (m)	[gulo]
karaf (de)	**carafe** (f)	[karaf]
kruik (de)	**cruche** (f)	[kryʃ]
vat (het)	**récipient** (m)	[resipjɑ̃]
pot (de)	**pot** (m)	[po]
vaas (de)	**vase** (m)	[vaz]
flacon (de)	**flacon** (m)	[flakɔ̃]
flesje (het)	**fiole** (f)	[fjɔl]
tube (bijv. ~ tandpasta)	**tube** (m)	[tyb]
zak (bijv. ~ aardappelen)	**sac** (m)	[sak]
tasje (het)	**sac** (m)	[sak]
pakje (~ sigaretten, enz.)	**paquet** (m)	[pakɛ]
doos (de)	**boîte** (f)	[bwat]
kist (de)	**caisse** (f)	[kɛs]
mand (de)	**panier** (m)	[panje]

24. Materialen

materiaal (het)	**matériau** (m)	[materjo]
hout (het)	**bois** (m)	[bwa]
houten (bn)	**en bois** (adj)	[ɑ̃ bwa]
glas (het)	**verre** (m)	[vɛr]
glazen (bn)	**en verre** (adj)	[ɑ̃ vɛr]
steen (de)	**pierre** (f)	[pjɛr]
stenen (bn)	**en pierre** (adj)	[ɑ̃ pjɛr]
plastic (het)	**plastique** (m)	[plastik]
plastic (bn)	**en plastique** (adj)	[ɑ̃ plastik]
rubber (het)	**caoutchouc** (m)	[kautʃu]
rubber-, rubberen (bn)	**en caoutchouc** (adj)	[ɑ̃ kautʃu]
stof (de)	**tissu** (m)	[tisy]
van stof (bn)	**en tissu** (adj)	[ɑ̃ tisy]
papier (het)	**papier** (m)	[papje]
papieren (bn)	**de papier** (adj)	[də papje]
karton (het)	**carton** (m)	[kartɔ̃]
kartonnen (bn)	**en carton** (adj)	[ɑ̃ kartɔ̃]
polyethyleen (het)	**polyéthylène** (m)	[pɔlietilɛn]
cellofaan (het)	**cellophane** (f)	[selɔfan]

multiplex (het)	**contreplaqué** (m)	[kɔ̃trəplake]
porselein (het)	**porcelaine** (f)	[pɔpylasjɔ̃]
porseleinen (bn)	**de porcelaine** (adj)	[də pɔrsəlɛn]
klei (de)	**argile** (f)	[arʒil]
klei-, van klei (bn)	**en argile** (adj)	[ɑn arʒil]
keramiek (de)	**céramique** (f)	[seramik]
keramieken (bn)	**en céramique** (adj)	[ɑ̃ seramik]

25. Metalen

metaal (het)	**métal** (m)	[metal]
metalen (bn)	**métallique** (adj)	[metalik]
legering (de)	**alliage** (m)	[aljaʒ]
goud (het)	**or** (m)	[ɔr]
gouden (bn)	**en or** (adj)	[ɑn ɔr]
zilver (het)	**argent** (m)	[arʒɑ̃]
zilveren (bn)	**en argent** (adj)	[ɑn asje]
IJzer (het)	**fer** (m)	[fɛr]
IJzeren (bn)	**en fer** (adj)	[ɑ̃ fɛr]
staal (het)	**acier** (m)	[asje]
stalen (bn)	**en acier**	[ɑn asje]
koper (het)	**cuivre** (m)	[kɥivr]
koperen (bn)	**en cuivre** (adj)	[ɑ̃ kɥivr]
aluminium (het)	**aluminium** (m)	[alyminjɔm]
aluminium (bn)	**en aluminium** (adj)	[ɑn alyminjɔm]
brons (het)	**bronze** (m)	[brɔ̃z]
bronzen (bn)	**en bronze** (adj)	[ɑ̃ brɔ̃z]
messing (het)	**laiton** (m)	[lɛtɔ̃]
nikkel (het)	**nickel** (m)	[nikɛl]
platina (het)	**platine** (f)	[platin]
kwik (het)	**mercure** (m)	[mɛrkyr]
tin (het)	**étain** (m)	[etɛ̃]
lood (het)	**plomb** (m)	[plɔ̃]
zink (het)	**zinc** (m)	[zɛ̃g]

MENS

Mens. Het lichaam

26. Mensen. Basisbegrippen

mens (de)	**être** (m) **humain**	[ɛtr ymɛ̃]
man (de)	**homme** (m)	[ɔm]
vrouw (de)	**femme** (f)	[fam]
kind (het)	**enfant** (m, f)	[ɑ̃fɑ̃]
meisje (het)	**fille** (f)	[fij]
jongen (de)	**garçon** (m)	[garsɔ̃]
tiener, adolescent (de)	**adolescent** (m)	[adɔlesɑ̃]
oude man (de)	**vieillard** (m)	[vjɛjar]
oude vrouw (de)	**vieille femme** (f)	[vjɛj fam]

27. Menselijke anatomie

organisme (het)	**organisme** (m)	[ɔrganism]
hart (het)	**cœur** (m)	[kœr]
bloed (het)	**sang** (m)	[sɑ̃]
slagader (de)	**artère** (f)	[artɛr]
ader (de)	**veine** (f)	[vɛn]
hersenen (mv.)	**cerveau** (m)	[sɛrvo]
zenuw (de)	**nerf** (m)	[nɛr]
zenuwen (mv.)	**nerfs** (m pl)	[nɛr]
wervel (de)	**vertèbre** (f)	[vɛrtɛbr]
ruggengraat (de)	**colonne** (f) **vertébrale**	[kɔlɔn vɛrtebral]
maag (de)	**estomac** (m)	[ɛstɔma]
darmen (mv.)	**intestin** (m)	[ɛ̃tɛstɛ̃]
darm (de)	**boyau** (m)	[bwajo]
lever (de)	**foie** (m)	[fwa]
nier (de)	**rein** (m)	[rɛ̃]
been (deel van het skelet)	**os** (m)	[ɔs]
skelet (het)	**squelette** (f)	[skəlɛt]
rib (de)	**côte** (f)	[kot]
schedel (de)	**crâne** (m)	[kran]
spier (de)	**muscle** (m)	[myskl]
biceps (de)	**biceps** (m)	[bisɛps]
triceps (de)	**triceps** (m)	[trisɛps]
pees (de)	**tendon** (m)	[tɑ̃dɔ̃]
gewricht (het)	**articulation** (f)	[artikylasjɔ̃]

longen (mv.)	**poumons** (m pl)	[pumɔ̃]
geslachtsorganen (mv.)	**organes** (m pl) **génitaux**	[ɔrgan ʒenito]
huid (de)	**peau** (f)	[po]

28. Hoofd

hoofd (het)	**tête** (f)	[tɛt]
gezicht (het)	**visage** (m)	[vizaʒ]
neus (de)	**nez** (m)	[ne]
mond (de)	**bouche** (f)	[buʃ]
oog (het)	**œil** (m)	[œj]
ogen (mv.)	**les yeux**	[lezjø]
pupil (de)	**pupille** (f)	[pypij]
wenkbrauw (de)	**sourcil** (m)	[sursi]
wimper (de)	**cil** (m)	[sil]
ooglid (het)	**paupière** (f)	[popjɛr]
tong (de)	**langue** (f)	[lɑ̃g]
tand (de)	**dent** (f)	[dɑ̃]
lippen (mv.)	**lèvres** (f pl)	[lɛvr]
jukbeenderen (mv.)	**pommettes** (f pl)	[pɔmɛt]
tandvlees (het)	**gencive** (f)	[ʒɑ̃siv]
gehemelte (het)	**palais** (m)	[palɛ]
neusgaten (mv.)	**narines** (f pl)	[narin]
kin (de)	**menton** (m)	[mɑ̃tɔ̃]
kaak (de)	**mâchoire** (f)	[mɑʃwar]
wang (de)	**joue** (f)	[ʒu]
voorhoofd (het)	**front** (m)	[frɔ̃]
slaap (de)	**tempe** (f)	[tɑ̃p]
oor (het)	**oreille** (f)	[ɔrɛj]
achterhoofd (het)	**nuque** (f)	[nyk]
hals (de)	**cou** (m)	[ku]
keel (de)	**gorge** (f)	[gɔrʒ]
haren (mv.)	**cheveux** (m pl)	[ʃəvø]
kapsel (het)	**coiffure** (f)	[kwafyr]
haarsnit (de)	**coupe** (f)	[kup]
pruik (de)	**perruque** (f)	[peryk]
snor (de)	**moustache** (f)	[mustaʃ]
baard (de)	**barbe** (f)	[barb]
dragen (een baard, enz.)	**porter** (vt)	[pɔrte]
vlecht (de)	**tresse** (f)	[trɛs]
bakkebaarden (mv.)	**favoris** (m pl)	[favɔri]
ros (roodachtig, rossig)	**roux** (adj)	[ru]
grijs (~ haar)	**gris** (adj)	[gri]
kaal (bn)	**chauve** (adj)	[ʃov]
kale plek (de)	**calvitie** (f)	[kalvisi]
paardenstaart (de)	**queue** (f) **de cheval**	[kø də ʃəval]
pony (de)	**frange** (f)	[frɑ̃ʒ]

29. Menselijk lichaam

hand (de)	**main** (f)	[mɛ̃]
arm (de)	**bras** (m)	[bra]
vinger (de)	**doigt** (m)	[dwa]
teen (de)	**orteil** (m)	[ɔrtɛj]
duim (de)	**pouce** (m)	[pus]
pink (de)	**petit doigt** (m)	[pəti dwa]
nagel (de)	**ongle** (m)	[ɔ̃gl]
vuist (de)	**poing** (m)	[pwɛ̃]
handpalm (de)	**paume** (f)	[pom]
pols (de)	**poignet** (m)	[pwaɲɛ]
voorarm (de)	**avant-bras** (m)	[avɑ̃bra]
elleboog (de)	**coude** (m)	[kud]
schouder (de)	**épaule** (f)	[epol]
been (rechter ~)	**jambe** (f)	[ʒɑ̃b]
voet (de)	**pied** (m)	[pje]
knie (de)	**genou** (m)	[ʒənu]
kuit (de)	**mollet** (m)	[mɔlɛ]
heup (de)	**hanche** (f)	[ɑ̃ʃ]
hiel (de)	**talon** (m)	[talɔ̃]
lichaam (het)	**corps** (m)	[kɔr]
buik (de)	**ventre** (m)	[vɑ̃tr]
borst (de)	**poitrine** (f)	[pwatrin]
borst (de)	**sein** (m)	[sɛ̃]
zijde (de)	**côté** (m)	[kote]
rug (de)	**dos** (m)	[do]
lage rug (de)	**reins** (m pl)	[rɛ̃]
taille (de)	**taille** (f)	[taj]
navel (de)	**nombril** (m)	[nɔ̃bril]
billen (mv.)	**fesses** (f pl)	[fɛs]
achterwerk (het)	**derrière** (m)	[dɛrjɛr]
huidvlek (de)	**grain** (m) **de beauté**	[grɛ̃ də bote]
moedervlek (de)	**tache** (f) **de vin**	[taʃ də vɛ̃]
tatoeage (de)	**tatouage** (m)	[tatwaʒ]
litteken (het)	**cicatrice** (f)	[sikatris]

Kleding en accessoires

30. Bovenkleding. Jassen

kleren (mv.), kleding (de)	**vêtement** (m)	[vɛtmɑ̃]
bovenkleding (de)	**survêtement** (m)	[syrvɛtmɑ̃]
winterkleding (de)	**vêtement** (m) **d'hiver**	[vɛtmɑ̃ divɛr]
jas (de)	**manteau** (m)	[mɑ̃to]
bontjas (de)	**manteau** (m) **de fourrure**	[mɑ̃to də furyr]
bontjasje (het)	**veste** (f) **en fourrure**	[vɛst ɑ̃ furyr]
donzen jas (de)	**manteau** (m) **de duvet**	[manto də dyvɛ]
jasje (bijv. een leren ~)	**veste** (f)	[vɛst]
regenjas (de)	**imperméable** (m)	[ɛ̃pɛrmeabl]
waterdicht (bn)	**imperméable** (adj)	[ɛ̃pɛrmeabl]

31. Heren & dames kleding

overhemd (het)	**chemise** (f)	[ʃəmiz]
broek (de)	**pantalon** (m)	[pɑ̃talɔ̃]
jeans (de)	**jean** (m)	[dʒin]
colbert (de)	**veston** (m)	[vɛstɔ̃]
kostuum (het)	**complet** (m)	[kɔ̃plɛ]
jurk (de)	**robe** (f)	[rɔb]
rok (de)	**jupe** (f)	[ʒyp]
blouse (de)	**chemisette** (f)	[ʃəmizɛt]
wollen vest (de)	**gilet** (m) **en laine**	[ʒilɛ ɑ̃ lɛn]
blazer (kort jasje)	**jaquette** (f)	[ʒakɛt]
T-shirt (het)	**tee-shirt** (m)	[tiʃœrt]
shorts (mv.)	**short** (m)	[ʃɔrt]
trainingspak (het)	**costume** (m) **de sport**	[kɔstym də spɔr]
badjas (de)	**peignoir** (m) **de bain**	[pɛɲwar də bɛ̃]
pyjama (de)	**pyjama** (m)	[piʒama]
sweater (de)	**chandail** (m)	[ʃɑ̃daj]
pullover (de)	**pull-over** (m)	[pylɔvɛr]
gilet (het)	**gilet** (m)	[ʒilɛ]
rokkostuum (het)	**queue-de-pie** (f)	[kødpi]
smoking (de)	**smoking** (m)	[smɔkiŋ]
uniform (het)	**uniforme** (m)	[ynifɔrm]
werkkleding (de)	**tenue** (f) **de travail**	[təny də travaj]
overall (de)	**salopette** (f)	[salɔpɛt]
doktersjas (de)	**blouse** (f)	[bluz]

32. Kleding. Ondergoed

ondergoed (het)	**sous-vêtements** (m pl)	[suvɛtmɑ̃]
herenslip (de)	**boxer** (m)	[bɔksɛr]
slipjes (mv.)	**slip** (m) **de femme**	[slip də fam]
onderhemd (het)	**maillot** (m) **de corps**	[majo də kɔr]
sokken (mv.)	**chaussettes** (f pl)	[ʃosɛt]
nachthemd (het)	**chemise** (f) **de nuit**	[ʃəmiz də nɥi]
beha (de)	**soutien-gorge** (m)	[sutjɛ̃gɔrʒ]
kniekousen (mv.)	**chaussettes** (f pl) **hautes**	[ʃosɛt ot]
panty (de)	**collants** (m pl)	[kɔlɑ̃]
nylonkousen (mv.)	**bas** (m pl)	[ba]
badpak (het)	**maillot** (m) **de bain**	[majo də bɛ̃]

33. Hoofddeksels

hoed (de)	**bonnet** (m)	[bɔnɛ]
deukhoed (de)	**chapeau** (m) **feutre**	[ʃapo føtr]
honkbalpet (de)	**casquette** (f) **de base-ball**	[kaskɛt də bɛzbol]
kleppet (de)	**casquette** (f)	[kaskɛt]
baret (de)	**béret** (m)	[berɛ]
kap (de)	**capuche** (f)	[kapyʃ]
panamahoed (de)	**panama** (m)	[panama]
gebreide muts (de)	**bonnet** (m) **de laine**	[bɔnɛ də lɛn]
hoofddoek (de)	**foulard** (m)	[fular]
dameshoed (de)	**chapeau** (m) **de femme**	[ʃapo də fam]
veiligheidshelm (de)	**casque** (m)	[kask]
veldmuts (de)	**calot** (m)	[kalo]
helm, valhelm (de)	**casque** (m)	[kask]
bolhoed (de)	**melon** (m)	[məlɔ̃]
hoge hoed (de)	**haut-de-forme** (m)	[o də fɔrm]

34. Schoeisel

schoeisel (het)	**chaussures** (f pl)	[ʃosyr]
schoenen (mv.)	**bottines** (f pl)	[bɔtin]
vrouwenschoenen (mv.)	**souliers** (m pl)	[sulje]
laarzen (mv.)	**bottes** (f pl)	[bɔt]
pantoffels (mv.)	**chaussons** (m pl)	[ʃosɔ̃]
sportschoenen (mv.)	**tennis** (m pl)	[tenis]
sneakers (mv.)	**baskets** (f pl)	[baskɛt]
sandalen (mv.)	**sandales** (f pl)	[sɑ̃dal]
schoenlapper (de)	**cordonnier** (m)	[kɔrdɔnje]
hiel (de)	**talon** (m)	[talɔ̃]

paar (een ~ schoenen)	**paire** (f)	[pɛr]
veter (de)	**lacet** (m)	[lase]
rijgen (schoenen ~)	**lacer** (vt)	[lase]
schoenlepel (de)	**chausse-pied** (m)	[ʃospje]
schoensmeer (de/het)	**cirage** (m)	[siraʒ]

35. Textiel. Weefsel

katoen (de/het)	**coton** (m)	[kɔtɔ̃]
katoenen (bn)	**de coton** (adj)	[də kɔtɔ̃]
vlas (het)	**lin** (m)	[lɛ̃]
vlas-, van vlas (bn)	**de lin** (adj)	[də lɛ̃]
zijde (de)	**soie** (f)	[swa]
zijden (bn)	**de soie** (adj)	[də swa]
wol (de)	**laine** (f)	[lɛn]
wollen (bn)	**en laine** (adj)	[ɑ̃ lɛn]
fluweel (het)	**velours** (m)	[vəlur]
suède (de)	**chamois** (m)	[ʃamwa]
ribfluweel (het)	**velours** (m) **côtelé**	[vəlur kotle]
nylon (de/het)	**nylon** (m)	[nilɔ̃]
nylon-, van nylon (bn)	**en nylon** (adj)	[ɑ̃ nilɔ̃]
polyester (het)	**polyester** (m)	[pɔliɛstɛr]
polyester- (abn)	**en polyester** (adj)	[ɑ̃ pɔliɛstɛr]
leer (het)	**cuir** (m)	[kɥir]
leren (van leer gemaak)	**en cuir** (adj)	[ɑ̃ kɥir]
bont (het)	**fourrure** (f)	[furyr]
bont- (abn)	**en fourrure** (adj)	[ɑ̃ furyr]

36. Persoonlijke accessoires

handschoenen (mv.)	**gants** (m pl)	[gɑ̃]
wanten (mv.)	**moufles** (f pl)	[mufl]
sjaal (fleece ~)	**écharpe** (f)	[eʃarp]
bril (de)	**lunettes** (f pl)	[lynɛt]
brilmontuur (het)	**monture** (f)	[mɔ̃tyr]
paraplu (de)	**parapluie** (m)	[paraplɥi]
wandelstok (de)	**canne** (f)	[kan]
haarborstel (de)	**brosse** (f) **à cheveux**	[brɔs ɑ ʃəvø]
waaier (de)	**éventail** (m)	[evɑ̃taj]
das (de)	**cravate** (f)	[kravat]
strikje (het)	**nœud papillon** (m)	[nø papijɔ̃]
bretels (mv.)	**bretelles** (f pl)	[brətɛl]
zakdoek (de)	**mouchoir** (m)	[muʃwar]
kam (de)	**peigne** (m)	[pɛɲ]
haarspeldje (het)	**barrette** (f)	[barɛt]

schuifspeldje (het)	**épingle** (f) **à cheveux**	[epɛ̃gl ɑ ʃəvø]
gesp (de)	**boucle** (f)	[bukl]
broekriem (de)	**ceinture** (f)	[sɛ̃tyr]
draagriem (de)	**bandoulière** (f)	[bɑ̃duljɛr]
handtas (de)	**sac** (m)	[sak]
damestas (de)	**sac** (m) **à main**	[sak ɑ mɛ̃]
rugzak (de)	**sac** (m) **à dos**	[sak ɑ do]

37. Kleding. Diversen

mode (de)	**mode** (f)	[mɔd]
de mode (bn)	**à la mode** (adj)	[ɑlamɔd]
kledingstilist (de)	**couturier** (m)	[kutyrje]
kraag (de)	**col** (m)	[kɔl]
zak (de)	**poche** (f)	[pɔʃ]
zak- (abn)	**de poche** (adj)	[də pɔʃ]
mouw (de)	**manche** (f)	[mɑ̃ʃ]
lusje (het)	**bride** (f)	[brid]
gulp (de)	**braguette** (f)	[bragɛt]
rits (de)	**fermeture** (f) **à glissière**	[fɛrmətyr ɑ glisjɛr]
sluiting (de)	**agrafe** (f)	[agraf]
knoop (de)	**bouton** (m)	[butɔ̃]
knoopsgat (het)	**boutonnière** (f)	[butɔnjɛr]
losraken (bijv. knopen)	**s'arracher** (vp)	[saraʃe]
naaien (kleren, enz.)	**coudre** (vi, vt)	[kudr]
borduren (ww)	**broder** (vt)	[brɔde]
borduursel (het)	**broderie** (f)	[brɔdri]
naald (de)	**aiguille** (f)	[egɥij]
draad (de)	**fil** (m)	[fil]
naad (de)	**couture** (f)	[kutyr]
vies worden (ww)	**se salir** (vp)	[sə salir]
vlek (de)	**tache** (f)	[taʃ]
gekreukt raken (ov. kleren)	**se froisser** (vp)	[sə frwase]
scheuren (ov.ww.)	**déchirer** (vt)	[deʃire]
mot (de)	**mite** (f)	[mit]

38. Persoonlijke verzorging. Schoonheidsmiddelen

tandpasta (de)	**dentifrice** (m)	[dɑ̃tifris]
tandenborstel (de)	**brosse** (f) **à dents**	[brɔs ɑ dɑ̃]
tanden poetsen (ww)	**se brosser les dents**	[sə brɔse le dɑ̃]
scheermes (het)	**rasoir** (m)	[razwar]
scheerschuim (het)	**crème** (f) **à raser**	[krɛm ɑ raze]
zich scheren (ww)	**se raser** (vp)	[sə raze]
zeep (de)	**savon** (m)	[savɔ̃]

shampoo (de)	**shampooing** (m)	[ʃɑ̃pwɛ̃]
schaar (de)	**ciseaux** (m pl)	[sizo]
nagelvijl (de)	**lime** (f) **à ongles**	[lim a ɔ̃gl]
nagelknipper (de)	**pinces** (f pl) **à ongles**	[pɛ̃s a ɔ̃gl]
pincet (het)	**pince** (f)	[pɛ̃s]
cosmetica (de)	**produits** (m pl) **de beauté**	[prɔdyi də bote]
masker (het)	**masque** (m) **de beauté**	[mask də bote]
manicure (de)	**manucure** (f)	[manykyr]
manicure doen	**se faire les ongles**	[sə fɛr le zɔ̃gl]
pedicure (de)	**pédicurie** (f)	[pedikyri]
cosmetica tasje (het)	**trousse** (f) **de toilette**	[trus də twalɛt]
poeder (de/het)	**poudre** (f)	[pudr]
poederdoos (de)	**poudrier** (m)	[pudrije]
rouge (de)	**fard** (m) **à joues**	[far a ʒu]
parfum (de/het)	**parfum** (m)	[parfœ̃]
eau de toilet (de)	**eau** (f) **de toilette**	[o də twalɛt]
lotion (de)	**lotion** (f)	[losjɔ̃]
eau de cologne (de)	**eau de Cologne** (f)	[o də kɔlɔɲ]
oogschaduw (de)	**fard** (m) **à paupières**	[far a popjɛr]
oogpotlood (het)	**crayon** (m) **à paupières**	[krɛjɔ̃ a popjɛr]
mascara (de)	**mascara** (m)	[maskara]
lippenstift (de)	**rouge** (m) **à lèvres**	[ruʒ a lɛvr]
nagellak (de)	**vernis** (m) **à ongles**	[vɛrni a ɔ̃gl]
haarlak (de)	**laque** (f) **pour les cheveux**	[lak pur le ʃəvø]
deodorant (de)	**déodorant** (m)	[deɔdɔrɑ̃]
crème (de)	**crème** (f)	[krɛm]
gezichtscrème (de)	**crème** (f) **pour le visage**	[krɛm pur lə vizaʒ]
handcrème (de)	**crème** (f) **pour les mains**	[krɛm pur le mɛ̃]
antirimpelcrème (de)	**crème** (f) **anti-rides**	[krɛm ɑ̃tirid]
dagcrème (de)	**crème** (f) **de jour**	[krɛm də ʒur]
nachtcrème (de)	**crème** (f) **de nuit**	[krɛm də nɥi]
dag- (abn)	**de jour** (adj)	[də ʒur]
nacht- (abn)	**de nuit** (adj)	[də nɥi]
tampon (de)	**tampon** (m)	[tɑ̃pɔ̃]
toiletpapier (het)	**papier** (m) **de toilette**	[papje də twalɛt]
föhn (de)	**sèche-cheveux** (m)	[sɛʃʃəvø]

39. Juwelen

sieraden (mv.)	**bijoux** (m pl)	[biʒu]
edel (bijv. ~ stenen)	**précieux** (adj)	[presjø]
keurmerk (het)	**poinçon** (m)	[pwɛ̃sɔ̃]
ring (de)	**bague** (f)	[bag]
trouwring (de)	**alliance** (f)	[aljɑ̃s]
armband (de)	**bracelet** (m)	[braslɛ]
oorringen (mv.)	**boucles** (f pl) **d'oreille**	[bukl dɔrɛj]

halssnoer (het)	**collier** (m)	[kɔlje]
kroon (de)	**couronne** (f)	[kurɔn]
kralen snoer (het)	**collier** (m)	[kɔlje]
diamant (de)	**diamant** (m)	[djamɑ̃]
smaragd (de)	**émeraude** (f)	[emrod]
robijn (de)	**rubis** (m)	[rybi]
saffier (de)	**saphir** (m)	[safir]
parel (de)	**perle** (f)	[pɛrl]
barnsteen (de)	**ambre** (m)	[ɑ̃br]

40. Horloges. Klokken

polshorloge (het)	**montre** (f)	[mɔ̃tr]
wijzerplaat (de)	**cadran** (m)	[kadrɑ̃]
wijzer (de)	**aiguille** (f)	[egɥij]
metalen horlogeband (de)	**bracelet** (m)	[braslɛ]
horlogebandje (het)	**bracelet** (m)	[braslɛ]
batterij (de)	**pile** (f)	[pil]
leeg zijn (ww)	**être déchargé**	[ɛtr deʃarʒe]
batterij vervangen	**changer de pile**	[ʃɑ̃ʒe də pil]
voorlopen (ww)	**avancer** (vi)	[avɑ̃se]
achterlopen (ww)	**retarder** (vi)	[rətarde]
wandklok (de)	**pendule** (f)	[pɑ̃dyl]
zandloper (de)	**sablier** (m)	[sablije]
zonnewijzer (de)	**cadran** (m) **solaire**	[kadrɑ̃ sɔlɛr]
wekker (de)	**réveil** (m)	[revɛj]
horlogemaker (de)	**horloger** (m)	[ɔrlɔʒe]
repareren (ww)	**réparer** (vt)	[repare]

Voedsel. Voeding

41. Voedsel

vlees (het)	**viande** (f)	[vjɑ̃d]
kip (de)	**poulet** (m)	[pulɛ]
kuiken (het)	**poulet** (m)	[pulɛ]
eend (de)	**canard** (m)	[kanar]
gans (de)	**oie** (f)	[wa]
wild (het)	**gibier** (m)	[ʒibje]
kalkoen (de)	**dinde** (f)	[dɛ̃d]
varkensvlees (het)	**du porc**	[dy pɔr]
kalfsvlees (het)	**du veau**	[dy vo]
schapenvlees (het)	**du mouton**	[dy mutɔ̃]
rundvlees (het)	**du bœuf**	[dy bœf]
konijnenvlees (het)	**lapin** (m)	[lapɛ̃]
worst (de)	**saucisson** (m)	[sosisɔ̃]
saucijs (de)	**saucisse** (f)	[sosis]
spek (het)	**bacon** (m)	[bekɔn]
ham (de)	**jambon** (m)	[ʒɑ̃bɔ̃]
gerookte achterham (de)	**cuisse** (f)	[kɥis]
paté, pastei (de)	**pâté** (m)	[pɑte]
lever (de)	**foie** (m)	[fwa]
varkensvet (het)	**lard** (m)	[lar]
gehakt (het)	**farce** (f)	[fars]
tong (de)	**langue** (f)	[lɑ̃g]
ei (het)	**œuf** (m)	[œf]
eieren (mv.)	**les œufs**	[lezø]
eiwit (het)	**blanc** (m) **d'œuf**	[blɑ̃ dœf]
eigeel (het)	**jaune** (m) **d'œuf**	[ʒon dœf]
vis (de)	**poisson** (m)	[pwasɔ̃]
zeevruchten (mv.)	**fruits** (m pl) **de mer**	[frɥi də mɛr]
schaaldieren (mv.)	**crustacés** (m pl)	[krystase]
kaviaar (de)	**caviar** (m)	[kavjar]
krab (de)	**crabe** (m)	[krab]
garnaal (de)	**crevette** (f)	[krəvɛt]
oester (de)	**huître** (f)	[ɥitr]
langoest (de)	**langoustine** (f)	[lɑ̃gustin]
octopus (de)	**poulpe** (m)	[pulp]
inktvis (de)	**calamar** (m)	[kalamar]
steur (de)	**esturgeon** (m)	[ɛstyrʒɔ̃]
zalm (de)	**saumon** (m)	[somɔ̃]
heilbot (de)	**flétan** (m)	[fletɑ̃]

kabeljauw (de) | **morue** (f) | [mɔry]
makreel (de) | **maquereau** (m) | [makro]
tonijn (de) | **thon** (m) | [tɔ̃]
paling (de) | **anguille** (f) | [ɑ̃gij]

forel (de) | **truite** (f) | [trɥit]
sardine (de) | **sardine** (f) | [sardin]
snoek (de) | **brochet** (m) | [brɔʃɛ]
haring (de) | **hareng** (m) | [arɑ̃]

brood (het) | **pain** (m) | [pɛ̃]
kaas (de) | **fromage** (m) | [frɔmaʒ]
suiker (de) | **sucre** (m) | [sykr]
zout (het) | **sel** (m) | [sɛl]

rijst (de) | **riz** (m) | [ri]
pasta (de) | **pâtes** (m pl) | [pɑt]
noedels (mv.) | **nouilles** (f pl) | [nuj]

boter (de) | **beurre** (m) | [bœr]
plantaardige olie (de) | **huile** (f) **végétale** | [ɥil veʒetal]
zonnebloemolie (de) | **huile** (f) **de tournesol** | [ɥil də turnəsɔl]
margarine (de) | **margarine** (f) | [margarin]

olijven (mv.) | **olives** (f pl) | [ɔliv]
olijfolie (de) | **huile** (f) **d'olive** | [ɥil dɔliv]

melk (de) | **lait** (m) | [lɛ]
gecondenseerde melk (de) | **lait** (m) **condensé** | [lɛ kɔ̃dɑ̃se]
yoghurt (de) | **yogourt** (m) | [jaurt]
zure room (de) | **crème** (f) **aigre** | [krɛm ɛgr]
room (de) | **crème** (f) | [krɛm]

mayonaise (de) | **sauce** (f) **mayonnaise** | [sos majɔnɛz]
crème (de) | **crème** (f) **au beurre** | [krɛm o bœr]

graan (het) | **gruau** (m) | [gryo]
meel (het), bloem (de) | **farine** (f) | [farin]
conserven (mv.) | **conserves** (f pl) | [kɔ̃sɛrv]

maïsvlokken (mv.) | **pétales** (m pl) **de maïs** | [petal də mais]
honing (de) | **miel** (m) | [mjɛl]
jam (de) | **confiture** (f) | [kɔ̃fityr]
kauwgom (de) | **gomme** (f) **à mâcher** | [gɔm ɑ maʃe]

42. Drankjes

water (het) | **eau** (f) | [o]
drinkwater (het) | **eau** (f) **potable** | [o pɔtabl]
mineraalwater (het) | **eau** (f) **minérale** | [o mineral]

zonder gas | **plate** (adj) | [plat]
koolzuurhoudend (bn) | **gazeuse** (adj) | [gazøz]
bruisend (bn) | **pétillante** (adj) | [petijɑ̃t]

IJs (het)	**glace** (f)	[glas]
met ijs	**avec de la glace**	[avɛk dəla glas]
alcohol vrij (bn)	**sans alcool**	[sɑ̃ zalkɔl]
alcohol vrije drank (de)	**boisson** (f) **non alcoolisée**	[bwasɔ̃ nonalkɔlize]
frisdrank (de)	**rafraîchissement** (m)	[rafrɛʃismɑ̃]
limonade (de)	**limonade** (f)	[limɔnad]
alcoholische dranken (mv.)	**boissons** (f pl) **alcoolisées**	[bwasɔ̃ alkɔlize]
wijn (de)	**vin** (m)	[vɛ̃]
witte wijn (de)	**vin** (m) **blanc**	[vɛ̃ blɑ̃]
rode wijn (de)	**vin** (m) **rouge**	[vɛ̃ ruʒ]
likeur (de)	**liqueur** (f)	[likœr]
champagne (de)	**champagne** (m)	[ʃɑ̃paɲ]
vermout (de)	**vermouth** (m)	[vɛrmut]
whisky (de)	**whisky** (m)	[wiski]
wodka (de)	**vodka** (f)	[vɔdka]
gin (de)	**gin** (m)	[dʒin]
cognac (de)	**cognac** (m)	[kɔɲak]
rum (de)	**rhum** (m)	[rɔm]
koffie (de)	**café** (m)	[kafe]
zwarte koffie (de)	**café** (m) **noir**	[kafe nwar]
koffie (de) met melk	**café** (m) **au lait**	[kafe o lɛ]
cappuccino (de)	**cappuccino** (m)	[kaputʃino]
oploskoffie (de)	**café** (m) **soluble**	[kafe sɔlybl]
melk (de)	**lait** (m)	[lɛ]
cocktail (de)	**cocktail** (m)	[kɔktɛl]
milkshake (de)	**cocktail** (m) **au lait**	[kɔktɛl o lɛ]
sap (het)	**jus** (m)	[ʒy]
tomatensap (het)	**jus** (m) **de tomate**	[ʒy də tɔmat]
sinaasappelsap (het)	**jus** (m) **d'orange**	[ʒy dɔrɑ̃ʒ]
vers geperst sap (het)	**jus** (m) **pressé**	[ʒy prese]
bier (het)	**bière** (f)	[bjɛr]
licht bier (het)	**bière** (f) **blonde**	[bjɛr blɔ̃d]
donker bier (het)	**bière** (f) **brune**	[bjɛr bryn]
thee (de)	**thé** (m)	[te]
zwarte thee (de)	**thé** (m) **noir**	[te nwar]
groene thee (de)	**thé** (m) **vert**	[te vɛr]

43. Groenten

groenten (mv.)	**légumes** (m pl)	[legym]
verse kruiden (mv.)	**verdure** (f)	[vɛrdyr]
tomaat (de)	**tomate** (f)	[tɔmat]
augurk (de)	**concombre** (m)	[kɔ̃kɔ̃br]
wortel (de)	**carotte** (f)	[karɔt]

aardappel (de)	**pomme** (f) **de terre**	[pɔm də tɛr]
ui (de)	**oignon** (m)	[ɔɲɔ̃]
knoflook (de)	**ail** (m)	[aj]
kool (de)	**chou** (m)	[ʃu]
bloemkool (de)	**chou-fleur** (m)	[ʃuflœr]
spruitkool (de)	**chou** (m) **de Bruxelles**	[ʃu də brysɛl]
broccoli (de)	**brocoli** (m)	[brɔkɔli]
rode biet (de)	**betterave** (f)	[bɛtrav]
aubergine (de)	**aubergine** (f)	[obɛrʒin]
courgette (de)	**courgette** (f)	[kurʒɛt]
pompoen (de)	**potiron** (m)	[pɔtirɔ̃]
raap (de)	**navet** (m)	[navɛ]
peterselie (de)	**persil** (m)	[pɛrsi]
dille (de)	**fenouil** (m)	[fənuj]
sla (de)	**laitue** (f), **salade** (f)	[lety], [salad]
selderij (de)	**céleri** (m)	[sɛlri]
asperge (de)	**asperge** (f)	[aspɛrʒ]
spinazie (de)	**épinard** (m)	[epinar]
erwt (de)	**pois** (m)	[pwa]
bonen (mv.)	**fèves** (f pl)	[fɛv]
maïs (de)	**maïs** (m)	[mais]
boon (de)	**haricot** (m)	[ariko]
peper (de)	**poivron** (m)	[pwavrɔ̃]
radijs (de)	**radis** (m)	[radi]
artisjok (de)	**artichaut** (m)	[artiʃo]

44. Vruchten. Noten

vrucht (de)	**fruit** (m)	[frɥi]
appel (de)	**pomme** (f)	[pɔm]
peer (de)	**poire** (f)	[pwar]
citroen (de)	**citron** (m)	[sitrɔ̃]
sinaasappel (de)	**orange** (f)	[ɔrɑ̃ʒ]
aardbei (de)	**fraise** (f)	[frɛz]
mandarijn (de)	**mandarine** (f)	[mɑ̃darin]
pruim (de)	**prune** (f)	[pryn]
perzik (de)	**pêche** (f)	[pɛʃ]
abrikoos (de)	**abricot** (m)	[abriko]
framboos (de)	**framboise** (f)	[frɑ̃bwaz]
ananas (de)	**ananas** (m)	[anana]
banaan (de)	**banane** (f)	[banan]
watermeloen (de)	**pastèque** (f)	[pastɛk]
druif (de)	**raisin** (m)	[rɛzɛ̃]
zure kers (de)	**cerise** (f)	[səriz]
zoete kers (de)	**merise** (f)	[məriz]
meloen (de)	**melon** (m)	[məlɔ̃]
grapefruit (de)	**pamplemousse** (m)	[pɑ̃pləmus]

avocado (de)	**avocat** (m)	[avɔka]
papaja (de)	**papaye** (f)	[papaj]
mango (de)	**mangue** (f)	[mɑ̃g]
granaatappel (de)	**grenade** (f)	[grənad]
rode bes (de)	**groseille** (f) **rouge**	[grozɛj ruʒ]
zwarte bes (de)	**cassis** (m)	[kasis]
kruisbes (de)	**groseille** (f) **verte**	[grozɛj vɛrt]
bosbes (de)	**myrtille** (f)	[mirtij]
braambes (de)	**mûre** (f)	[myr]
rozijn (de)	**raisin** (m) **sec**	[rɛzɛ̃ sɛk]
vijg (de)	**figue** (f)	[fig]
dadel (de)	**datte** (f)	[dat]
pinda (de)	**cacahuète** (f)	[kakawɛt]
amandel (de)	**amande** (f)	[amɑ̃d]
walnoot (de)	**noix** (f)	[nwa]
hazelnoot (de)	**noisette** (f)	[nwazɛt]
kokosnoot (de)	**noix** (f) **de coco**	[nwa də kɔkɔ]
pistaches (mv.)	**pistaches** (f pl)	[pistaʃ]

45. Brood. Snoep

suikerbakkerij (de)	**confiserie** (f)	[kɔ̃fizri]
brood (het)	**pain** (m)	[pɛ̃]
koekje (het)	**biscuit** (m)	[biskɥi]
chocolade (de)	**chocolat** (m)	[ʃɔkɔla]
chocolade- (abn)	**en chocolat** (adj)	[ɑ̃ ʃɔkɔla]
snoepje (het)	**bonbon** (m)	[bɔ̃bɔ̃]
cakeje (het)	**gâteau** (m)	[gato]
taart (bijv. verjaardags~)	**tarte** (f)	[tart]
pastei (de)	**gâteau** (m)	[gato]
vulling (de)	**garniture** (f)	[garnityr]
confituur (de)	**confiture** (f)	[kɔ̃fityr]
marmelade (de)	**marmelade** (f)	[marməlad]
wafel (de)	**gaufre** (f)	[gofr]
IJsje (het)	**glace** (f)	[glas]
pudding (de)	**pudding** (m)	[pudiŋ]

46. Bereide gerechten

gerecht (het)	**plat** (m)	[pla]
keuken (bijv. Franse ~)	**cuisine** (f)	[kɥizin]
recept (het)	**recette** (f)	[rəsɛt]
portie (de)	**portion** (f)	[pɔrsjɔ̃]
salade (de)	**salade** (f)	[salad]
soep (de)	**soupe** (f)	[sup]

bouillon (de)	**bouillon** (m)	[bujɔ̃]
boterham (de)	**sandwich** (m)	[sɑ̃dwitʃ]
spiegelei (het)	**les œufs brouillés**	[lezø bruje]
hamburger (de)	**boulette** (f)	[bulɛt]
hamburger (de)	**hamburger** (m)	[ɑ̃bœrgœr]
biefstuk (de)	**steak** (m)	[stɛk]
hutspot (de)	**rôti** (m)	[roti]
garnering (de)	**garniture** (f)	[garnityr]
spaghetti (de)	**spaghettis** (m pl)	[spagɛti]
aardappelpuree (de)	**purée** (f)	[pyre]
pizza (de)	**pizza** (f)	[pidza]
pap (de)	**bouillie** (f)	[buji]
omelet (de)	**omelette** (f)	[ɔmlɛt]
gekookt (in water)	**cuit à l'eau** (adj)	[kɥitɑlo]
gerookt (bn)	**fumé** (adj)	[fyme]
gebakken (bn)	**frit** (adj)	[fri]
gedroogd (bn)	**sec** (adj)	[sɛk]
diepvries (bn)	**congelé** (adj)	[kɔ̃ʒle]
gemarineerd (bn)	**mariné** (adj)	[marine]
zoet (bn)	**sucré** (adj)	[sykre]
gezouten (bn)	**salé** (adj)	[sale]
koud (bn)	**froid** (adj)	[frwa]
heet (bn)	**chaud** (adj)	[ʃo]
bitter (bn)	**amer** (adj)	[amɛr]
lekker (bn)	**bon** (adj)	[bɔ̃]
koken (in kokend water)	**cuire à l'eau**	[kɥir ɑ lo]
bereiden (avondmaaltijd ~)	**préparer** (vt)	[prepare]
bakken (ww)	**faire frire**	[fɛr frir]
opwarmen (ww)	**réchauffer** (vt)	[reʃofe]
zouten (ww)	**saler** (vt)	[sale]
peperen (ww)	**poivrer** (vt)	[pwavre]
raspen (ww)	**râper** (vt)	[rɑpe]
schil (de)	**peau** (f)	[po]
schillen (ww)	**éplucher** (vt)	[eplyʃe]

47. Kruiden

zout (het)	**sel** (m)	[sɛl]
gezouten (bn)	**salé** (adj)	[sale]
zouten (ww)	**saler** (vt)	[sale]
zwarte peper (de)	**poivre** (m) **noir**	[pwavr nwar]
rode peper (de)	**poivre** (m) **rouge**	[pwavr ruʒ]
mosterd (de)	**moutarde** (f)	[mutard]
mierikswortel (de)	**raifort** (m)	[rɛfɔr]
condiment (het)	**condiment** (m)	[kɔ̃dimɑ̃]
specerij , kruiderij (de)	**épice** (f)	[epis]

saus (de)	**sauce** (f)	[sos]
azijn (de)	**vinaigre** (m)	[vinɛgr]
anijs (de)	**anis** (m)	[ani(s)]
basilicum (de)	**basilic** (m)	[bazilik]
kruidnagel (de)	**clou** (m) **de girofle**	[klu də ʒirɔfl]
gember (de)	**gingembre** (m)	[ʒɛ̃ʒɑ̃br]
koriander (de)	**coriandre** (m)	[kɔrjɑ̃dr]
kaneel (de/het)	**cannelle** (f)	[kanɛl]
sesamzaad (het)	**sésame** (m)	[sezam]
laurierblad (het)	**feuille** (f) **de laurier**	[fœj də lɔrje]
paprika (de)	**paprika** (m)	[paprika]
komijn (de)	**cumin** (m)	[kymɛ̃]
saffraan (de)	**safran** (m)	[safrɑ̃]

48. Maaltijden

eten (het)	**nourriture** (f)	[nurityr]
eten (ww)	**manger** (vi, vt)	[mɑ̃ʒe]
ontbijt (het)	**petit déjeuner** (m)	[pəti deʒœne]
ontbijten (ww)	**prendre le petit déjeuner**	[prɑ̃dr ləpti deʒœne]
lunch (de)	**déjeuner** (m)	[deʒœne]
lunchen (ww)	**déjeuner** (vi)	[deʒœne]
avondeten (het)	**dîner** (m)	[dine]
souperen (ww)	**dîner** (vi)	[dine]
eetlust (de)	**appétit** (m)	[apeti]
Eet smakelijk!	**Bon appétit!**	[bɔn apeti]
openen (een fles ~)	**ouvrir** (vt)	[uvrir]
morsen (koffie, enz.)	**renverser** (vt)	[rɑ̃vɛrse]
zijn gemorst	**se renverser** (vp)	[sə rɑ̃vɛrse]
koken (water kookt bij 100°C)	**bouillir** (vi)	[bujir]
koken (Hoe om water te ~)	**faire bouillir**	[fɛr bujir]
gekookt (~ water)	**bouilli** (adj)	[buji]
afkoelen (koeler maken)	**refroidir** (vt)	[rəfrwadir]
afkoelen (koeler worden)	**se refroidir** (vp)	[sə rəfrwadir]
smaak (de)	**goût** (m)	[gu]
nasmaak (de)	**arrière-goût** (m)	[arjɛrgu]
volgen een dieet	**suivre un régime**	[sɥivr œ̃ reʒim]
dieet (het)	**régime** (m)	[reʒim]
vitamine (de)	**vitamine** (f)	[vitamin]
calorie (de)	**calorie** (f)	[kalɔri]
vegetariër (de)	**végétarien** (m)	[veʒetarjɛ̃]
vegetarisch (bn)	**végétarien** (adj)	[veʒetarjɛ̃]
vetten (mv.)	**lipides** (m pl)	[lipid]
eiwitten (mv.)	**protéines** (f pl)	[prɔtein]
koolhydraten (mv.)	**glucides** (m pl)	[glysid]

snede (de)	**tranche** (f)	[trɑ̃ʃ]
stuk (bijv. een ~ taart)	**morceau** (m)	[mɔrso]
kruimel (de)	**miette** (f)	[mjɛt]

49. Tafelschikking

lepel (de)	**cuillère** (f)	[kɥijɛr]
mes (het)	**couteau** (m)	[kuto]
vork (de)	**fourchette** (f)	[furʃɛt]
kopje (het)	**tasse** (f)	[tɑs]
bord (het)	**assiette** (f)	[asjɛt]
schoteltje (het)	**soucoupe** (f)	[sukup]
servet (het)	**serviette** (f)	[sɛrvjɛt]
tandenstoker (de)	**cure-dent** (m)	[kyrdɑ̃]

50. Restaurant

restaurant (het)	**restaurant** (m)	[rɛstɔrɑ̃]
koffiehuis (het)	**salon** (m) **de café**	[salɔ̃ də kafe]
bar (de)	**bar** (m)	[bar]
tearoom (de)	**salon** (m) **de thé**	[salɔ̃ də te]
kelner, ober (de)	**serveur** (m)	[sɛrvœr]
serveerster (de)	**serveuse** (f)	[sɛrvøz]
barman (de)	**barman** (m)	[barman]
menu (het)	**carte** (f)	[kart]
wijnkaart (de)	**carte** (f) **des vins**	[kart de vɛ̃]
een tafel reserveren	**réserver une table**	[rezɛrve yn tabl]
gerecht (het)	**plat** (m)	[pla]
bestellen (eten ~)	**commander** (vt)	[kɔmɑ̃de]
een bestelling maken	**faire la commande**	[fɛr la kɔmɑ̃d]
aperitief (de/het)	**apéritif** (m)	[aperitif]
voorgerecht (het)	**hors-d'œuvre** (m)	[ɔrdœvr]
dessert (het)	**dessert** (m)	[desɛr]
rekening (de)	**addition** (f)	[adisjɔ̃]
de rekening betalen	**régler l'addition**	[regle ladisjɔ̃]
wisselgeld teruggeven	**rendre la monnaie**	[rɑ̃dr la mɔnɛ]
fooi (de)	**pourboire** (m)	[purbwar]

Familie, verwanten en vrienden

51. Persoonlijke informatie. Formulieren

naam (de)	**prénom** (m)	[prenɔ̃]
achternaam (de)	**nom** (m) **de famille**	[nɔ̃ də famij]
geboortedatum (de)	**date** (f) **de naissance**	[dat də nɛsɑ̃s]
geboorteplaats (de)	**lieu** (m) **de naissance**	[ljø də nɛsɑ̃s]
nationaliteit (de)	**nationalité** (f)	[nasjɔnalite]
woonplaats (de)	**domicile** (m)	[dɔmisil]
land (het)	**pays** (m)	[pei]
beroep (het)	**profession** (f)	[prɔfɛsjɔ̃]
geslacht (ov. het vrouwelijk ~)	**sexe** (m)	[sɛks]
lengte (de)	**taille** (f)	[taj]
gewicht (het)	**poids** (m)	[pwa]

52. Familieleden. Verwanten

moeder (de)	**mère** (f)	[mɛr]
vader (de)	**père** (m)	[pɛr]
zoon (de)	**fils** (m)	[fis]
dochter (de)	**fille** (f)	[fij]
jongste dochter (de)	**fille** (f) **cadette**	[fij kadɛt]
jongste zoon (de)	**fils** (m) **cadet**	[fis kadɛ]
oudste dochter (de)	**fille** (f) **aînée**	[fij ene]
oudste zoon (de)	**fils** (m) **aîné**	[fis ene]
broer (de)	**frère** (m)	[frɛr]
zuster (de)	**sœur** (f)	[sœr]
neef (zoon van oom/tante)	**cousin** (m)	[kuzɛ̃]
nicht (dochter van oom/tante)	**cousine** (f)	[kuzin]
mama (de)	**maman** (f)	[mamɑ̃]
papa (de)	**papa** (m)	[papa]
ouders (mv.)	**parents** (pl)	[parɑ̃]
kind (het)	**enfant** (m, f)	[ɑ̃fɑ̃]
kinderen (mv.)	**enfants** (pl)	[ɑ̃fɑ̃]
oma (de)	**grand-mère** (f)	[grɑ̃mɛr]
opa (de)	**grand-père** (m)	[grɑ̃pɛr]
kleinzoon (de)	**petit-fils** (m)	[pti fis]
kleindochter (de)	**petite-fille** (f)	[ptit fij]
kleinkinderen (mv.)	**petits-enfants** (pl)	[pətizɑ̃fɑ̃]
oom (de)	**oncle** (m)	[ɔ̃kl]

tante (de)	**tante** (f)	[tɑ̃t]
neef (zoon van broer/zus)	**neveu** (m)	[nəvø]
nicht (dochter van broer/zus)	**nièce** (f)	[njɛs]
schoonmoeder (de)	**belle-mère** (f)	[bɛlmɛr]
schoonvader (de)	**beau-père** (m)	[bopɛr]
schoonzoon (de)	**gendre** (m)	[ʒɑ̃dr]
stiefmoeder (de)	**belle-mère, marâtre** (f)	[bɛlmɛr], [marɑtr]
stiefvader (de)	**beau-père** (m)	[bopɛr]
zuigeling (de)	**nourrisson** (m)	[nurisɔ̃]
wiegenkind (het)	**bébé** (m)	[bebe]
kleuter (de)	**petit** (m)	[pti]
vrouw (de)	**femme** (f)	[fam]
man (de)	**mari** (m)	[mari]
echtgenoot (de)	**époux** (m)	[epu]
echtgenote (de)	**épouse** (f)	[epuz]
gehuwd (mann.)	**marié** (adj)	[marje]
gehuwd (vrouw.)	**mariée** (adj)	[marje]
ongehuwd (mann.)	**célibataire** (adj)	[selibatɛr]
vrijgezel (de)	**célibataire** (m)	[selibatɛr]
gescheiden (bn)	**divorcé** (adj)	[divɔrse]
weduwe (de)	**veuve** (f)	[vœv]
weduwnaar (de)	**veuf** (m)	[vœf]
familielid (het)	**parent** (m)	[parɑ̃]
dichte familielid (het)	**parent** (m) **proche**	[parɑ̃ prɔʃ]
verre familielid (het)	**parent** (m) **éloigné**	[parɑ̃ elwaɲe]
familieleden (mv.)	**parents** (m pl)	[parɑ̃]
wees (weesjongen)	**orphelin** (m)	[ɔrfəlɛ̃]
wees (weesmeisje)	**orpheline** (f)	[ɔrfəlin]
voogd (de)	**tuteur** (m)	[tytœr]
adopteren (een jongen te ~)	**adopter** (vt)	[adɔpte]
adopteren (een meisje te ~)	**adopter** (vt)	[adɔpte]

53. Vrienden. Collega's

vriend (de)	**ami** (m)	[ami]
vriendin (de)	**amie** (f)	[ami]
vriendschap (de)	**amitié** (f)	[amitje]
bevriend zijn (ww)	**être ami**	[ɛtr ami]
makker (de)	**copain** (m)	[kɔpɛ̃]
vriendin (de)	**copine** (f)	[kɔpin]
partner (de)	**partenaire** (m)	[partənɛr]
chef (de)	**chef** (m)	[ʃɛf]
baas (de)	**supérieur** (m)	[syperjœr]
eigenaar (de)	**propriétaire** (m)	[prɔprijetɛr]
ondergeschikte (de)	**subordonné** (m)	[sybɔrdɔne]
collega (de)	**collègue** (m, f)	[kɔlɛg]

kennis (de)	**connaissance** (f)	[kɔnɛsɑ̃s]
medereiziger (de)	**compagnon** (m) **de route**	[kɔ̃paɲɔ̃ də rut]
klasgenoot (de)	**copain** (m) **de classe**	[kɔpɛ̃ də klas]
buurman (de)	**voisin** (m)	[vwazɛ̃]
buurvrouw (de)	**voisine** (f)	[vwazin]
buren (mv.)	**voisins** (m pl)	[vwazɛ̃]

54. Man. Vrouw

vrouw (de)	**femme** (f)	[fam]
meisje (het)	**jeune fille** (f)	[ʒœn fij]
bruid (de)	**fiancée** (f)	[fijɑ̃se]
mooi(e) (vrouw, meisje)	**belle** (adj)	[bɛl]
groot, grote (vrouw, meisje)	**de grande taille**	[də grɑ̃d taj]
slank(e) (vrouw, meisje)	**svelte** (adj)	[svɛlt]
korte, kleine (vrouw, meisje)	**de petite taille**	[də ptit taj]
blondine (de)	**blonde** (f)	[blɔ̃d]
brunette (de)	**brune** (f)	[brœ̃]
dames- (abn)	**de femme** (adj)	[də fam]
maagd (de)	**vierge** (f)	[vjɛrʒ]
zwanger (bn)	**enceinte** (adj)	[ɑ̃sɛ̃t]
man (de)	**homme** (m)	[ɔm]
blonde man (de)	**blond** (m)	[blɔ̃]
bruinharige man (de)	**brun** (m)	[brœ̃]
groot (bn)	**de grande taille**	[də grɑ̃d taj]
klein (bn)	**de petite taille**	[də ptit taj]
onbeleefd (bn)	**rude** (adj)	[ryd]
gedrongen (bn)	**trapu** (adj)	[trapy]
robuust (bn)	**robuste** (adj)	[rɔbyst]
sterk (bn)	**fort** (adj)	[fɔr]
sterkte (de)	**force** (f)	[fɔrs]
mollig (bn)	**gros** (adj)	[gro]
getaand (bn)	**basané** (adj)	[bazane]
slank (bn)	**svelte** (adj)	[svɛlt]
elegant (bn)	**élégant** (adj)	[elegɑ̃]

55. Leeftijd

leeftijd (de)	**âge** (m)	[ɑʒ]
jeugd (de)	**jeunesse** (f)	[ʒœnɛs]
jong (bn)	**jeune** (adj)	[ʒœn]
jonger (bn)	**plus jeune** (adj)	[ply ʒœn]
ouder (bn)	**plus âgé** (adj)	[plyzɑʒe]
jongen (de)	**jeune homme** (m)	[ʒœn ɔm]

tiener, adolescent (de)	**adolescent** (m)	[adɔlesɑ̃]
kerel (de)	**gars** (m)	[ga]
oude man (de)	**vieillard** (m)	[vjɛjar]
oude vrouw (de)	**vieille femme** (f)	[vjɛj fam]
volwassen (bn)	**adulte** (m)	[adylt]
van middelbare leeftijd (bn)	**d'âge moyen** (adj)	[dɑʒ mwajɛ̃]
bejaard (bn)	**âgé** (adj)	[ɑʒe]
oud (bn)	**vieux** (adj)	[vjø]
pensioen (het)	**retraite** (f)	[rətrɛt]
met pensioen gaan	**prendre sa retraite**	[prɑ̃dr sa rətrɛt]
gepensioneerde (de)	**retraité** (m)	[rətrɛte]

56. Kinderen

kind (het)	**enfant** (m, f)	[ɑ̃fɑ̃]
kinderen (mv.)	**enfants** (pl)	[ɑ̃fɑ̃]
tweeling (de)	**jumeaux** (m pl)	[ʒymo]
wieg (de)	**berceau** (m)	[bɛrso]
rammelaar (de)	**hochet** (m)	[ɔʃɛ]
luier (de)	**couche** (f)	[kuʃ]
speen (de)	**tétine** (f)	[tetin]
kinderwagen (de)	**poussette** (m)	[pusɛt]
kleuterschool (de)	**école** (f) **maternelle**	[ekɔl matɛrnɛl]
babysitter (de)	**baby-sitter** (m, f)	[bebisitœr]
kindertijd (de)	**enfance** (f)	[ɑ̃fɑ̃s]
pop (de)	**poupée** (f)	[pupe]
speelgoed (het)	**jouet** (m)	[ʒwɛ]
bouwspeelgoed (het)	**jeu** (m) **de construction**	[ʒø də kɔ̃stryksjɔ̃]
welopgevoed (bn)	**bien élevé** (adj)	[bjɛn elve]
onopgevoed (bn)	**mal élevé** (adj)	[mal elve]
verwend (bn)	**gâté** (adj)	[gɑte]
stout zijn (ww)	**faire le vilain**	[fɛr lə vilɛ̃]
stout (bn)	**vilain** (adj)	[vilɛ̃]
stoutheid (de)	**espièglerie** (f)	[ɛspjɛgləri]
stouterd (de)	**vilain** (m)	[vilɛ̃]
gehoorzaam (bn)	**obéissant** (adj)	[ɔbeisɑ̃]
ongehoorzaam (bn)	**désobéissant** (adj)	[dezɔbeisɑ̃]
braaf (bn)	**sage** (adj)	[saʒ]
slim (verstandig)	**intelligent** (adj)	[ɛ̃teliʒɑ̃]
wonderkind (het)	**l'enfant prodige**	[lɑ̃fɑ̃ prɔdiʒ]

57. Gehuwde paren. Gezinsleven

kussen (een kus geven)	**embrasser** (vt)	[ɑ̃brase]
elkaar kussen (ww)	**s'embrasser** (vp)	[sɑ̃brase]
gezin (het)	**famille** (f)	[famij]
gezins- (abn)	**familial** (adj)	[familjal]
paar (het)	**couple** (m)	[kupl]
huwelijk (het)	**mariage** (m)	[marjaʒ]
thuis (het)	**foyer** (m) **familial**	[fwaje familjal]
dynastie (de)	**dynastie** (f)	[dinasti]
date (de)	**rendez-vous** (m)	[rɑ̃devu]
zoen (de)	**baiser** (m)	[beze]
liefde (de)	**amour** (m)	[amur]
liefhebben (ww)	**aimer** (vt)	[eme]
geliefde (bn)	**aimé** (adj)	[eme]
tederheid (de)	**tendresse** (f)	[tɑ̃drɛs]
teder (bn)	**tendre** (adj)	[tɑ̃dr]
trouw (de)	**fidélité** (f)	[fidelite]
trouw (bn)	**fidèle** (adj)	[fidɛl]
zorg (bijv. bejaarden~)	**soin** (m)	[swɛ̃]
zorgzaam (bn)	**attentionné** (adj)	[atɑ̃sjɔne]
jonggehuwden (mv.)	**jeunes mariés** (pl)	[ʒœ̃ marje]
wittebroodsweken (mv.)	**lune** (f) **de miel**	[lyn də mjɛl]
trouwen (vrouw)	**se marier** (vp)	[sə marje]
trouwen (man)	**se marier** (vp)	[sə marje]
bruiloft (de)	**mariage** (m)	[marjaʒ]
gouden bruiloft (de)	**les noces d'or**	[le nɔs dɔr]
verjaardag (de)	**anniversaire** (m)	[anivɛrsɛr]
minnaar (de)	**amant** (m)	[amɑ̃]
minnares (de)	**maîtresse** (f)	[mɛtrɛs]
overspel (het)	**adultère** (m)	[adyltɛr]
overspel plegen (ww)	**commettre l'adultère**	[kɔmɛtr ladyltɛr]
jaloers (bn)	**jaloux** (adj)	[ʒalu]
jaloers zijn (echtgenoot, enz.)	**être jaloux**	[ɛtr ʒalu]
echtscheiding (de)	**divorce** (m)	[divɔrs]
scheiden (ww)	**divorcer** (vi)	[divɔrse]
ruzie hebben (ww)	**se disputer** (vp)	[sə dispyte]
vrede sluiten (ww)	**se réconcilier** (vp)	[sə rekɔ̃silje]
samen (bw)	**ensemble** (adv)	[ɑ̃sɑ̃bl]
seks (de)	**sexe** (m)	[sɛks]
geluk (het)	**bonheur** (m)	[bɔnœr]
gelukkig (bn)	**heureux** (adj)	[œrø]
ongeluk (het)	**malheur** (m)	[malœr]
ongelukkig (bn)	**malheureux** (adj)	[malœrø]

Karakter. Gevoelens. Emoties

58. Gevoelens. Emoties

gevoel (het)	**sentiment** (m)	[sɑ̃timɑ̃]
gevoelens (mv.)	**sentiments** (m pl)	[sɑ̃timɑ̃]
voelen (ww)	**sentir** (vt)	[sɑ̃tir]
honger (de)	**faim** (f)	[fɛ̃]
honger hebben (ww)	**avoir faim**	[avwar fɛ̃]
dorst (de)	**soif** (f)	[swaf]
dorst hebben	**avoir soif**	[avwar swaf]
slaperigheid (de)	**somnolence** (f)	[sɔmnifɛr]
willen slapen	**avoir sommeil**	[avwar sɔmɛj]
moeheid (de)	**fatigue** (f)	[fatig]
moe (bn)	**fatigué** (adj)	[fatige]
vermoeid raken (ww)	**être fatigué**	[ɛtr fatige]
stemming (de)	**humeur** (f)	[ymœr]
verveling (de)	**ennui** (m)	[ɑ̃nɥi]
zich vervelen (ww)	**s'ennuyer** (vp)	[sɑ̃nɥije]
afzondering (de)	**solitude** (f)	[sɔlityd]
zich afzonderen (ww)	**s'isoler** (vp)	[sizɔle]
bezorgd maken (ww)	**inquiéter** (vt)	[ɛ̃kjete]
zich bezorgd maken	**s'inquiéter** (vp)	[sɛ̃kjete]
zorg (bijv. geld~en)	**inquiétude** (f)	[ɛ̃kjetyd]
ongerustheid (de)	**préoccupation** (f)	[preɔkypasjɔ̃]
ongerust (bn)	**soucieux** (adj)	[susjø]
zenuwachtig zijn (ww)	**s'énerver** (vp)	[senɛrve]
in paniek raken	**paniquer** (vi)	[panike]
hoop (de)	**espoir** (m)	[ɛspwar]
hopen (ww)	**espérer** (vi)	[ɛspere]
zekerheid (de)	**certitude** (f)	[sɛrtityd]
zeker (bn)	**certain** (adj)	[sɛrtɛ̃]
onzekerheid (de)	**incertitude** (f)	[ɛ̃sɛrtityd]
onzeker (bn)	**incertain** (adj)	[ɛ̃sɛrtɛ̃]
dronken (bn)	**ivre** (adj)	[ivr]
nuchter (bn)	**sobre** (adj)	[sɔbr]
zwak (bn)	**faible** (adj)	[fɛbl]
gelukkig (bn)	**heureux** (adj)	[œrø]
doen schrikken (ww)	**faire peur**	[fɛr pœr]
toorn (de)	**fureur** (f)	[fyrœr]
woede (de)	**rage** (f), **colère** (f)	[raʒ], [kɔlɛr]
depressie (de)	**dépression** (f)	[depresjɔ̃]
ongemak (het)	**inconfort** (m)	[ɛ̃kɔ̃fɔr]

gemak, comfort (het)	**confort** (m)	[kɔ̃fɔr]
spijt hebben (ww)	**regretter** (vt)	[rəgrɛte]
spijt (de)	**regret** (m)	[rəgrɛ]
pech (de)	**malchance** (f)	[malʃɑ̃s]
bedroefdheid (de)	**tristesse** (f)	[tristɛs]
schaamte (de)	**honte** (f)	[ɔ̃t]
pret (de), plezier (het)	**joie, allégresse** (f)	[ʒwa], [alegrɛs]
enthousiasme (het)	**enthousiasme** (m)	[ɑ̃tuzjasm]
enthousiasteling (de)	**enthousiaste** (m)	[ɑ̃tuzjast]
enthousiasme vertonen	**avoir de l'enthousiasme**	[avwar də lɑ̃tuzjasm]

59. Karakter. Persoonlijkheid

karakter (het)	**caractère** (m)	[karaktɛr]
karakterfout (de)	**défaut** (m)	[defo]
verstand (het)	**esprit** (m)	[ɛspri]
rede (de)	**raison** (f)	[rɛzɔ̃]
geweten (het)	**conscience** (f)	[kɔ̃sjɑ̃s]
gewoonte (de)	**habitude** (f)	[abityd]
bekwaamheid (de)	**capacité** (f)	[kapasite]
kunnen (bijv., ~ zwemmen)	**savoir** (vt)	[savwar]
geduldig (bn)	**patient** (adj)	[pasjɑ̃]
ongeduldig (bn)	**impatient** (adj)	[ɛ̃pasjɑ̃]
nieuwsgierig (bn)	**curieux** (adj)	[kyrjø]
nieuwsgierigheid (de)	**curiosité** (f)	[kyrjozite]
bescheidenheid (de)	**modestie** (f)	[mɔdɛsti]
bescheiden (bn)	**modeste** (adj)	[mɔdɛst]
onbescheiden (bn)	**vaniteux** (adj)	[vanitø]
luiheid (de)	**paresse** (f)	[parɛs]
lui (bn)	**paresseux** (adj)	[parɛsø]
luiwammes (de)	**paresseux** (m)	[parɛsø]
sluwheid (de)	**astuce** (f)	[astys]
sluw (bn)	**rusé** (adj)	[ryze]
wantrouwen (het)	**méfiance** (f)	[mefjɑ̃s]
wantrouwig (bn)	**méfiant** (adj)	[mefjɑ̃]
gulheid (de)	**générosité** (f)	[ʒenerɔzite]
gul (bn)	**généreux** (adj)	[ʒenerø]
talentrijk (bn)	**doué** (adj)	[dwe]
talent (het)	**talent** (m)	[talɑ̃]
moedig (bn)	**courageux** (adj)	[kuraʒø]
moed (de)	**courage** (m)	[kuraʒ]
eerlijk (bn)	**honnête** (adj)	[ɔnɛt]
eerlijkheid (de)	**honnêteté** (f)	[ɔnɛtte]
voorzichtig (bn)	**prudent** (adj)	[prydɑ̃]
manhaftig (bn)	**courageux** (adj)	[kuraʒø]

ernstig (bn)	**sérieux** (adj)	[serjø]
streng (bn)	**sévère** (adj)	[sevɛr]
resoluut (bn)	**décidé** (adj)	[deside]
onzeker, irresoluut (bn)	**indécis** (adj)	[ɛ̃desi]
schuchter (bn)	**timide** (adj)	[timid]
schuchterheid (de)	**timidité** (f)	[timidite]
vertrouwen (het)	**confiance** (f)	[kɔ̃fjɑ̃s]
vertrouwen (ww)	**croire** (vt)	[krwar]
goedgelovig (bn)	**confiant** (adj)	[kɔ̃fjɑ̃]
oprecht (bw)	**sincèrement** (adv)	[sɛ̃sɛrmɑ̃]
oprecht (bn)	**sincère** (adj)	[sɛ̃sɛr]
oprechtheid (de)	**sincérité** (f)	[sɛ̃serite]
open (bn)	**ouvert** (adj)	[uvɛr]
rustig (bn)	**calme** (adj)	[kalm]
openhartig (bn)	**franc** (adj)	[frɑ̃]
naïef (bn)	**naïf** (adj)	[naif]
verstrooid (bn)	**distrait** (adj)	[distrɛ]
leuk, grappig (bn)	**drôle, amusant** (adj)	[drol], [amyzɑ̃]
gierigheid (de)	**avidité** (f)	[avidite]
gierig (bn)	**avare** (adj)	[avar]
inhalig (bn)	**radin** (adj)	[radɛ̃]
kwaad (bn)	**méchant** (adj)	[meʃɑ̃]
koppig (bn)	**têtu** (adj)	[tety]
onaangenaam (bn)	**désagréable** (adj)	[dezagreabl]
egoïst (de)	**égoïste** (m)	[egɔist]
egoïstisch (bn)	**égoïste** (adj)	[egɔist]
lafaard (de)	**peureux** (m)	[pœrø]
laf (bn)	**peureux** (adj)	[pœrø]

60. Slaap. Dromen

slapen (ww)	**dormir** (vi)	[dɔrmir]
slaap (in ~ vallen)	**sommeil** (m)	[sɔmɛj]
droom (de)	**rêve** (m)	[rɛv]
dromen (in de slaap)	**rêver** (vi)	[rɛve]
slaperig (bn)	**endormi** (adj)	[ɑ̃dɔrmi]
bed (het)	**lit** (m)	[li]
matras (de)	**matelas** (m)	[matla]
deken (de)	**couverture** (f)	[kuvɛrtyr]
kussen (het)	**oreiller** (m)	[ɔrɛje]
laken (het)	**drap** (m)	[dra]
slapeloosheid (de)	**insomnie** (f)	[ɛ̃sɔmni]
slapeloos (bn)	**sans sommeil** (adj)	[sɑ̃ sɔmɛj]
slaapmiddel (het)	**somnifère** (m)	[sɔmnifɛr]
slaapmiddel innemen	**prendre un somnifère**	[prɑ̃dr œ̃ sɔmnifɛr]
willen slapen	**avoir sommeil**	[avwar sɔmɛj]

geeuwen (ww)	**bâiller** (vi)	[baje]
gaan slapen	**aller se coucher**	[ale sə kuʃe]
het bed opmaken	**faire le lit**	[fɛr le li]
inslapen (ww)	**s'endormir** (vp)	[sɑ̃dɔrmir]
nachtmerrie (de)	**cauchemar** (m)	[kɔʃmar]
gesnurk (het)	**ronflement** (m)	[rɔ̃fləmɑ̃]
snurken (ww)	**ronfler** (vi)	[rɔ̃fle]
wekker (de)	**réveil** (m)	[revɛj]
wekken (ww)	**réveiller** (vt)	[reveje]
wakker worden (ww)	**se réveiller** (vp)	[sə reveje]
opstaan (ww)	**se lever** (vp)	[sə ləve]
zich wassen (ww)	**se laver** (vp)	[sə lave]

61. Humor. Gelach. Blijdschap

humor (de)	**humour** (m)	[ymur]
gevoel (het) voor humor	**sens** (m) **de l'humour**	[sɑ̃s də lymur]
plezier hebben (ww)	**s'amuser** (vp)	[samyze]
vrolijk (bn)	**joyeux** (adj)	[ʒwajø]
pret (de), plezier (het)	**joie, allégresse** (f)	[ʒwa], [alegrɛs]
glimlach (de)	**sourire** (m)	[surir]
glimlachen (ww)	**sourire** (vi)	[surir]
beginnen te lachen (ww)	**se mettre à rire**	[sə mɛtr ɑ rir]
lachen (ww)	**rire** (vi)	[rir]
lach (de)	**rire** (m)	[rir]
mop (de)	**anecdote** (f)	[anɛkdɔt]
grappig (een ~ verhaal)	**drôle** (adj)	[drol]
grappig (~e clown)	**comique, ridicule** (adj)	[kɔmik], [ridikyl]
grappen maken (ww)	**plaisanter** (vi)	[plɛzɑ̃te]
grap (de)	**plaisanterie** (f)	[plɛzɑ̃tri]
blijheid (de)	**joie** (f)	[ʒwa]
blij zijn (ww)	**se réjouir** (vp)	[sə reʒwir]
blij (bn)	**joyeux** (adj)	[ʒwajø]

62. Discussie, conversatie. Deel 1

communicatie (de)	**communication** (f)	[kɔmynikasjɔ̃]
communiceren (ww)	**communiquer** (vi)	[kɔmynike]
conversatie (de)	**conversation** (f)	[kɔ̃vɛrsasjɔ̃]
dialoog (de)	**dialogue** (m)	[djalɔg]
discussie (de)	**discussion** (f)	[diskysjɔ̃]
debat (het)	**débat** (m)	[deba]
debatteren, twisten (ww)	**discuter** (vi)	[diskyte]
gesprekspartner (de)	**interlocuteur** (m)	[ɛ̃tɛrlɔkytœr]
thema (het)	**sujet** (m)	[syʒɛ]

standpunt (het)	**point** (m) **de vue**	[pwɛ̃ də vy]
mening (de)	**opinion** (f)	[ɔpinjɔ̃]
toespraak (de)	**discours** (m)	[diskur]
bespreking (de)	**discussion** (f)	[diskysjɔ̃]
bespreken (spreken over)	**discuter** (vt)	[diskyte]
gesprek (het)	**conversation** (f)	[kɔ̃vɛrsasjɔ̃]
spreken (converseren)	**converser** (vi)	[kɔ̃vɛrse]
ontmoeting (de)	**rencontre** (f)	[rɑ̃kɔ̃tr]
ontmoeten (ww)	**se rencontrer** (vp)	[sə rɑ̃kɔ̃tre]
spreekwoord (het)	**proverbe** (m)	[prɔvɛrb]
gezegde (het)	**dicton** (m)	[diktɔ̃]
raadsel (het)	**devinette** (f)	[dəvinɛt]
een raadsel opgeven	**poser une devinette**	[poze yn dəvinɛt]
wachtwoord (het)	**mot** (m) **de passe**	[mo də pɑs]
geheim (het)	**secret** (m)	[səkrɛ]
eed (de)	**serment** (m)	[sɛrmɑ̃]
zweren (een eed doen)	**jurer** (vi)	[ʒyre]
belofte (de)	**promesse** (f)	[prɔmɛs]
beloven (ww)	**promettre** (vt)	[prɔmɛtr]
advies (het)	**conseil** (m)	[kɔ̃sɛj]
adviseren (ww)	**conseiller** (vt)	[kɔ̃seje]
advies volgen (iemands ~)	**suivre le conseil**	[sɥivr lə kɔ̃sɛj]
luisteren (gehoorzamen)	**écouter** (vt)	[ekute]
nieuws (het)	**nouvelle** (f)	[nuvɛl]
sensatie (de)	**sensation** (f)	[sɑ̃sasjɔ̃]
informatie (de)	**renseignements** (m pl)	[rɑ̃sɛɲəmɑ̃]
conclusie (de)	**conclusion** (f)	[kɔ̃klyzjɔ̃]
stem (de)	**voix** (f)	[vwa]
compliment (het)	**compliment** (m)	[kɔ̃plimɑ̃]
vriendelijk (bn)	**aimable** (adj)	[ɛmabl]
woord (het)	**mot** (m)	[mo]
zin (de), zinsdeel (het)	**phrase** (f)	[fraz]
antwoord (het)	**réponse** (f)	[repɔ̃s]
waarheid (de)	**vérité** (f)	[verite]
leugen (de)	**mensonge** (m)	[mɑ̃sɔ̃ʒ]
gedachte (de)	**pensée** (f)	[pɑ̃se]
idee (de/het)	**idée** (f)	[ide]
fantasie (de)	**fantaisie** (f)	[fɑ̃tezi]

63. Discussie, conversatie. Deel 2

gerespecteerd (bn)	**respecté** (adj)	[rɛspɛkte]
respecteren (ww)	**respecter** (vt)	[rɛspɛkte]
respect (het)	**respect** (m)	[rɛspɛ]
Geachte ... (brief)	**Cher ...**	[ʃɛr ...]
voorstellen (Mag ik jullie ~)	**présenter** (vt)	[prezɑ̃te]

kennismaken (met ...)	**faire la connaissance**	[fɛr la kɔnɛsɑ̃s]
intentie (de)	**intention** (f)	[ɛ̃tɑ̃sjɔ̃]
intentie hebben (ww)	**avoir l'intention**	[avwar lɛ̃tɑ̃sjɔ̃]
wens (de)	**souhait** (m)	[swɛ]
wensen (ww)	**souhaiter** (vt)	[swete]
verbazing (de)	**étonnement** (m)	[etɔnmɑ̃]
verbazen (verwonderen)	**étonner** (vt)	[etɔne]
verbaasd zijn (ww)	**s'étonner** (vp)	[setɔne]
geven (ww)	**donner** (vt)	[dɔne]
nemen (ww)	**prendre** (vt)	[prɑ̃dr]
teruggeven (ww)	**rendre** (vt)	[rɑ̃dr]
retourneren (ww)	**retourner** (vt)	[rəturne]
zich verontschuldigen	**s'excuser** (vp)	[sɛkskyze]
verontschuldiging (de)	**excuse** (f)	[ɛkskyz]
vergeven (ww)	**pardonner** (vt)	[pardɔne]
spreken (ww)	**parler** (vi)	[parle]
luisteren (ww)	**écouter** (vt)	[ekute]
aanhoren (ww)	**écouter jusqu'au bout**	[ekute ʒyskə bu]
begrijpen (ww)	**comprendre** (vt)	[kɔ̃prɑ̃dr]
tonen (ww)	**montrer** (vt)	[mɔ̃tre]
kijken naar ...	**regarder** (vt)	[rəgarde]
roepen (vragen te komen)	**appeler** (vt)	[aple]
afleiden (storen)	**distraire** (vt)	[distrɛr]
storen (lastigvallen)	**ennuyer** (vt)	[ɑ̃nɥije]
doorgeven (ww)	**passer** (vt)	[pɑse]
verzoek (het)	**prière** (f)	[prijɛr]
verzoeken (ww)	**demander** (vt)	[dəmɑ̃de]
eis (de)	**exigence** (f)	[ɛgziʒɑ̃s]
eisen (met klem vragen)	**exiger** (vt)	[ɛgziʒe]
beledigen (beledigende namen geven)	**taquiner** (vt)	[takine]
uitlachen (ww)	**se moquer** (vp)	[sə mɔke]
spot (de)	**moquerie** (f)	[mɔkri]
bijnaam (de)	**surnom** (m)	[syrnɔ̃]
zinspeling (de)	**allusion** (f)	[alyzjɔ̃]
zinspelen (ww)	**faire allusion**	[fɛr alyzjɔ̃]
impliceren (duiden op)	**sous-entendre** (vt)	[suzɑ̃tɑ̃dr]
beschrijving (de)	**description** (f)	[dɛskripsjɔ̃]
beschrijven (ww)	**décrire** (vt)	[dekrir]
lof (de)	**éloge** (m)	[elɔʒ]
loven (ww)	**louer** (vt)	[lwe]
teleurstelling (de)	**déception** (f)	[desɛpsjɔ̃]
teleurstellen (ww)	**décevoir** (vt)	[desəvwar]
teleurgesteld zijn (ww)	**être déçu**	[ɛtr desy]
veronderstelling (de)	**supposition** (f)	[sypozisjɔ̃]
veronderstellen (ww)	**supposer** (vt)	[sypoze]

waarschuwing (de) **avertissement** (m) [avɛrtismɑ̃]
waarschuwen (ww) **prévenir** (vt) [prevnir]

64. Discussie, conversatie. Deel 3

aanpraten (ww) **convaincre** (vt) [kɔ̃vɛ̃kr]
kalmeren (kalm maken) **calmer** (vt) [kalme]

stilte (de) **silence** (m) [silɑ̃s]
zwijgen (ww) **rester silencieux** [rɛste silɑ̃sjø]
fluisteren (ww) **chuchoter** (vi, vt) [ʃyʃɔte]
gefluister (het) **chuchotement** (m) [ʃyʃɔtmɑ̃]

open, eerlijk (bw) **sincèrement** (adv) [sɛ̃sɛrmɑ̃]
volgens mij ... **à mon avis ...** [ɑmɔ̃ avi]

detail (het) **détail** (m) [detaj]
gedetailleerd (bn) **détaillé** (adj) [detaje]
gedetailleerd (bw) **en détail** (adv) [ɑ̃ detaj]

hint (de) **indice** (m) [ɛ̃dis]
een hint geven **donner un indice** [dɔne ynɛ̃dis]

blik (de) **regard** (m) [rəgar]
een kijkje nemen **jeter un coup d'oeil** [ʒəte œ̃ ku dœj]
strak (een ~ke blik) **fixe** (adj) [fiks]
knipperen (ww) **clignoter** (vi) [kliɲɔte]
knipogen (ww) **cligner de l'oeil** [kliɲe də lœj]
knikken (ww) **hocher la tête** [ɔʃe la tɛt]

zucht (de) **soupir** (m) [supir]
zuchten (ww) **soupirer** (vi) [supire]
huiveren (ww) **tressaillir** (vi) [tresajir]
gebaar (het) **geste** (m) [ʒɛst]
aanraken (ww) **toucher** (vt) [tuʃe]
grijpen (ww) **saisir** (vt) [sezir]
een schouderklopje geven **taper** (vt) [tape]

Kijk uit! **Attention!** [atɑ̃sjɔ̃]
Echt? **Vraiment?** [vrɛmɑ̃]
Bent je er zeker van? **Tu es sûr?** [ty ɛ syr]
Succes! **Bonne chance!** [bɔn ʃɑ̃s]
Juist, ja! **Compris!** [kɔ̃pri]
Wat jammer! **Dommage!** [dɔmaʒ]

65. Overeenstemming. Weigering

instemming (het) **accord** (m) [akɔr]
instemmen (akkoord gaan) **être d'accord** [ɛtr dakɔr]
goedkeuring (de) **approbation** (f) [aprɔbasjɔ̃]
goedkeuren (ww) **approuver** (vt) [apruve]
weigering (de) **refus** (m) [rəfy]

weigeren (ww)	**se refuser** (vp)	[sə rəfyze]
Geweldig!	**Super!**	[sypɛr]
Goed!	**Bon!**	[bɔ̃]
Akkoord!	**D'accord!**	[dakɔr]
verboden (bn)	**interdit** (adj)	[ɛ̃tɛrdi]
het is verboden	**c'est interdit**	[sɛtɛ̃tɛrdi]
het is onmogelijk	**c'est impossible**	[set ɛ̃pɔsibl]
onjuist (bn)	**incorrect** (adj)	[ɛ̃kɔrɛkt]
afwijzen (ww)	**décliner** (vt)	[dekline]
steunen (een goed doel, enz.)	**soutenir** (vt)	[sutnir]
aanvaarden (excuses ~)	**accepter** (vt)	[aksɛpte]
bevestigen (ww)	**confirmer** (vt)	[kɔ̃firme]
bevestiging (de)	**confirmation** (f)	[kɔ̃firmasjɔ̃]
toestemming (de)	**permission** (f)	[pɛrmisjɔ̃]
toestaan (ww)	**permettre** (vt)	[pɛrmɛtr]
beslissing (de)	**décision** (f)	[desizjɔ̃]
z'n mond houden (ww)	**ne pas dire un mot**	[nəpɑ dir œ̃ mo]
voorwaarde (de)	**condition** (f)	[kɔ̃disjɔ̃]
smoes (de)	**excuse** (f)	[ɛkskyz]
lof (de)	**éloge** (m)	[elɔʒ]
loven (ww)	**louer** (vt)	[lwe]

66. Succes. Veel geluk. Mislukking

succes (het)	**succès** (m)	[syksɛ]
succesvol (bw)	**avec succès** (adv)	[avɛk syksɛ]
succesvol (bn)	**réussi** (adj)	[reysi]
geluk (het)	**chance** (f)	[ʃɑ̃s]
Succes!	**Bonne chance!**	[bɔn ʃɑ̃s]
geluks- (bn)	**de chance** (adj)	[də ʃɑ̃s]
gelukkig (fortuinlijk)	**chanceux** (adj)	[ʃɑ̃sø]
mislukking (de)	**échec** (m)	[eʃɛk]
tegenslag (de)	**infortune** (f)	[ɛ̃fɔrtyn]
pech (de)	**malchance** (f)	[malʃɑ̃s]
zonder succes (bn)	**raté** (adj)	[rate]
catastrofe (de)	**catastrophe** (f)	[katastrɔf]
fierheid (de)	**fierté** (f)	[fjɛrte]
fier (bn)	**fier** (adj)	[fjɛr]
fier zijn (ww)	**être fier**	[ɛtr fjɛr]
winnaar (de)	**gagnant** (m)	[gaɲɑ̃]
winnen (ww)	**gagner** (vi)	[gaɲe]
verliezen (ww)	**perdre** (vi)	[pɛrdr]
poging (de)	**tentative** (f)	[tɑ̃tativ]
pogen, proberen (ww)	**essayer** (vt)	[eseje]
kans (de)	**chance** (f)	[ʃɑ̃s]

67. Ruzies. Negatieve emoties

schreeuw (de)	**cri** (m)	[kri]
schreeuwen (ww)	**crier** (vi)	[krije]
beginnen te schreeuwen	**se mettre à crier**	[sə mɛtr ɑ krije]
ruzie (de)	**dispute** (f)	[dispyt]
ruzie hebben (ww)	**se disputer** (vp)	[sə dispyte]
schandaal (het)	**scandale** (m)	[skɑ̃dal]
schandaal maken (ww)	**faire un scandale**	[fɛr œ̃ skɑ̃dal]
conflict (het)	**conflit** (m)	[kɔ̃fli]
misverstand (het)	**malentendu** (m)	[malɑ̃tɑ̃dy]
belediging (de)	**insulte** (f)	[ɛ̃sylt]
beledigen (met scheldwoorden)	**insulter** (vt)	[ɛ̃sylte]
beledigd (bn)	**insulté** (adj)	[ɛ̃sylte]
krenking (de)	**offense** (f)	[ɔfɑ̃s]
krenken (beledigen)	**offenser** (vt)	[ɔfɑ̃se]
gekwetst worden (ww)	**s'offenser** (vp)	[sɔfɑ̃se]
verontwaardiging (de)	**indignation** (f)	[ɛ̃diɲasjɔ̃]
verontwaardigd zijn (ww)	**s'indigner** (vp)	[sɛ̃diɲe]
klacht (de)	**plainte** (f)	[plɛ̃t]
klagen (ww)	**se plaindre** (vp)	[sə plɛ̃dr]
verontschuldiging (de)	**excuse** (f)	[ɛkskyz]
zich verontschuldigen	**s'excuser** (vp)	[sɛkskyze]
excuus vragen	**demander pardon**	[dəmɑ̃de pardɔ̃]
kritiek (de)	**critique** (f)	[kritik]
bekritiseren (ww)	**critiquer** (vt)	[kritike]
beschuldiging (de)	**accusation** (f)	[akyzasjɔ̃]
beschuldigen (ww)	**accuser** (vt)	[akyze]
wraak (de)	**vengeance** (f)	[vɑ̃ʒɑ̃s]
wreken (ww)	**se venger** (vp)	[sə vɑ̃ʒe]
wraak nemen (ww)	**faire payer**	[fɛr peje]
minachting (de)	**mépris** (m)	[mepri]
minachten (ww)	**mépriser** (vt)	[meprize]
haat (de)	**haine** (f)	[ɛn]
haten (ww)	**haïr** (vt)	[air]
zenuwachtig (bn)	**nerveux** (adj)	[nɛrvø]
zenuwachtig zijn (ww)	**s'énerver** (vp)	[senɛrve]
boos (bn)	**fâché** (adj)	[faʃe]
boos maken (ww)	**fâcher** (vt)	[faʃe]
vernedering (de)	**humiliation** (f)	[ymiljasjɔ̃]
vernederen (ww)	**humilier** (vt)	[ymilje]
zich vernederen (ww)	**s'humilier** (vp)	[symilje]
schok (de)	**choc** (m)	[ʃɔk]
schokken (ww)	**choquer** (vt)	[ʃɔke]

onaangenaamheid (de)	**ennui** (m)	[ɑ̃nɥi]
onaangenaam (bn)	**désagréable** (adj)	[dezagreabl]
vrees (de)	**peur** (f)	[pœr]
vreselijk (bijv. ~ onweer)	**terrible** (adj)	[tɛribl]
eng (bn)	**effrayant** (adj)	[efrɛjɑ̃]
gruwel (de)	**horreur** (f)	[ɔrœr]
vreselijk (~ nieuws)	**horrible** (adj)	[ɔribl]
beginnen te beven	**commencer à trembler**	[kɔmɑ̃se a trɑ̃ble]
huilen (wenen)	**pleurer** (vi)	[plœre]
beginnen te huilen (wenen)	**se mettre à pleurer**	[sə mɛtr ɑ plœre]
traan (de)	**larme** (f)	[larm]
schuld (~ geven aan)	**faute** (f)	[fot]
schuldgevoel (het)	**culpabilité** (f)	[kylpabilite]
schande (de)	**déshonneur** (m)	[dezɔnœr]
protest (het)	**protestation** (f)	[prɔtɛstasjɔ̃]
stress (de)	**stress** (m)	[strɛs]
storen (lastigvallen)	**déranger** (vt)	[derɑ̃ʒe]
kwaad zijn (ww)	**être furieux**	[ɛtr fyrjø]
kwaad (bn)	**en colère, fâché** (adj)	[ɑ̃ kɔlɛr], [faʃe]
beëindigen (een relatie ~)	**rompre** (vt)	[rɔ̃pr]
vloeken (ww)	**réprimander** (vt)	[reprimɑ̃de]
schrikken (schrik krijgen)	**prendre peur**	[prɑ̃dr pœr]
slaan (iemand ~)	**frapper** (vt)	[frape]
vechten (ww)	**se battre** (vp)	[sə batr]
regelen (conflict)	**régler** (vt)	[regle]
ontevreden (bn)	**mécontent** (adj)	[mekɔ̃tɑ̃]
woedend (bn)	**enragé** (adj)	[ɑ̃raʒe]
Dat is niet goed!	**Ce n'est pas bien!**	[sə nɛpɑ bjɛ̃]
Dat is slecht!	**C'est mal!**	[sɛ mal]

Geneeskunde

68. Ziekten

ziekte (de)	**maladie** (f)	[maladi]
ziek zijn (ww)	**être malade**	[ɛtr malad]
gezondheid (de)	**santé** (f)	[sɑ̃te]
snotneus (de)	**rhume** (m)	[rym]
angina (de)	**angine** (f)	[ɑ̃ʒin]
verkoudheid (de)	**refroidissement** (m)	[rəfrwadismɑ̃]
verkouden raken (ww)	**prendre froid**	[prɑ̃dr frwa]
bronchitis (de)	**bronchite** (f)	[brɔ̃ʃit]
longontsteking (de)	**pneumonie** (f)	[pnømɔni]
griep (de)	**grippe** (f)	[grip]
bijziend (bn)	**myope** (adj)	[mjɔp]
verziend (bn)	**presbyte** (adj)	[prɛsbit]
scheelheid (de)	**strabisme** (m)	[strabism]
scheel (bn)	**strabique** (adj)	[strabik]
grauwe staar (de)	**cataracte** (f)	[katarakt]
glaucoom (het)	**glaucome** (m)	[glokom]
beroerte (de)	**insulte** (f)	[ɛ̃sylt]
hartinfarct (het)	**crise** (f) **cardiaque**	[kriz kardjak]
myocardiaal infarct (het)	**infarctus** (m) **de myocarde**	[ɛ̃farktys də mjɔkard]
verlamming (de)	**paralysie** (f)	[paralizi]
verlammen (ww)	**paralyser** (vt)	[paralize]
allergie (de)	**allergie** (f)	[alɛrʒi]
astma (de/het)	**asthme** (m)	[asm]
diabetes (de)	**diabète** (m)	[djabɛt]
tandpijn (de)	**mal** (m) **de dents**	[mal də dɑ̃]
tandbederf (het)	**carie** (f)	[kari]
diarree (de)	**diarrhée** (f)	[djare]
constipatie (de)	**constipation** (f)	[kɔ̃stipasjɔ̃]
maagstoornis (de)	**estomac** (m) **barbouillé**	[ɛstɔma barbuje]
voedselvergiftiging (de)	**intoxication** (f) **alimentaire**	[ɛ̃tɔksikasjɔn alimɑ̃tɛr]
voedselvergiftiging oplopen	**être intoxiqué**	[ɛtr ɛ̃tɔksike]
artritis (de)	**arthrite** (f)	[artrit]
rachitis (de)	**rachitisme** (m)	[raʃitism]
reuma (het)	**rhumatisme** (m)	[rymatism]
arteriosclerose (de)	**athérosclérose** (f)	[ateroskleroz]
gastritis (de)	**gastrite** (f)	[gastrit]
blindedarmontsteking (de)	**appendicite** (f)	[apɛ̃disit]

galblaasontsteking (de)	**cholécystite** (f)	[kɔlesistit]
zweer (de)	**ulcère** (m)	[ylsɛr]
mazelen (mv.)	**rougeole** (f)	[ruʒɔl]
rodehond (de)	**rubéole** (f)	[rybeɔl]
geelzucht (de)	**jaunisse** (f)	[ʒonis]
leverontsteking (de)	**hépatite** (f)	[epatit]
schizofrenie (de)	**schizophrénie** (f)	[skizɔfreni]
dolheid (de)	**rage** (f)	[raʒ]
neurose (de)	**névrose** (f)	[nevroz]
hersenschudding (de)	**commotion** (f) **cérébrale**	[kɔmɔsjɔ̃ serebral]
kanker (de)	**cancer** (m)	[kɑ̃sɛr]
sclerose (de)	**sclérose** (f)	[skleroz]
multiple sclerose (de)	**sclérose** (f) **en plaques**	[skleroz ɑ̃ plak]
alcoholisme (het)	**alcoolisme** (m)	[alkɔlism]
alcoholicus (de)	**alcoolique** (m)	[alkɔlik]
syfilis (de)	**syphilis** (f)	[sifilis]
AIDS (de)	**SIDA** (m)	[sida]
tumor (de)	**tumeur** (f)	[tymœr]
kwaadaardig (bn)	**maligne** (adj)	[maliɲ]
goedaardig (bn)	**bénigne** (adj)	[beniɲ]
koorts (de)	**fièvre** (f)	[fjɛvr]
malaria (de)	**malaria** (f)	[malarja]
gangreen (het)	**gangrène** (f)	[gɑ̃grɛn]
zeeziekte (de)	**mal** (m) **de mer**	[mal də mɛr]
epilepsie (de)	**épilepsie** (f)	[epilɛpsi]
epidemie (de)	**épidémie** (f)	[epidemi]
tyfus (de)	**typhus** (m)	[tifys]
tuberculose (de)	**tuberculose** (f)	[tybɛrkyloz]
cholera (de)	**choléra** (m)	[kɔlera]
pest (de)	**peste** (f)	[pɛst]

69. Symptomen. Behandelingen. Deel 1

symptoom (het)	**symptôme** (m)	[sɛ̃ptom]
temperatuur (de)	**température** (f)	[tɑ̃peratyr]
verhoogde temperatuur (de)	**fièvre** (f)	[fjɛvr]
polsslag (de)	**pouls** (m)	[pu]
duizeling (de)	**vertige** (m)	[vɛrtiʒ]
heet (erg warm)	**chaud** (adj)	[ʃo]
koude rillingen (mv.)	**frisson** (m)	[frisɔ̃]
bleek (bn)	**pâle** (adj)	[pɑl]
hoest (de)	**toux** (f)	[tu]
hoesten (ww)	**tousser** (vi)	[tuse]
niezen (ww)	**éternuer** (vi)	[etɛrnɥe]
flauwte (de)	**évanouissement** (m)	[evanwismɑ̃]

flauwvallen (ww)	**s'évanouir** (vp)	[sevanwir]
blauwe plek (de)	**bleu** (m)	[blø]
buil (de)	**bosse** (f)	[bɔs]
zich stoten (ww)	**se heurter** (vp)	[sə œrte]
kneuzing (de)	**meurtrissure** (f)	[mœrtrisyr]
kneuzen (gekneusd zijn)	**se faire mal**	[sə fɛr mal]
hinken (ww)	**boiter** (vi)	[bwate]
verstuiking (de)	**foulure** (f)	[fulyr]
verstuiken (enkel, enz.)	**se démettre** (vp)	[sə demɛtr]
breuk (de)	**fracture** (f)	[fraktyr]
een breuk oplopen	**avoir une fracture**	[avwar yn fraktyr]
snijwond (de)	**coupure** (f)	[kupyr]
zich snijden (ww)	**se couper** (vp)	[sə kupe]
bloeding (de)	**hémorragie** (f)	[emɔraʒi]
brandwond (de)	**brûlure** (f)	[brylyr]
zich branden (ww)	**se brûler** (vp)	[sə bryle]
prikken (ww)	**se piquer** (vp)	[sə pike]
zich prikken (ww)	**se piquer** (vp)	[sə pike]
blesseren (ww)	**blesser** (vt)	[blese]
blessure (letsel)	**blessure** (f)	[blesyr]
wond (de)	**blessure** (f)	[blesyr]
trauma (het)	**trauma** (m)	[troma]
IJlen (ww)	**délirer** (vi)	[delire]
stotteren (ww)	**bégayer** (vi)	[begeje]
zonnesteek (de)	**insolation** (f)	[ɛ̃sɔlasjɔ̃]

70. Symptomen. Behandelingen. Deel 2

pijn (de)	**douleur** (f)	[dulœr]
splinter (de)	**écharde** (f)	[eʃard]
zweet (het)	**sueur** (f)	[sɥœr]
zweten (ww)	**suer** (vi)	[sɥe]
braking (de)	**vomissement** (m)	[vɔmismɑ̃]
stuiptrekkingen (mv.)	**spasmes** (m pl)	[spasm]
zwanger (bn)	**enceinte** (adj)	[ɑ̃sɛ̃t]
geboren worden (ww)	**naître** (vi)	[nɛtr]
geboorte (de)	**accouchement** (m)	[akuʃmɑ̃]
baren (ww)	**accoucher** (vt)	[akuʃe]
abortus (de)	**avortement** (m)	[avɔrtəmɑ̃]
ademhaling (de)	**respiration** (f)	[rɛspirasjɔ̃]
inademing (de)	**inhalation** (f)	[inalasjɔ̃]
uitademing (de)	**expiration** (f)	[ɛkspirasjɔ̃]
uitademen (ww)	**expirer** (vi)	[ɛkspire]
inademen (ww)	**inspirer** (vi)	[inale]
invalide (de)	**invalide** (m)	[ɛ̃valid]
gehandicapte (de)	**handicapé** (m)	[ɑ̃dikape]

drugsverslaafde (de)	**drogué** (m)	[drɔge]
doof (bn)	**sourd** (adj)	[sur]
stom (bn)	**muet** (adj)	[mɥɛ]
doofstom (bn)	**sourd-muet** (adj)	[surmɥɛ]
krankzinnig (bn)	**fou** (adj)	[fu]
krankzinnige (man)	**fou** (m)	[fu]
krankzinnige (vrouw)	**folle** (f)	[fɔl]
krankzinnig worden	**devenir fou**	[dəvnir fu]
gen (het)	**gène** (m)	[ʒɛn]
immuniteit (de)	**immunité** (f)	[imynite]
erfelijk (bn)	**héréditaire** (adj)	[ereditɛr]
aangeboren (bn)	**congénital** (adj)	[kɔ̃ʒenital]
virus (het)	**virus** (m)	[virys]
microbe (de)	**microbe** (m)	[mikrɔb]
bacterie (de)	**bactérie** (f)	[bakteri]
infectie (de)	**infection** (f)	[ɛ̃fɛksjɔ̃]

71. Symptomen. Behandelingen. Deel 3

ziekenhuis (het)	**hôpital** (m)	[ɔpital]
patiënt (de)	**patient** (m)	[pasjɑ̃]
diagnose (de)	**diagnostic** (m)	[djagnɔstik]
genezing (de)	**cure** (f)	[kyr]
medische behandeling (de)	**traitement** (m)	[trɛtmɑ̃]
onder behandeling zijn	**se faire soigner**	[sə fɛr swaɲe]
behandelen (ww)	**traiter** (vt)	[trete]
zorgen (zieken ~)	**soigner** (vt)	[swaɲe]
ziekenzorg (de)	**soins** (m pl)	[swɛ̃]
operatie (de)	**opération** (f)	[ɔperasjɔ̃]
verbinden (een arm ~)	**panser** (vt)	[pɑ̃se]
verband (het)	**pansement** (m)	[pɑ̃smɑ̃]
vaccin (het)	**vaccination** (f)	[vaksinasjɔ̃]
inenten (vaccineren)	**vacciner** (vt)	[vaksine]
injectie (de)	**piqûre** (f)	[pikyr]
een injectie geven	**faire une piqûre**	[fɛr yn pikyr]
aanval (de)	**crise, attaque** (f)	[kriz], [atak]
amputatie (de)	**amputation** (f)	[ɑ̃pytasjɔ̃]
amputeren (ww)	**amputer** (vt)	[ɑ̃pyte]
coma (het)	**coma** (m)	[kɔma]
in coma liggen	**être dans le coma**	[ɛtr dɑ̃ lə kɔma]
intensieve zorg, ICU (de)	**réanimation** (f)	[reanimasjɔ̃]
zich herstellen (ww)	**se rétablir** (vp)	[sə retablir]
toestand (de)	**état** (m)	[eta]
bewustzijn (het)	**conscience** (f)	[kɔ̃sjɑ̃s]
geheugen (het)	**mémoire** (f)	[memwar]
trekken (een kies ~)	**arracher** (vt)	[araʃe]

vulling (de)	**plombage** (m)	[plɔ̃baʒ]
vullen (ww)	**plomber** (vt)	[plɔ̃be]
hypnose (de)	**hypnose** (f)	[ipnoz]
hypnotiseren (ww)	**hypnotiser** (vt)	[ipnɔtize]

72. Artsen

dokter, arts (de)	**médecin** (m)	[medsɛ̃]
ziekenzuster (de)	**infirmière** (f)	[ɛ̃firmjɛr]
lijfarts (de)	**médecin** (m) **personnel**	[medsɛ̃ pɛrsɔnɛl]
tandarts (de)	**dentiste** (m)	[dɑ̃tist]
oogarts (de)	**ophtalmologiste** (m)	[ɔftalmɔlɔʒist]
therapeut (de)	**généraliste** (m)	[ʒeneralist]
chirurg (de)	**chirurgien** (m)	[ʃiryrʒjɛ̃]
psychiater (de)	**psychiatre** (m)	[psikjatr]
pediater (de)	**pédiatre** (m)	[pedjatr]
psycholoog (de)	**psychologue** (m)	[psikɔlɔg]
gynaecoloog (de)	**gynécologue** (m)	[ʒinekɔlɔg]
cardioloog (de)	**cardiologue** (m)	[kardjolɔg]

73. Geneeskunde. Medicijnen. Accessoires

geneesmiddel (het)	**médicament** (m)	[medikamɑ̃]
middel (het)	**remède** (m)	[rəmɛd]
voorschrijven (ww)	**prescrire** (vt)	[prɛskrir]
recept (het)	**ordonnance** (f)	[ɔrdɔnɑ̃s]
tablet (de/het)	**comprimé** (m)	[kɔ̃prime]
zalf (de)	**onguent** (m)	[ɔ̃gɑ̃]
ampul (de)	**ampoule** (f)	[ɑ̃pul]
drank (de)	**mixture** (f)	[mikstyr]
siroop (de)	**sirop** (m)	[siro]
pil (de)	**pilule** (f)	[pilyl]
poeder (de/het)	**poudre** (f)	[pudr]
verband (het)	**bande** (f)	[bɑ̃d]
watten (mv.)	**coton** (m)	[kɔtɔ̃]
jodium (het)	**iode** (m)	[jɔd]
pleister (de)	**sparadrap** (m)	[sparadra]
pipet (de)	**compte-gouttes** (m)	[kɔ̃tgut]
thermometer (de)	**thermomètre** (m)	[tɛrmɔmɛtr]
spuit (de)	**seringue** (f)	[sərɛ̃g]
rolstoel (de)	**fauteuil** (m) **roulant**	[fotœj rulɑ̃]
krukken (mv.)	**béquilles** (f pl)	[bekij]
pijnstiller (de)	**anesthésique** (m)	[anɛstezik]
laxeermiddel (het)	**purgatif** (m)	[pyrgatif]

spiritus (de)	**alcool** (m)	[alkɔl]
medicinale kruiden (mv.)	**herbe** (f) **médicinale**	[ɛrb medisinal]
kruiden- (abn)	**d'herbes** (adj)	[dɛrb]

74. Roken. Tabaksproducten

tabak (de)	**tabac** (m)	[taba]
sigaret (de)	**cigarette** (f)	[sigarɛt]
sigaar (de)	**cigare** (f)	[sigar]
pijp (de)	**pipe** (f)	[pip]
pakje (~ sigaretten)	**paquet** (m)	[pakɛ]
lucifers (mv.)	**allumettes** (f pl)	[alymɛt]
luciferdoosje (het)	**boîte** (f) **d'allumettes**	[bwat dalymɛt]
aansteker (de)	**briquet** (m)	[brikɛ]
asbak (de)	**cendrier** (m)	[sɑ̃drije]
sigarettendoosje (het)	**étui** (m) **à cigarettes**	[etɥi ɑ sigarɛt]
sigarettenpijpje (het)	**fume-cigarette** (m)	[fymsigarɛt]
filter (de/het)	**filtre** (m)	[filtr]
roken (ww)	**fumer** (vi, vt)	[fyme]
een sigaret opsteken	**allumer une cigarette**	[alyme yn sigarɛt]
roken (het)	**tabagisme** (m)	[tabaʒism]
roker (de)	**fumeur** (m)	[fymœr]
peuk (de)	**mégot** (m)	[mego]
rook (de)	**fumée** (f)	[fyme]
as (de)	**cendre** (f)	[sɑ̃dr]

HET MENSELIJKE LEEFGEBIED

Stad

75. Stad. Het leven in de stad

stad (de)	**ville** (f)	[vil]
hoofdstad (de)	**capitale** (f)	[kapital]
dorp (het)	**village** (m)	[vilaʒ]
plattegrond (de)	**plan** (m) **de la ville**	[plɑ̃ də la vil]
centrum (ov. een stad)	**centre-ville** (m)	[sɑ̃trəvil]
voorstad (de)	**banlieue** (f)	[bɑ̃ljø]
voorstads- (abn)	**de banlieue** (adj)	[də bɑ̃ljø]
randgemeente (de)	**périphérie** (f)	[periferi]
omgeving (de)	**alentours** (m pl)	[alɑ̃tur]
blok (huizenblok)	**quartier** (m)	[kartje]
woonwijk (de)	**quartier** (m) **résidentiel**	[kartje rezidɑ̃sjɛl]
verkeer (het)	**trafic** (m)	[trafik]
verkeerslicht (het)	**feux** (m pl) **de circulation**	[fø də sirkylasjɔ̃]
openbaar vervoer (het)	**transport** (m) **urbain**	[trɑ̃spɔr yrbɛ̃]
kruispunt (het)	**carrefour** (m)	[karfur]
zebrapad (oversteekplaats)	**passage** (m) **piéton**	[pɑsaʒ pjetɔ̃]
onderdoorgang (de)	**passage** (m) **souterrain**	[pɑsaʒ sutɛrɛ̃]
oversteken (de straat ~)	**traverser** (vt)	[travɛrse]
voetganger (de)	**piéton** (m)	[pjetɔ̃]
trottoir (het)	**trottoir** (m)	[trɔtwar]
brug (de)	**pont** (m)	[pɔ̃]
dijk (de)	**quai** (m)	[kɛ]
fontein (de)	**fontaine** (f)	[fɔ̃tɛn]
allee (de)	**allée** (f)	[ale]
park (het)	**parc** (m)	[park]
boulevard (de)	**boulevard** (m)	[bulvar]
plein (het)	**place** (f)	[plas]
laan (de)	**avenue** (f)	[avny]
straat (de)	**rue** (f)	[ry]
zijstraat (de)	**ruelle** (f)	[rɥɛl]
doodlopende straat (de)	**impasse** (f)	[ɛ̃pas]
huis (het)	**maison** (f)	[mɛzɔ̃]
gebouw (het)	**édifice** (m)	[edifis]
wolkenkrabber (de)	**gratte-ciel** (m)	[gratsjɛl]
gevel (de)	**façade** (f)	[fasad]
dak (het)	**toit** (m)	[twa]

venster (het)	**fenêtre** (f)	[fənɛtr]
boog (de)	**arc** (m)	[ark]
pilaar (de)	**colonne** (f)	[kɔlɔn]
hoek (ov. een gebouw)	**coin** (m)	[kwɛ̃]
vitrine (de)	**vitrine** (f)	[vitrin]
gevelreclame (de)	**enseigne** (f)	[ɑ̃sɛɲ]
affiche (de/het)	**affiche** (f)	[afiʃ]
reclameposter (de)	**affiche** (f) **publicitaire**	[afiʃ pyblisitɛr]
aanplakbord (het)	**panneau-réclame** (m)	[pano reklam]
vuilnis (de/het)	**ordures** (f pl)	[ɔrdyr]
vuilnisbak (de)	**poubelle** (f)	[pubɛl]
afval weggooien (ww)	**jeter ... à terre**	[ʒəte … ɑ tɛr]
stortplaats (de)	**décharge** (f)	[deʃarʒ]
telefooncel (de)	**cabine** (f) **téléphonique**	[kabin telefɔnik]
straatlicht (het)	**réverbère** (m)	[revɛrbɛr]
bank (de)	**banc** (m)	[bɑ̃]
politieagent (de)	**policier** (m)	[pɔlisje]
politie (de)	**police** (f)	[pɔlis]
zwerver (de)	**clochard** (m)	[klɔʃar]
dakloze (de)	**sans-abri** (m)	[sɑ̃zabri]

76. Stedelijke instellingen

winkel (de)	**magasin** (m)	[magazɛ̃]
apotheek (de)	**pharmacie** (f)	[farmasi]
optiek (de)	**opticien** (m)	[ɔptisjɛ̃]
winkelcentrum (het)	**centre** (m) **commercial**	[sɑ̃tr kɔmɛrsjal]
supermarkt (de)	**supermarché** (m)	[sypɛrmarʃe]
bakkerij (de)	**boulangerie** (f)	[bulɑ̃ʒri]
bakker (de)	**boulanger** (m)	[bulɑ̃ʒe]
banketbakkerij (de)	**pâtisserie** (f)	[pɑtisri]
kruidenier (de)	**épicerie** (f)	[episri]
slagerij (de)	**boucherie** (f)	[buʃri]
groentewinkel (de)	**magasin** (m) **de légumes**	[magazɛ̃ də legym]
markt (de)	**marché** (m)	[marʃe]
koffiehuis (het)	**salon** (m) **de café**	[salɔ̃ də kafe]
restaurant (het)	**restaurant** (m)	[rɛstɔrɑ̃]
bar (de)	**brasserie** (f)	[brasri]
pizzeria (de)	**pizzeria** (f)	[pidzerja]
kapperssalon (de/het)	**salon** (m) **de coiffure**	[salɔ̃ də kwafyr]
postkantoor (het)	**poste** (f)	[pɔst]
stomerij (de)	**pressing** (m)	[presiŋ]
fotostudio (de)	**atelier** (m) **de photo**	[atəlje də fɔto]
schoenwinkel (de)	**magasin** (m) **de chaussures**	[magazɛ̃ də ʃosyr]
boekhandel (de)	**librairie** (f)	[librɛri]

sportwinkel (de)	**magasin** (m) **d'articles de sport**	[magazɛ̃ dartikl də spɔr]
kledingreparatie (de)	**atelier** (m) **de retouche**	[atəlje də rətuʃ]
kledingverhuur (de)	**location** (f) **de vêtements**	[lɔkasjɔ̃ də vɛtmɑ̃]
videotheek (de)	**location** (f) **de films**	[lɔkasjɔ̃ də film]
circus (de/het)	**cirque** (m)	[sirk]
dierentuin (de)	**zoo** (m)	[zoo]
bioscoop (de)	**cinéma** (m)	[sinema]
museum (het)	**musée** (m)	[myze]
bibliotheek (de)	**bibliothèque** (f)	[biblijɔtɛk]
theater (het)	**théâtre** (m)	[teɑtr]
opera (de)	**opéra** (m)	[ɔpera]
nachtclub (de)	**boîte** (f) **de nuit**	[bwat də nɥi]
casino (het)	**casino** (m)	[kazino]
moskee (de)	**mosquée** (f)	[mɔske]
synagoge (de)	**synagogue** (f)	[sinagɔg]
kathedraal (de)	**cathédrale** (f)	[katedral]
tempel (de)	**temple** (m)	[tɑ̃pl]
kerk (de)	**église** (f)	[egliz]
instituut (het)	**institut** (m)	[ɛ̃stity]
universiteit (de)	**université** (f)	[ynivɛrsite]
school (de)	**école** (f)	[ekɔl]
gemeentehuis (het)	**préfecture** (f)	[prefɛktyr]
stadhuis (het)	**mairie** (f)	[meri]
hotel (het)	**hôtel** (m)	[otɛl]
bank (de)	**banque** (f)	[bɑ̃k]
ambassade (de)	**ambassade** (f)	[ɑ̃basad]
reisbureau (het)	**agence** (f) **de voyages**	[aʒɑ̃s də vwajaʒ]
informatieloket (het)	**bureau** (m) **d'information**	[byro dɛ̃fɔrmasjɔ̃]
wisselkantoor (het)	**bureau** (m) **de change**	[byro də ʃɑ̃ʒ]
metro (de)	**métro** (m)	[metro]
ziekenhuis (het)	**hôpital** (m)	[ɔpital]
benzinestation (het)	**station-service** (f)	[stasjɔ̃sɛrvis]
parking (de)	**parking** (m)	[parkiŋ]

77. Stedelijk vervoer

bus, autobus (de)	**autobus** (m)	[otobys]
tram (de)	**tramway** (m)	[tramwɛ]
trolleybus (de)	**trolleybus** (m)	[trɔlɛbys]
route (de)	**itinéraire** (m)	[itinerɛr]
nummer (busnummer, enz.)	**numéro** (m)	[nymero]
rijden met ...	**prendre ...**	[prɑ̃dr]
stappen (in de bus ~)	**monter** (vi)	[mɔ̃te]
afstappen (ww)	**descendre de ...**	[desɑ̃dr də]

halte (de)	**arrêt** (m)	[arɛ]
volgende halte (de)	**arrêt** (m) **prochain**	[arɛt prɔʃɛ̃]
eindpunt (het)	**terminus** (m)	[tɛrminys]
dienstregeling (de)	**horaire** (m)	[ɔrɛr]
wachten (ww)	**attendre** (vt)	[atɑ̃dr]
kaartje (het)	**ticket** (m)	[tikɛ]
reiskosten (de)	**prix** (m) **du ticket**	[pri dy tikɛ]
kassier (de)	**caissier** (m)	[kesje]
kaartcontrole (de)	**contrôle** (m) **des tickets**	[kɔ̃trol de tikɛ]
controleur (de)	**contrôleur** (m)	[kɔ̃trolœr]
te laat zijn (ww)	**être en retard**	[ɛtr ɑ̃ rətar]
missen (de bus ~)	**rater** (vt)	[rate]
zich haasten (ww)	**se dépêcher**	[sə depeʃe]
taxi (de)	**taxi** (m)	[taksi]
taxichauffeur (de)	**chauffeur** (m) **de taxi**	[ʃofœr də taksi]
met de taxi (bw)	**en taxi**	[ɑ̃ taksi]
taxistandplaats (de)	**arrêt** (m) **de taxi**	[arɛ də taksi]
een taxi bestellen	**appeler un taxi**	[aple œ̃ taksi]
een taxi nemen	**prendre un taxi**	[prɑ̃dr œ̃ taksi]
verkeer (het)	**trafic** (m)	[trafik]
file (de)	**embouteillage** (m)	[ɑ̃butɛjaʒ]
spitsuur (het)	**heures** (f pl) **de pointe**	[œr də pwɛ̃t]
parkeren (on.ww.)	**se garer** (vp)	[sə gare]
parkeren (ov.ww.)	**garer** (vt)	[gare]
parking (de)	**parking** (m)	[parkiŋ]
metro (de)	**métro** (m)	[metro]
halte (bijv. kleine treinhalte)	**station** (f)	[stasjɔ̃]
de metro nemen	**prendre le métro**	[prɑ̃dr lə metro]
trein (de)	**train** (m)	[trɛ̃]
station (treinstation)	**gare** (f)	[gar]

78. Bezienswaardigheden

monument (het)	**monument** (m)	[mɔnymɑ̃]
vesting (de)	**forteresse** (f)	[fɔrtərɛs]
paleis (het)	**palais** (m)	[palɛ]
kasteel (het)	**château** (m)	[ʃato]
toren (de)	**tour** (f)	[tur]
mausoleum (het)	**mausolée** (m)	[mozɔle]
architectuur (de)	**architecture** (f)	[arʃitɛktyr]
middeleeuws (bn)	**médiéval** (adj)	[medjeval]
oud (bn)	**ancien** (adj)	[ɑ̃sjɛ̃]
nationaal (bn)	**national** (adj)	[nasjɔnal]
bekend (bn)	**connu** (adj)	[kɔny]
toerist (de)	**touriste** (m)	[turist]
gids (de)	**guide** (m)	[gid]

rondleiding (de)	**excursion** (f)	[ɛkskyrsjɔ̃]
tonen (ww)	**montrer** (vt)	[mɔ̃tre]
vertellen (ww)	**raconter** (vt)	[rakɔ̃te]
vinden (ww)	**trouver** (vt)	[truve]
verdwalen (de weg kwijt zijn)	**se perdre** (vp)	[sə pɛrdr]
plattegrond (~ van de metro)	**plan** (m)	[plɑ̃]
plattegrond (~ van de stad)	**carte** (f)	[kart]
souvenir (het)	**souvenir** (m)	[suvnir]
souvenirwinkel (de)	**boutique** (f) **de souvenirs**	[butik də suvnir]
een foto maken (ww)	**prendre en photo**	[prɑ̃dr ɑ̃ fɔto]
zich laten fotograferen	**se faire prendre en photo**	[sə fɛr prɑ̃dr ɑ̃ fɔto]

79. Winkelen

kopen (ww)	**acheter** (vt)	[aʃte]
aankoop (de)	**achat** (m)	[aʃa]
winkelen (ww)	**faire des achats**	[fɛr dezaʃa]
winkelen (het)	**shopping** (m)	[ʃɔpiŋ]
open zijn (ov. een winkel, enz.)	**être ouvert**	[ɛtr uvɛr]
gesloten zijn (ww)	**être fermé**	[ɛtr fɛrme]
schoeisel (het)	**chaussures** (f pl)	[ʃosyr]
kleren (mv.)	**vêtement** (m)	[vɛtmɑ̃]
cosmetica (de)	**produits** (m pl) **de beauté**	[prɔdyi də bote]
voedingswaren (mv.)	**produits** (m pl) **alimentaires**	[prɔdyi alimɑ̃tɛr]
geschenk (het)	**cadeau** (m)	[kado]
verkoper (de)	**vendeur** (m)	[vɑ̃dœr]
verkoopster (de)	**vendeuse** (f)	[vɑ̃døz]
kassa (de)	**caisse** (f)	[kɛs]
spiegel (de)	**miroir** (m)	[mirwar]
toonbank (de)	**comptoir** (m)	[kɔ̃twar]
paskamer (de)	**cabine** (f) **d'essayage**	[kabin desɛjaʒ]
aanpassen (ww)	**essayer** (vt)	[eseje]
passen (ov. kleren)	**aller bien**	[ale bjɛ̃]
bevallen (prettig vinden)	**plaire à ...**	[plɛr ɑ]
prijs (de)	**prix** (m)	[pri]
prijskaartje (het)	**étiquette** (f) **de prix**	[etikɛt də pri]
kosten (ww)	**coûter** (vi, vt)	[kute]
Hoeveel?	**Combien?**	[kɔ̃bjɛ̃]
korting (de)	**rabais** (m)	[rabɛ]
niet duur (bn)	**pas cher** (adj)	[pɑ ʃɛr]
goedkoop (bn)	**bon marché** (adj)	[bɔ̃ marʃe]
duur (bn)	**cher** (adj)	[ʃɛr]
Dat is duur.	**C'est cher**	[sɛ ʃɛr]
verhuur (de)	**location** (f)	[lɔkasjɔ̃]

huren (smoking, enz.)	**louer** (vt)	[lwe]
krediet (het)	**crédit** (m)	[kredi]
op krediet (bw)	**à crédit** (adv)	[ɑkredi]

80. Geld

geld (het)	**argent** (m)	[arʒɑ̃]
ruil (de)	**échange** (m)	[eʃɑ̃ʒ]
koers (de)	**cours** (m) **de change**	[kur də ʃɑ̃ʒ]
geldautomaat (de)	**distributeur** (m)	[distribytœr]
muntstuk (de)	**monnaie** (f)	[mɔnɛ]
dollar (de)	**dollar** (m)	[dɔlar]
euro (de)	**euro** (m)	[øro]
lire (de)	**lire** (f)	[lir]
Duitse mark (de)	**mark** (m) **allemand**	[mark almɑ̃]
frank (de)	**franc** (m)	[frɑ̃]
pond sterling (het)	**livre sterling** (f)	[livr stɛrliŋ]
yen (de)	**yen** (m)	[jɛn]
schuld (geldbedrag)	**dette** (f)	[dɛt]
schuldenaar (de)	**débiteur** (m)	[debitœr]
uitlenen (ww)	**prêter** (vt)	[prete]
lenen (geld ~)	**emprunter** (vt)	[ɑ̃prœ̃te]
bank (de)	**banque** (f)	[bɑ̃k]
bankrekening (de)	**compte** (m)	[kɔ̃t]
op rekening storten	**verser dans le compte**	[vɛrse dɑ̃ lə kɔ̃t]
opnemen (ww)	**retirer du compte**	[rətire dy kɔ̃t]
kredietkaart (de)	**carte** (f) **de crédit**	[kart də kredi]
baar geld (het)	**espèces** (f pl)	[ɛspɛs]
cheque (de)	**chèque** (m)	[ʃɛk]
een cheque uitschrijven	**faire un chèque**	[fɛr œ̃ ʃɛk]
chequeboekje (het)	**chéquier** (m)	[ʃekje]
portefeuille (de)	**portefeuille** (m)	[pɔrtəfœj]
geldbeugel (de)	**bourse** (f)	[burs]
portemonnee (de)	**porte-monnaie** (m)	[pɔrtmɔnɛ]
safe (de)	**coffre fort** (m)	[kɔfr fɔr]
erfgenaam (de)	**héritier** (m)	[eritje]
erfenis (de)	**héritage** (m)	[eritaʒ]
fortuin (het)	**fortune** (f)	[fɔrtyn]
huur (de)	**location** (f)	[lɔkasjɔ̃]
huurprijs (de)	**loyer** (m)	[lwaje]
huren (huis, kamer)	**louer** (vt)	[lwe]
prijs (de)	**prix** (m)	[pri]
kostprijs (de)	**coût** (m)	[ku]
som (de)	**somme** (f)	[sɔm]
uitgeven (geld besteden)	**dépenser** (vt)	[depɑ̃se]

kosten (mv.)	**dépenses** (f pl)	[depɑ̃s]
bezuinigen (ww)	**économiser** (vt)	[ekɔnɔmize]
zuinig (bn)	**économe** (adj)	[ekɔnɔm]
betalen (ww)	**payer** (vi, vt)	[peje]
betaling (de)	**paiement** (m)	[pɛmɑ̃]
wisselgeld (het)	**monnaie** (f)	[mɔnɛ]
belasting (de)	**impôt** (m)	[ɛ̃po]
boete (de)	**amende** (f)	[amɑ̃d]
beboeten (bekeuren)	**mettre une amende**	[mɛtr ynamɑ̃d]

81. Post. Postkantoor

postkantoor (het)	**poste** (f)	[pɔst]
post (de)	**courrier** (m)	[kurje]
postbode (de)	**facteur** (m)	[faktœr]
openingsuren (mv.)	**heures** (f pl) **d'ouverture**	[zœr duvɛrtyr]
brief (de)	**lettre** (f)	[lɛtr]
aangetekende brief (de)	**recommandé** (m)	[rəkɔmɑ̃de]
briefkaart (de)	**carte** (f) **postale**	[kart pɔstal]
telegram (het)	**télégramme** (m)	[telegram]
postpakket (het)	**colis** (m)	[kɔli]
overschrijving (de)	**mandat** (m) **postal**	[mɑ̃da pɔstal]
ontvangen (ww)	**recevoir** (vt)	[rəsəvwar]
sturen (zenden)	**envoyer** (vt)	[ɑ̃vwaje]
verzending (de)	**envoi** (m)	[ɑ̃vwa]
adres (het)	**adresse** (f)	[adrɛs]
postcode (de)	**code** (m) **postal**	[kɔd pɔstal]
verzender (de)	**expéditeur** (m)	[ɛkspeditœr]
ontvanger (de)	**destinataire** (m)	[dɛstinatɛr]
naam (de)	**prénom** (m)	[prenɔ̃]
achternaam (de)	**nom** (m) **de famille**	[nɔ̃ də famij]
tarief (het)	**tarif** (m)	[tarif]
standaard (bn)	**normal** (adj)	[nɔrmal]
zuinig (bn)	**économique** (adj)	[ekɔnɔmik]
gewicht (het)	**poids** (m)	[pwa]
afwegen (op de weegschaal)	**peser** (vt)	[pəze]
envelop (de)	**enveloppe** (f)	[ɑ̃vlɔp]
postzegel (de)	**timbre** (m)	[tɛ̃br]
een postzegel plakken op	**timbrer** (vt)	[tɛ̃bre]

Woning. Huis. Thuis

82. Huis. Woning

huis (het)	**maison** (f)	[mɛzɔ̃]
thuis (bw)	**chez soi**	[ʃeswa]
cour (de)	**cour** (f)	[kur]
omheining (de)	**clôture** (f)	[klotyr]
baksteen (de)	**brique** (f)	[brik]
van bakstenen	**en brique** (adj)	[ɑ̃ brik]
steen (de)	**pierre** (f)	[pjɛr]
stenen (bn)	**en pierre** (adj)	[ɑ̃ pjɛr]
beton (het)	**béton** (m)	[betɔ̃]
van beton	**en béton** (adj)	[ɑ̃ betɔ̃]
nieuw (bn)	**neuf** (adj)	[nœf]
oud (bn)	**vieux** (adj)	[vjø]
vervallen (bn)	**délabré** (adj)	[delabre]
modern (bn)	**moderne** (adj)	[mɔdɛrn]
met veel verdiepingen	**à plusieurs étages**	[ɑ plyzjœr zetaʒ]
hoog (bn)	**haut** (adj)	[o]
verdieping (de)	**étage** (m)	[etaʒ]
met een verdieping	**sans étage** (adj)	[sɑ̃ zetaʒ]
laagste verdieping (de)	**rez-de-chaussée** (m)	[redʃose]
bovenverdieping (de)	**dernier étage** (m)	[dɛrnjɛr etaʒ]
dak (het)	**toit** (m)	[twa]
schoorsteen (de)	**cheminée** (f)	[ʃəmine]
dakpan (de)	**tuile** (f)	[tɥil]
pannen- (abn)	**en tuiles** (adj)	[ɑ̃ tɥil]
zolder (de)	**grenier** (m)	[grənje]
venster (het)	**fenêtre** (f)	[fənɛtr]
glas (het)	**vitre** (f)	[vitr]
vensterbank (de)	**rebord** (m)	[rəbɔr]
luiken (mv.)	**volets** (m pl)	[vɔle]
muur (de)	**mur** (m)	[myr]
balkon (het)	**balcon** (m)	[balkɔ̃]
regenpijp (de)	**gouttière** (f)	[gutjɛr]
boven (bw)	**en haut** (adv)	[ɑn o]
naar boven gaan (ww)	**monter** (vi)	[mɔ̃te]
afdalen (on.ww.)	**descendre** (vi)	[desɑ̃dr]
verhuizen (ww)	**déménager** (vi)	[demenaʒe]

83. Huis. Ingang. Lift

ingang (de)	**entrée** (f)	[ɑ̃tre]
trap (de)	**escalier** (m)	[ɛskalje]
treden (mv.)	**marches** (f pl)	[marʃ]
trapleuning (de)	**rampe** (f)	[rɑ̃p]
hal (de)	**hall** (m)	[ol]
postbus (de)	**boîte** (f) **à lettres**	[bwat ɑ lɛtr]
vuilnisbak (de)	**poubelle** (f)	[pubɛl]
vuilniskoker (de)	**vide-ordures** (m)	[vidɔrdyr]
lift (de)	**ascenseur** (m)	[asɑ̃sœr]
goederenlift (de)	**monte-charge** (m)	[mɔ̃tʃarʒ]
liftcabine (de)	**cabine** (f)	[kabin]
de lift nemen	**prendre l'ascenseur**	[prɑ̃dr lasɑ̃sœr]
appartement (het)	**appartement** (m)	[apartəmɑ̃]
bewoners (mv.)	**locataires** (m pl)	[lɔkatɛr]
buurman (de)	**voisin** (m)	[vwazɛ̃]
buurvrouw (de)	**voisine** (f)	[vwazin]
buren (mv.)	**voisins** (m pl)	[vwazɛ̃]

84. Huis. Deuren. Sloten

deur (de)	**porte** (f)	[pɔrt]
toegangspoort (de)	**portail** (m)	[pɔrtaj]
deurkruk (de)	**poignée** (f)	[pwaɲe]
ontsluiten (ontgrendelen)	**déverrouiller** (vt)	[devɛruje]
openen (ww)	**ouvrir** (vt)	[uvrir]
sluiten (ww)	**fermer** (vt)	[fɛrme]
sleutel (de)	**clé, clef** (f)	[kle]
sleutelbos (de)	**trousseau** (m)**, jeu** (m)	[truso], [ʒø]
knarsen (bijv. scharnier)	**grincer** (vi)	[grɛ̃se]
knarsgeluid (het)	**grincement** (m)	[grɛ̃smɑ̃]
scharnier (het)	**gond** (m)	[gɔ̃]
deurmat (de)	**paillasson** (m)	[pajasɔ̃]
slot (het)	**serrure** (f)	[seryr]
sleutelgat (het)	**trou** (m) **de la serrure**	[tru də la seryr]
grendel (de)	**verrou** (m)	[veru]
schuif (de)	**loquet** (m)	[lɔkɛ]
hangslot (het)	**cadenas** (m)	[kadna]
aanbellen (ww)	**sonner** (vi)	[sɔ̃]
bel (geluid)	**sonnerie** (f)	[sɔnri]
deurbel (de)	**sonnette** (f)	[sɔnɛt]
belknop (de)	**bouton** (m)	[butɔ̃]
geklop (het)	**coups** (m pl) **à la porte**	[ku ɑla pɔrt]
kloppen (ww)	**frapper** (vi)	[frape]
code (de)	**code** (m)	[kɔd]
cijferslot (het)	**serrure** (f) **à combinaison**	[seryr a kɔ̃binɛzɔ̃]

parlofoon (de)	**interphone** (m)	[ɛ̃tɛrfɔn]
nummer (het)	**numéro** (m)	[nymero]
naambordje (het)	**plaque** (f) **de porte**	[plak də pɔrt]
deurspion (de)	**judas** (m)	[ʒyda]

85. Huis op het platteland

dorp (het)	**village** (m)	[vilaʒ]
moestuin (de)	**potager** (m)	[pɔtaʒe]
hek (het)	**palissade** (f)	[palisad]
houten hekwerk (het)	**clôture** (f)	[klotyr]
tuinpoortje (het)	**portillon** (m)	[pɔrtijɔ̃]
graanschuur (de)	**grange** (f)	[grɑ̃ʒ]
wortelkelder (de)	**cave** (f)	[kav]
schuur (de)	**abri** (m) **de jardin**	[abri də ʒardɛ̃]
waterput (de)	**puits** (m)	[pɥi]
kachel (de)	**poêle** (m)	[pwal]
de kachel stoken	**chauffer le poêle**	[ʃofe lə pwal]
brandhout (het)	**bois** (m) **de chauffage**	[bwa də ʃofaʒ]
houtblok (het)	**bûche** (f)	[byʃ]
veranda (de)	**véranda** (f)	[verɑ̃da]
terras (het)	**terrasse** (f)	[tɛras]
bordes (het)	**perron** (m)	[perɔ̃]
schommel (de)	**balançoire** (f)	[balɑ̃swar]

86. Kasteel. Paleis

kasteel (het)	**château** (m)	[ʃato]
paleis (het)	**palais** (m)	[palɛ]
vesting (de)	**forteresse** (f)	[fɔrtərɛs]
ringmuur (de)	**muraille** (f)	[myrɑj]
toren (de)	**tour** (f)	[tur]
donjon (de)	**donjon** (m)	[dɔ̃ʒɔ̃]
valhek (het)	**herse** (f)	[ɛrs]
onderaardse gang (de)	**souterrain** (m)	[sutɛrɛ̃]
slotgracht (de)	**douve** (f)	[duv]
ketting (de)	**chaîne** (f)	[ʃɛn]
schietgat (het)	**meurtrière** (f)	[mœrtrijɛr]
prachtig (bn)	**magnifique** (adj)	[maɲifik]
majestueus (bn)	**majestueux** (adj)	[maʒɛstɥø]
onneembaar (bn)	**inaccessible** (adj)	[inaksesibl]
middeleeuws (bn)	**médiéval** (adj)	[medjeval]

87. Appartement

appartement (het)	**appartement** (m)	[apartəmɑ̃]
kamer (de)	**chambre** (f)	[ʃɑ̃br]
slaapkamer (de)	**chambre** (f) **à coucher**	[ʃɑ̃br ɑ kuʃe]
eetkamer (de)	**salle** (f) **à manger**	[sal ɑ mɑ̃ʒe]
salon (de)	**salon** (m)	[salɔ̃]
studeerkamer (de)	**bureau** (m)	[byro]
gang (de)	**antichambre** (f)	[ɑ̃tiʃɑ̃br]
badkamer (de)	**salle** (f) **de bains**	[sal də bɛ̃]
toilet (het)	**toilettes** (f pl)	[twalɛt]
plafond (het)	**plafond** (m)	[plafɔ̃]
vloer (de)	**plancher** (m)	[plɑ̃ʃe]
hoek (de)	**coin** (m)	[kwɛ̃]

88. Appartement. Schoonmaken

schoonmaken (ww)	**faire le ménage**	[fɛr le menaʒ]
opbergen (in de kast, enz.)	**ranger** (vt)	[rɑ̃ʒe]
stof (het)	**poussière** (f)	[pusjɛr]
stoffig (bn)	**poussiéreux** (adj)	[pusjerø]
stoffen (ww)	**essuyer la poussière**	[esɥije la pusjɛr]
stofzuiger (de)	**aspirateur** (m)	[aspiratœr]
stofzuigen (ww)	**passer l'aspirateur**	[pɑse laspiratœr]
vegen (de vloer ~)	**balayer** (vt)	[baleje]
veegsel (het)	**balayures** (f pl)	[balejyr]
orde (de)	**ordre** (m)	[ɔrdr]
wanorde (de)	**désordre** (m)	[dezɔrdr]
zwabber (de)	**balai** (m) **à franges**	[balɛ a frɑ̃ʒ]
poetsdoek (de)	**torchon** (m)	[tɔrʃɔ̃]
veger (de)	**balayette** (f)	[balɛjɛt]
stofblik (het)	**pelle** (f) **à ordures**	[pɛl ɑ ɔrdyr]

89. Meubels. Interieur

meubels (mv.)	**meubles** (m pl)	[mœbl]
tafel (de)	**table** (f)	[tabl]
stoel (de)	**chaise** (f)	[ʃɛz]
bed (het)	**lit** (m)	[li]
bankstel (het)	**canapé** (m)	[kanape]
fauteuil (de)	**fauteuil** (m)	[fotœj]
boekenkast (de)	**bibliothèque** (f)	[biblijɔtɛk]
boekenrek (het)	**rayon** (m)	[rɛjɔ̃]
stellingkast (de)	**étagère** (f)	[etaʒɛr]
kledingkast (de)	**armoire** (f)	[armwar]
kapstok (de)	**patère** (f)	[patɛr]

staande kapstok (de)	**portemanteau** (m)	[pɔrtmɑ̃to]
commode (de)	**commode** (f)	[kɔmɔd]
salontafeltje (het)	**table** (f) **basse**	[tabl bas]
spiegel (de)	**miroir** (m)	[mirwar]
tapijt (het)	**tapis** (m)	[tapi]
tapijtje (het)	**petit tapis** (m)	[pəti tapi]
haard (de)	**cheminée** (f)	[ʃəmine]
kaars (de)	**bougie** (f)	[buʒi]
kandelaar (de)	**chandelier** (m)	[ʃɑ̃dəlje]
gordijnen (mv.)	**rideaux** (m pl)	[rido]
behang (het)	**papier** (m) **peint**	[papje pɛ̃]
jaloezie (de)	**jalousie** (f)	[ʒaluzi]
bureaulamp (de)	**lampe** (f) **de table**	[lɑ̃p də tabl]
wandlamp (de)	**applique** (f)	[aplik]
staande lamp (de)	**lampadaire** (m)	[lɑ̃padɛr]
luchter (de)	**lustre** (m)	[lystr]
poot (ov. een tafel, enz.)	**pied** (m)	[pje]
armleuning (de)	**accoudoir** (m)	[akudwar]
rugleuning (de)	**dossier** (m)	[dosje]
la (de)	**tiroir** (m)	[tirwar]

90. Beddengoed

beddengoed (het)	**linge** (m) **de lit**	[lɛ̃ʒ də li]
kussen (het)	**oreiller** (m)	[ɔrɛje]
kussenovertrek (de)	**taie** (f) **d'oreiller**	[tɛ dɔrɛje]
deken (de)	**couverture** (f)	[kuvɛrtyr]
laken (het)	**drap** (m)	[dra]
sprei (de)	**couvre-lit** (m)	[kuvrəli]

91. Keuken

keuken (de)	**cuisine** (f)	[kɥizin]
gas (het)	**gaz** (m)	[gaz]
gasfornuis (het)	**cuisinière** (f) **à gaz**	[kɥizinjɛr ɑ gaz]
elektrisch fornuis (het)	**cuisinière** (f) **électrique**	[kɥizinjɛr elɛktrik]
oven (de)	**four** (m)	[fur]
magnetronoven (de)	**four** (m) **micro-ondes**	[fur mikrɔɔ̃d]
koelkast (de)	**réfrigérateur** (m)	[refriʒeratœr]
diepvriezer (de)	**congélateur** (m)	[kɔ̃ʒelatœr]
vaatwasmachine (de)	**lave-vaisselle** (m)	[lavvesɛl]
vleesmolen (de)	**hachoir** (m)	[aʃwar]
vruchtenpers (de)	**centrifugeuse** (f)	[sɑ̃trifyʒøz]
toaster (de)	**grille-pain** (m)	[grijpɛ̃]
mixer (de)	**batteur** (m)	[batœr]

koffiemachine (de)	**machine** (f) **à café**	[maʃin ɑ kafe]
koffiepot (de)	**cafetière** (f)	[kaftjɛr]
koffiemolen (de)	**moulin** (m) **à café**	[mulɛ̃ ɑ kafe]
fluitketel (de)	**bouilloire** (f)	[bujwar]
theepot (de)	**théière** (f)	[tejɛr]
deksel (de/het)	**couvercle** (m)	[kuvɛrkl]
theezeefje (het)	**passoire** (f) **à thé**	[pɑswar ɑ te]
lepel (de)	**cuillère** (f)	[kɥijɛr]
theelepeltje (het)	**petite cuillère** (f)	[pətit kɥijɛr]
eetlepel (de)	**cuillère** (f) **à soupe**	[kɥijɛr ɑ sup]
vork (de)	**fourchette** (f)	[furʃɛt]
mes (het)	**couteau** (m)	[kuto]
vaatwerk (het)	**vaisselle** (f)	[vɛsɛl]
bord (het)	**assiette** (f)	[asjɛt]
schoteltje (het)	**soucoupe** (f)	[sukup]
likeurglas (het)	**verre** (m) **à shot**	[vɛr ɑ ʃot]
glas (het)	**verre** (m)	[vɛr]
kopje (het)	**tasse** (f)	[tɑs]
suikerpot (de)	**sucrier** (m)	[sykrije]
zoutvat (het)	**salière** (f)	[saljɛr]
pepervat (het)	**poivrière** (f)	[pwavrijɛr]
boterschaaltje (het)	**beurrier** (m)	[bœrje]
steelpan (de)	**casserole** (f)	[kasrɔl]
bakpan (de)	**poêle** (f)	[pwal]
pollepel (de)	**louche** (f)	[luʃ]
vergiet (de/het)	**passoire** (f)	[pɑswar]
dienblad (het)	**plateau** (m)	[plato]
fles (de)	**bouteille** (f)	[butɛj]
glazen pot (de)	**bocal** (m)	[bɔkal]
blik (conserven~)	**boîte** (f) **en fer-blanc**	[bwat ɑ̃ fɛrblɑ̃]
flesopener (de)	**ouvre-bouteille** (m)	[uvrəbutɛj]
blikopener (de)	**ouvre-boîte** (m)	[uvrəbwat]
kurkentrekker (de)	**tire-bouchon** (m)	[tirbuʃɔ̃]
filter (de/het)	**filtre** (m)	[filtr]
filteren (ww)	**filtrer** (vt)	[filtre]
huisvuil (het)	**ordures** (f pl)	[ɔrdyr]
vuilnisemmer (de)	**poubelle** (f)	[pubɛl]

92. Badkamer

badkamer (de)	**salle** (f) **de bains**	[sal də bɛ̃]
water (het)	**eau** (f)	[o]
kraan (de)	**robinet** (m)	[rɔbinɛ]
warm water (het)	**eau** (f) **chaude**	[o ʃod]
koud water (het)	**eau** (f) **froide**	[o frwad]

tandpasta (de)	**dentifrice** (m)	[dɑ̃tifris]
tanden poetsen (ww)	**se brosser les dents**	[sə brɔse le dɑ̃]
tandenborstel (de)	**brosse** (f) **à dents**	[brɔs a dɑ̃]
zich scheren (ww)	**se raser** (vp)	[sə raze]
scheercrème (de)	**mousse** (f) **à raser**	[mus a raze]
scheermes (het)	**rasoir** (m)	[razwar]
wassen (ww)	**laver** (vt)	[lave]
een bad nemen	**se laver** (vp)	[sə lave]
douche (de)	**douche** (f)	[duʃ]
een douche nemen	**prendre une douche**	[prɑ̃dr yn duʃ]
bad (het)	**baignoire** (f)	[bɛɲwar]
toiletpot (de)	**cuvette** (f)	[kyvɛt]
wastafel (de)	**lavabo** (m)	[lavabo]
zeep (de)	**savon** (m)	[savɔ̃]
zeepbakje (het)	**porte-savon** (m)	[pɔrtsavɔ̃]
spons (de)	**éponge** (f)	[epɔ̃ʒ]
shampoo (de)	**shampooing** (m)	[ʃɑ̃pwɛ̃]
handdoek (de)	**serviette** (f)	[sɛrvjɛt]
badjas (de)	**peignoir** (m) **de bain**	[pɛɲwar də bɛ̃]
was (bijv. handwas)	**lessive** (f)	[lɛsiv]
wasmachine (de)	**machine** (f) **à laver**	[maʃin a lave]
de was doen	**faire la lessive**	[fɛr la lɛsiv]
waspoeder (de)	**lessive** (f)	[lɛsiv]

93. Huishoudelijke apparaten

televisie (de)	**télé** (f)	[tele]
cassettespeler (de)	**magnétophone** (m)	[maɲetɔfɔn]
videorecorder (de)	**magnétoscope** (m)	[maɲetɔskɔp]
radio (de)	**radio** (f)	[radjo]
speler (de)	**lecteur** (m)	[lɛktœr]
videoprojector (de)	**vidéoprojecteur** (m)	[videɔprɔʒɛktœr]
home theater systeem (het)	**home cinéma** (m)	[həʊm sinema]
DVD-speler (de)	**lecteur DVD** (m)	[lɛktœr devede]
versterker (de)	**amplificateur** (m)	[ɑ̃plifikatœr]
spelconsole (de)	**console** (f) **de jeux**	[kɔ̃sɔl də ʒø]
videocamera (de)	**caméscope** (m)	[kameskɔp]
fotocamera (de)	**appareil** (m) **photo**	[aparɛj fɔto]
digitale camera (de)	**appareil** (m) **photo numérique**	[aparɛj fɔto nymerik]
stofzuiger (de)	**aspirateur** (m)	[aspiratœr]
strijkijzer (het)	**fer** (m) **à repasser**	[fɛr a rəpase]
strijkplank (de)	**planche** (f) **à repasser**	[plɑ̃ʃ a rəpase]
telefoon (de)	**téléphone** (m)	[telefɔn]
mobieltje (het)	**portable** (m)	[pɔrtabl]

schrijfmachine (de)	**machine** (f) **à écrire**	[maʃin a ekrir]
naaimachine (de)	**machine** (f) **à coudre**	[maʃin a kudr]
microfoon (de)	**micro** (m)	[mikro]
koptelefoon (de)	**écouteurs** (m pl)	[ekutœr]
afstandsbediening (de)	**télécommande** (f)	[telekɔmɑ̃d]
CD (de)	**CD** (m)	[sede]
cassette (de)	**cassette** (f)	[kasɛt]
vinylplaat (de)	**disque** (m) **vinyle**	[disk vinil]

94. Reparaties. Renovatie

renovatie (de)	**rénovation** (f)	[renɔvasjɔ̃]
renoveren (ww)	**faire la rénovation**	[fɛr la renɔvasjɔ̃]
repareren (ww)	**réparer** (vt)	[repare]
op orde brengen	**remettre en ordre**	[rəmɛtr anɔrdr]
overdoen (ww)	**refaire** (vt)	[rəfɛr]
verf (de)	**peinture** (f)	[pɛ̃tyr]
verven (muur ~)	**peindre** (vt)	[pɛ̃dr]
schilder (de)	**peintre** (m) **en bâtiment**	[pɛ̃tr ɑ̃ batimɑ̃]
kwast (de)	**pinceau** (m)	[pɛ̃so]
kalk (de)	**chaux** (f)	[ʃo]
kalken (ww)	**blanchir à la chaux**	[blɑ̃ʃir ala ʃo]
behang (het)	**papier** (m) **peint**	[papje pɛ̃]
behangen (ww)	**tapisser** (vt)	[tapise]
lak (de/het)	**vernis** (m)	[vɛrni]
lakken (ww)	**vernir** (vt)	[vɛrnir]

95. Loodgieterswerk

water (het)	**eau** (f)	[o]
warm water (het)	**eau** (f) **chaude**	[o ʃod]
koud water (het)	**eau** (f) **froide**	[o frwad]
kraan (de)	**robinet** (m)	[rɔbinɛ]
druppel (de)	**goutte** (f)	[gut]
druppelen (ww)	**goutter** (vi)	[gute]
lekken (een lek hebben)	**fuir** (vi)	[fɥir]
lekkage (de)	**fuite** (f)	[fɥit]
plasje (het)	**flaque** (f)	[flak]
buis, leiding (de)	**tuyau** (m)	[tɥijo]
stopkraan (de)	**valve** (f)	[valv]
verstopt raken (ww)	**se boucher** (vp)	[sə buʃe]
gereedschap (het)	**outils** (m pl)	[uti]
Engelse sleutel (de)	**clé** (f) **réglable**	[kle reglabl]
losschroeven (ww)	**dévisser** (vt)	[devise]

aanschroeven (ww)	**visser** (vt)	[vise]
ontstoppen (riool, enz.)	**déboucher** (vt)	[debuʃe]
loodgieter (de)	**plombier** (m)	[plɔ̃bje]
kelder (de)	**sous-sol** (m)	[susɔl]
riolering (de)	**égouts** (m pl)	[egu]

96. Brand. Vuurzee

vuur (het)	**feu** (m)	[fø]
vlam (de)	**flamme** (f)	[flam]
vonk (de)	**étincelle** (f)	[etɛ̃sɛl]
rook (de)	**fumée** (f)	[fyme]
fakkel (de)	**flambeau** (m)	[flɑ̃bo]
kampvuur (het)	**feu** (m) **de bois**	[fø də bwa]
benzine (de)	**essence** (f)	[esɑ̃s]
kerosine (de)	**kérosène** (m)	[kerɔzɛn]
brandbaar (bn)	**inflammable** (adj)	[ɛ̃flamabl]
ontplofbaar (bn)	**explosif** (adj)	[ɛksplozif]
VERBODEN TE ROKEN!	**DÉFENSE DE FUMER**	[defɑ̃s də fyme]
veiligheid (de)	**sécurité** (f)	[sekyrite]
gevaar (het)	**danger** (m)	[dɑ̃ʒe]
gevaarlijk (bn)	**dangereux** (adj)	[dɑ̃ʒrø]
in brand vliegen (ww)	**prendre feu**	[prɑ̃dr fø]
explosie (de)	**explosion** (f)	[ɛksplozjɔ̃]
in brand steken (ww)	**mettre feu**	[mɛtr fø]
brandstichter (de)	**incendiaire** (m)	[ɛ̃sɑ̃djɛr]
brandstichting (de)	**incendie** (m) **prémédité**	[ɛ̃sɑ̃di premedite]
vlammen (ww)	**flamboyer** (vi)	[flɑ̃bwaje]
branden (ww)	**brûler** (vi)	[bryle]
afbranden (ww)	**brûler complètement**	[bryle kɔ̃plɛtmɑ̃]
de brandweer bellen	**appeler les pompiers**	[aple le pɔ̃pje]
brandweerman (de)	**pompier** (m)	[pɔ̃pje]
brandweerwagen (de)	**voiture** (f) **de pompiers**	[vwatyr də pɔ̃pje]
brandweer (de)	**sapeurs-pompiers** (m pl)	[sapœrpɔ̃pje]
uitschuifbare ladder (de)	**échelle** (f) **des pompiers**	[eʃɛl de pɔ̃pje]
brandslang (de)	**tuyau** (m) **d'incendie**	[tɥijo dɛ̃sɑ̃di]
brandblusser (de)	**extincteur** (m)	[ɛkstɛ̃ktœr]
helm (de)	**casque** (m)	[kask]
sirene (de)	**sirène** (f)	[sirɛn]
roepen (ww)	**crier** (vi)	[krije]
hulp roepen	**appeler au secours**	[aple o səkur]
redder (de)	**secouriste** (m)	[səkurist]
redden (ww)	**sauver** (vt)	[sove]
aankomen (per auto, enz.)	**venir** (vi)	[vənir]
blussen (ww)	**éteindre** (vt)	[etɛ̃dr]
water (het)	**eau** (f)	[o]

zand (het)	**sable** (m)	[sabl]
ruïnes (mv.)	**ruines** (f pl)	[rɥin]
instorten (gebouw, enz.)	**tomber en ruine**	[tɔ̃be ɑ̃ rɥin]
ineenstorten (ww)	**s'écrouler** (vp)	[sekrule]
inzakken (ww)	**s'effondrer** (vp)	[sefɔ̃dre]
brokstuk (het)	**morceau** (m)	[mɔrso]
as (de)	**cendre** (f)	[sɑ̃dr]
verstikken (ww)	**mourir étouffé**	[murir etufe]
omkomen (ww)	**périr** (vi)	[perir]

MENSELIJKE ACTIVITEITEN

Baan. Business. Deel 1

97. Bankieren

bank (de)	**banque** (f)	[bɑ̃k]
bankfiliaal (het)	**agence** (f) **bancaire**	[aʒɑ̃s bɑ̃kɛr]
bankbediende (de)	**conseiller** (m)	[kɔ̃seje]
manager (de)	**gérant** (m)	[ʒerɑ̃]
bankrekening (de)	**compte** (m)	[kɔ̃t]
rekeningnummer (het)	**numéro** (m) **du compte**	[nymero dy kɔ̃t]
lopende rekening (de)	**compte** (m) **courant**	[kɔ̃t kurɑ̃]
spaarrekening (de)	**compte** (m) **sur livret**	[kɔ̃t syr livrɛ]
een rekening openen	**ouvrir un compte**	[uvrir œ̃ kɔ̃t]
de rekening sluiten	**clôturer le compte**	[klotyre lə kɔ̃t]
op rekening storten	**verser dans le compte**	[vɛrse dɑ̃ lə kɔ̃t]
opnemen (ww)	**retirer du compte**	[rətire dy kɔ̃t]
storting (de)	**dépôt** (m)	[depo]
een storting maken	**faire un dépôt**	[fɛr œ̃ depo]
overschrijving (de)	**virement** (m) **bancaire**	[virmɑ̃ bɑ̃kɛr]
een overschrijving maken	**faire un transfert**	[fɛr œ̃ trɑ̃sfɛr]
som (de)	**somme** (f)	[sɔm]
Hoeveel?	**Combien?**	[kɔ̃bjɛ̃]
handtekening (de)	**signature** (f)	[siɲatyr]
ondertekenen (ww)	**signer** (vt)	[siɲe]
kredietkaart (de)	**carte** (f) **de crédit**	[kart də kredi]
code (de)	**code** (m)	[kɔd]
kredietkaartnummer (het)	**numéro** (m) **de carte de crédit**	[nymero də kart də kredi]
geldautomaat (de)	**distributeur** (m)	[distribytœr]
cheque (de)	**chèque** (m)	[ʃɛk]
een cheque uitschrijven	**faire un chèque**	[fɛr œ̃ ʃɛk]
chequeboekje (het)	**chéquier** (m)	[ʃekje]
lening, krediet (de)	**crédit** (m)	[kredi]
een lening aanvragen	**demander un crédit**	[dəmɑ̃de œ̃ kredi]
een lening nemen	**prendre un crédit**	[prɑ̃dr œ̃ kredi]
een lening verlenen	**accorder un crédit**	[akɔrde œ̃ kredi]
garantie (de)	**gage** (m)	[gaʒ]

98. Telefoon. Telefoongesprek

telefoon (de)	**téléphone** (m)	[telefɔn]
mobieltje (het)	**portable** (m)	[pɔrtabl]
antwoordapparaat (het)	**répondeur** (m)	[repɔ̃dœr]
bellen (ww)	**téléphoner, appeler**	[telefɔne], [aple]
belletje (telefoontje)	**appel** (m)	[apɛl]
een nummer draaien	**composer le numéro**	[kɔ̃poze lə nymero]
Hallo!	**Allô!**	[alo]
vragen (ww)	**demander** (vt)	[dəmɑ̃de]
antwoorden (ww)	**répondre** (vi, vt)	[repɔ̃dr]
horen (ww)	**entendre** (vt)	[ɑ̃tɑ̃dr]
goed (bw)	**bien** (adv)	[bjɛ̃]
slecht (bw)	**mal** (adv)	[mal]
storingen (mv.)	**bruits** (m pl)	[brɥi]
hoorn (de)	**récepteur** (m)	[resɛptœr]
opnemen (ww)	**décrocher** (vt)	[dekrɔʃe]
ophangen (ww)	**raccrocher** (vi)	[rakrɔʃe]
bezet (bn)	**occupé** (adj)	[ɔkype]
overgaan (ww)	**sonner** (vi)	[sɔ̃]
telefoonboek (het)	**carnet** (m) **de téléphone**	[karnɛ də telefɔn]
lokaal (bn)	**local** (adj)	[lɔkal]
lokaal gesprek (het)	**appel** (m) **local**	[apɛl lɔkal]
interlokaal (bn)	**interurbain** (adj)	[ɛ̃tɛryrbɛ̃]
interlokaal gesprek (het)	**appel** (m) **interurbain**	[apɛl ɛ̃tɛryrbɛ̃]
buitenlands (bn)	**international** (adj)	[ɛ̃tɛrnasjɔnal]

99. Mobiele telefoon

mobieltje (het)	**portable** (m)	[pɔrtabl]
scherm (het)	**écran** (m)	[ekrɑ̃]
toets, knop (de)	**bouton** (m)	[butɔ̃]
simkaart (de)	**carte SIM** (f)	[kart sɪm]
batterij (de)	**pile** (f)	[pil]
leeg zijn (ww)	**être déchargé**	[ɛtr deʃarʒe]
acculader (de)	**chargeur** (m)	[ʃarʒœr]
menu (het)	**menu** (m)	[məny]
instellingen (mv.)	**réglages** (m pl)	[reglaʒ]
melodie (beltoon)	**mélodie** (f)	[melɔdi]
selecteren (ww)	**sélectionner** (vt)	[selɛksjɔne]
rekenmachine (de)	**calculatrice** (f)	[kalkylatris]
voicemail (de)	**répondeur** (m)	[repɔ̃dœr]
wekker (de)	**réveil** (m)	[revɛj]
contacten (mv.)	**contacts** (m pl)	[kɔ̃takt]

SMS-bericht (het)	**SMS** (m)	[esemes]
abonnee (de)	**abonné** (m)	[abɔne]

100. Schrijfbehoeften

balpen (de)	**stylo** (m) **à bille**	[stilo ɑ bij]
vulpen (de)	**stylo** (m) **à plume**	[stilo ɑ plym]
potlood (het)	**crayon** (m)	[krɛjɔ̃]
marker (de)	**marqueur** (m)	[markœr]
viltstift (de)	**feutre** (m)	[føtr]
notitieboekje (het)	**bloc-notes** (m)	[blɔknɔt]
agenda (boekje)	**agenda** (m)	[aʒɛ̃da]
liniaal (de/het)	**règle** (f)	[rɛgl]
rekenmachine (de)	**calculatrice** (f)	[kalkylatris]
gom (de)	**gomme** (f)	[gɔm]
punaise (de)	**punaise** (f)	[pynɛz]
paperclip (de)	**trombone** (m)	[trɔ̃bɔn]
lijm (de)	**colle** (f)	[kɔl]
nietmachine (de)	**agrafeuse** (f)	[agraføz]
perforator (de)	**perforateur** (m)	[pɛrfɔratœr]
potloodslijper (de)	**taille-crayon** (m)	[tajkrɛjɔ̃]

Baan. Business. Deel 2

101. Massamedia

krant (de)	**journal** (m)	[ʒurnal]
tijdschrift (het)	**revue** (f)	[rəvy]
pers (gedrukte media)	**presse** (f)	[prɛs]
radio (de)	**radio** (f)	[radjo]
radiostation (het)	**station** (f) **de radio**	[stasjɔ̃ də radjo]
televisie (de)	**télévision** (f)	[televizjɔ̃]
presentator (de)	**animateur** (m)	[animatœr]
nieuwslezer (de)	**présentateur** (m)	[prezɑ̃tatœr]
commentator (de)	**commentateur** (m)	[kɔmɑ̃tatœr]
journalist (de)	**journaliste** (m)	[ʒurnalist]
correspondent (de)	**correspondant** (m)	[kɔrɛspɔ̃dɑ̃]
fotocorrespondent (de)	**reporter photographe** (m)	[rəpɔrtœr fɔtɔgraf]
reporter (de)	**reporter** (m)	[rəpɔrtɛr]
redacteur (de)	**rédacteur** (m)	[redaktœr]
chef-redacteur (de)	**rédacteur** (m) **en chef**	[redaktœr ɑ̃ ʃɛf]
zich abonneren op	**s'abonner** (vp)	[sabɔne]
abonnement (het)	**abonnement** (m)	[abɔnmɑ̃]
abonnee (de)	**abonné** (m)	[abɔne]
lezen (ww)	**lire** (vi, vt)	[lir]
lezer (de)	**lecteur** (m)	[lɛktœr]
oplage (de)	**tirage** (m)	[tiraʒ]
maand-, maandelijks (bn)	**mensuel** (adj)	[mɑ̃sɥɛl]
wekelijks (bn)	**hebdomadaire** (adj)	[ɛbdɔmadɛr]
nummer (het)	**numéro** (m)	[nymero]
vers (~ van de pers)	**nouveau** (adj)	[nuvo]
kop (de)	**titre** (m)	[titr]
korte artikel (het)	**entrefilet** (m)	[ɑ̃trəfilɛ]
rubriek (de)	**rubrique** (f)	[rybrik]
artikel (het)	**article** (m)	[artikl]
pagina (de)	**page** (f)	[paʒ]
reportage (de)	**reportage** (m)	[rəpɔrtaʒ]
gebeurtenis (de)	**événement** (m)	[evɛnmɑ̃]
sensatie (de)	**sensation** (f)	[sɑ̃sasjɔ̃]
schandaal (het)	**scandale** (m)	[skɑ̃dal]
schandalig (bn)	**scandaleux**	[skɑ̃dalø]
groot (~ schandaal, enz.)	**grand** (adj)	[grɑ̃]
programma (het)	**émission** (f)	[emisjɔ̃]
interview (het)	**interview** (f)	[ɛ̃tɛrvju]

live uitzending (de)	**émission** (f) **en direct**	[emisjɔ̃ ɑ̃ dirɛkt]
kanaal (het)	**chaîne** (f)	[ʃɛn]

102. Landbouw

landbouw (de)	**agriculture** (f)	[agrikyltyr]
boer (de)	**paysan** (m)	[peizɑ̃]
boerin (de)	**paysanne** (f)	[peizan]
landbouwer (de)	**fermier** (m)	[fɛrmje]
tractor (de)	**tracteur** (m)	[traktœr]
maaidorser (de)	**moissonneuse-batteuse** (f)	[mwasɔnøzbatøz]
ploeg (de)	**charrue** (f)	[ʃary]
ploegen (ww)	**labourer** (vt)	[labure]
akkerland (het)	**champ** (m) **labouré**	[ʃɑ̃ labure]
voor (de)	**sillon** (m)	[sijɔ̃]
zaaien (ww)	**semer** (vt)	[səme]
zaaimachine (de)	**semeuse** (f)	[səmøz]
zaaien (het)	**semailles** (f pl)	[səmaj]
zeis (de)	**faux** (f)	[fo]
maaien (ww)	**faucher** (vt)	[foʃe]
schop (de)	**pelle** (f)	[pɛl]
spitten (ww)	**bêcher** (vt)	[beʃe]
schoffel (de)	**couperet** (m)	[kuprɛ]
wieden (ww)	**sarcler** (vt)	[sarkle]
onkruid (het)	**mauvaise herbe** (f)	[movɛz ɛrb]
gieter (de)	**arrosoir** (m)	[arozwar]
begieten (water geven)	**arroser** (vt)	[aroze]
bewatering (de)	**arrosage** (m)	[arozaʒ]
riek, hooivork (de)	**fourche** (f)	[furʃ]
hark (de)	**râteau** (m)	[rɑto]
meststof (de)	**engrais** (m)	[ɑ̃grɛ]
bemesten (ww)	**engraisser** (vt)	[ɑ̃grese]
mest (de)	**fumier** (m)	[fymje]
veld (het)	**champ** (m)	[ʃɑ̃]
wei (de)	**pré** (m)	[pre]
moestuin (de)	**potager** (m)	[pɔtaʒe]
boomgaard (de)	**jardin** (m)	[ʒardɛ̃]
weiden (ww)	**faire paître**	[fɛr pɛtr]
herder (de)	**berger** (m)	[bɛrʒe]
weiland (de)	**pâturage** (m)	[pɑtyraʒ]
veehouderij (de)	**élevage** (m)	[ɛlvaʒ]
schapenteelt (de)	**élevage** (m) **de moutons**	[ɛlvaʒ də mutɔ̃]

plantage (de)	**plantation** (f)	[plɑ̃tasjɔ̃]
rijtje (het)	**plate-bande** (f)	[platbɑ̃d]
broeikas (de)	**serre** (f)	[sɛr]
droogte (de)	**sécheresse** (f)	[sɛʃrɛs]
droog (bn)	**sec** (adj)	[sɛk]
graan (het)	**grains** (m pl)	[grɛ̃]
graangewassen (mv.)	**céréales** (f pl)	[sereal]
oogsten (ww)	**récolter** (vt)	[rekɔlte]
molenaar (de)	**meunier** (m)	[mønje]
molen (de)	**moulin** (m)	[mulɛ̃]
malen (graan ~)	**moudre** (vt)	[mudr]
bloem (bijv. tarwebloem)	**farine** (f)	[farin]
stro (het)	**paille** (f)	[paj]

103. Gebouw. Bouwproces

bouwplaats (de)	**chantier** (m)	[ʃɑ̃tje]
bouwen (ww)	**construire** (vt)	[kɔ̃strɥir]
bouwvakker (de)	**ouvrier** (m) **du bâtiment**	[uvrije dy batimɑ̃]
project (het)	**projet** (m)	[prɔʒɛ]
architect (de)	**architecte** (m)	[arʃitɛkt]
arbeider (de)	**ouvrier** (m)	[uvrije]
fundering (de)	**fondations** (f pl)	[fɔ̃dasjɔ̃]
dak (het)	**toit** (m)	[twa]
heipaal (de)	**pieu** (m) **de fondation**	[pjø də fɔ̃dasjɔ̃]
muur (de)	**mur** (m)	[myr]
betonstaal (het)	**ferraillage** (m)	[fɛrajaʒ]
steigers (mv.)	**échafaudage** (m)	[eʃafodaʒ]
beton (het)	**béton** (m)	[betɔ̃]
graniet (het)	**granit** (m)	[grani]
steen (de)	**pierre** (f)	[pjɛr]
baksteen (de)	**brique** (f)	[brik]
zand (het)	**sable** (m)	[sabl]
cement (de/het)	**ciment** (m)	[simɑ̃]
pleister (het)	**plâtre** (m)	[plɑtr]
pleisteren (ww)	**plâtrer** (vt)	[plɑtre]
verf (de)	**peinture** (f)	[pɛ̃tyr]
verven (muur ~)	**peindre** (vt)	[pɛ̃dr]
ton (de)	**tonneau** (m)	[tɔno]
kraan (de)	**grue** (f)	[gry]
heffen, hijsen (ww)	**monter** (vt)	[mɔ̃te]
neerlaten (ww)	**abaisser** (vt)	[abese]
bulldozer (de)	**bulldozer** (m)	[byldozɛr]
graafmachine (de)	**excavateur** (m)	[ɛkskavatœr]

graafbak (de)	**godet** (m)	[gɔdɛ]
graven (tunnel, enz.)	**creuser** (vt)	[krøze]
helm (de)	**casque** (m)	[kask]

Beroepen en ambachten

104. Zoeken naar werk. Ontslag

baan (de)	**travail** (m)	[travaj]
werknemers (mv.)	**employés** (pl)	[ɑ̃plwaje]
personeel (het)	**personnel** (m)	[pɛrsɔnɛl]
carrière (de)	**carrière** (f)	[karjɛr]
vooruitzichten (mv.)	**perspective** (f)	[pɛrspɛktiv]
meesterschap (het)	**maîtrise** (f)	[metriz]
keuze (de)	**sélection** (f)	[selɛksjɔ̃]
uitzendbureau (het)	**agence** (f) **de recrutement**	[aʒɑ̃s də rəkrytmɑ̃]
CV, curriculum vitae (het)	**C.V.** (m)	[seve]
sollicitatiegesprek (het)	**entretien** (m)	[ɑ̃trətjɛ̃]
vacature (de)	**emploi** (m) **vacant**	[ɑ̃plwa vakɑ̃]
salaris (het)	**salaire** (m)	[salɛr]
vaste salaris (het)	**salaire** (m) **fixe**	[salɛr fiks]
loon (het)	**rémunération** (f)	[remynerasjɔ̃]
betrekking (de)	**poste** (m)	[pɔst]
taak, plicht (de)	**fonction** (f)	[fɔ̃ksjɔ̃]
takenpakket (het)	**liste** (f) **des fonctions**	[list de fɔ̃ksjɔ̃]
bezig (~ zijn)	**occupé** (adj)	[ɔkype]
ontslagen (ww)	**licencier** (vt)	[lisɑ̃sje]
ontslag (het)	**licenciement** (m)	[lisɑ̃simɑ̃]
werkloosheid (de)	**chômage** (m)	[ʃomaʒ]
werkloze (de)	**chômeur** (m)	[ʃomœr]
pensioen (het)	**retraite** (f)	[rətrɛt]
met pensioen gaan	**prendre sa retraite**	[prɑ̃dr sa rətrɛt]

105. Zakenmensen

directeur (de)	**directeur** (m)	[dirɛktœr]
beheerder (de)	**gérant** (m)	[ʒerɑ̃]
hoofd (het)	**patron** (m)	[patrɔ̃]
baas (de)	**supérieur** (m)	[syperjœr]
superieuren (mv.)	**supérieurs** (m pl)	[syperjœr]
president (de)	**président** (m)	[prezidɑ̃]
voorzitter (de)	**président** (m)	[prezidɑ̃]
adjunct (de)	**adjoint** (m)	[adʒwɛ̃]
assistent (de)	**assistant** (m)	[asistɑ̃]

secretaris (de)	**secrétaire** (m, f)	[səkretɛr]
persoonlijke assistent (de)	**secrétaire** (m, f) **personnel**	[səkretɛr pɛrsɔnɛl]
zakenman (de)	**homme** (m) **d'affaires**	[ɔm dafɛr]
ondernemer (de)	**entrepreneur** (m)	[ɑ̃trəprənœr]
oprichter (de)	**fondateur** (m)	[fɔ̃datœr]
oprichten (een nieuw bedrijf ~)	**fonder** (vt)	[fɔ̃de]
stichter (de)	**fondateur** (m)	[fɔ̃datœr]
partner (de)	**partenaire** (m)	[partənɛr]
aandeelhouder (de)	**actionnaire** (m)	[aksjɔnɛr]
miljonair (de)	**millionnaire** (m)	[miljɔnɛr]
miljardair (de)	**milliardaire** (m)	[miljardɛr]
eigenaar (de)	**propriétaire** (m)	[prɔprijetɛr]
landeigenaar (de)	**propriétaire** (m) **foncier**	[prɔprijetɛr fɔ̃sje]
klant (de)	**client** (m)	[klijɑ̃]
vaste klant (de)	**client** (m) **régulier**	[klijɑ̃ regylje]
koper (de)	**acheteur** (m)	[aʃtœr]
bezoeker (de)	**visiteur** (m)	[vizitœr]
professioneel (de)	**professionnel** (m)	[prɔfɛsjɔnɛl]
expert (de)	**expert** (m)	[ɛkspɛr]
specialist (de)	**spécialiste** (m)	[spesjalist]
bankier (de)	**banquier** (m)	[bɑ̃kje]
makelaar (de)	**courtier** (m)	[kurtje]
kassier (de)	**caissier** (m)	[kesje]
boekhouder (de)	**comptable** (m)	[kɔ̃tabl]
bewaker (de)	**agent** (m) **de sécurité**	[aʒɑ̃ də sekyrite]
investeerder (de)	**investisseur** (m)	[ɛ̃vɛstisœr]
schuldenaar (de)	**débiteur** (m)	[debitœr]
crediteur (de)	**créancier** (m)	[kreɑ̃sje]
lener (de)	**emprunteur** (m)	[ɑ̃prœ̃tœr]
importeur (de)	**importateur** (m)	[ɛ̃pɔrtatœr]
exporteur (de)	**exportateur** (m)	[ɛkspɔrtatœr]
producent (de)	**producteur** (m)	[prɔdyktœr]
distributeur (de)	**distributeur** (m)	[distribytœr]
bemiddelaar (de)	**intermédiaire** (m)	[ɛ̃tɛrmedjɛr]
adviseur, consulent (de)	**conseiller** (m)	[kɔ̃seje]
vertegenwoordiger (de)	**représentant** (m)	[rəprezɑ̃tɑ̃]
agent (de)	**agent** (m)	[aʒɑ̃]
verzekeringsagent (de)	**agent** (m) **d'assurances**	[aʒɑ̃ dasyrɑ̃s]

106. Dienstverlenende beroepen

kok (de)	**cuisinier** (m)	[kɥizinje]
chef-kok (de)	**cuisinier** (m) **en chef**	[kɥizinje ɑ̃ ʃɛf]

bakker (de) **boulanger** (m) [bulɑ̃ʒe]
barman (de) **barman** (m) [barman]
kelner, ober (de) **serveur** (m) [sɛrvœr]
serveerster (de) **serveuse** (f) [sɛrvøz]

advocaat (de) **avocat** (m) [avɔka]
jurist (de) **juriste** (m) [ʒyrist]
notaris (de) **notaire** (m) [nɔtɛr]

elektricien (de) **électricien** (m) [elɛktrisjɛ̃]
loodgieter (de) **plombier** (m) [plɔ̃bje]
timmerman (de) **charpentier** (m) [ʃarpɑ̃tje]

masseur (de) **masseur** (m) [masœr]
masseuse (de) **masseuse** (f) [masøz]
dokter, arts (de) **médecin** (m) [medsɛ̃]

taxichauffeur (de) **chauffeur** (m) **de taxi** [ʃofœr də taksi]
chauffeur (de) **chauffeur** (m) [ʃofœr]
koerier (de) **livreur** (m) [livrœr]

kamermeisje (het) **femme** (f) **de chambre** [fam də ʃɑ̃br]
bewaker (de) **agent** (m) **de sécurité** [aʒɑ̃ də sekyrite]
stewardess (de) **hôtesse** (f) **de l'air** [otɛs də lɛr]

meester (de) **professeur** (m) [prɔfɛsœr]
bibliothecaris (de) **bibliothécaire** (m) [biblijɔtekɛr]
vertaler (de) **traducteur** (m) [tradyktœr]
tolk (de) **interprète** (m) [ɛ̃tɛrprɛt]
gids (de) **guide** (m) [gid]

kapper (de) **coiffeur** (m) [kwafœr]
postbode (de) **facteur** (m) [faktœr]
verkoper (de) **vendeur** (m) [vɑ̃dœr]

tuinman (de) **jardinier** (m) [ʒardinje]
huisbediende (de) **serviteur** (m) [sɛrvitœr]
dienstmeisje (het) **servante** (f) [sɛrvɑ̃t]
schoonmaakster (de) **femme** (f) **de ménage** [fam də menaʒ]

107. Militaire beroepen en rangen

soldaat (rang) **soldat** (m) [sɔlda]
sergeant (de) **sergent** (m) [sɛrʒɑ̃]
luitenant (de) **lieutenant** (m) [ljøtnɑ̃]
kapitein (de) **capitaine** (m) [kapitɛn]

majoor (de) **commandant** (m) [kɔmɑ̃dɑ̃]
kolonel (de) **colonel** (m) [kɔlɔnɛl]
generaal (de) **général** (m) [ʒeneral]
maarschalk (de) **maréchal** (m) [mareʃal]
admiraal (de) **amiral** (m) [amiral]
militair (de) **militaire** (m) [militɛr]
soldaat (de) **soldat** (m) [sɔlda]

officier (de)	**officier** (m)	[ɔfisje]
commandant (de)	**commandant** (m)	[kɔmɑ̃dɑ̃]
grenswachter (de)	**garde-frontière** (m)	[gardəfrɔ̃tjɛr]
marconist (de)	**opérateur** (m) **radio**	[ɔperatœr radjo]
verkenner (de)	**éclaireur** (m)	[eklɛrœr]
sappeur (de)	**démineur** (m)	[deminœr]
schutter (de)	**tireur** (m)	[tirœr]
stuurman (de)	**navigateur** (m)	[navigatœr]

108. Ambtenaren. Priesters

koning (de)	**roi** (m)	[rwa]
koningin (de)	**reine** (f)	[rɛn]
prins (de)	**prince** (m)	[prɛ̃s]
prinses (de)	**princesse** (f)	[prɛ̃sɛs]
tsaar (de)	**tsar** (m)	[tsar]
tsarina (de)	**tsarine** (f)	[tsarin]
president (de)	**président** (m)	[prezidɑ̃]
minister (de)	**ministre** (m)	[ministr]
eerste minister (de)	**premier ministre** (m)	[prəmje ministɛr]
senator (de)	**sénateur** (m)	[senatœr]
diplomaat (de)	**diplomate** (m)	[diplɔmat]
consul (de)	**consul** (m)	[kɔ̃syl]
ambassadeur (de)	**ambassadeur** (m)	[ɑ̃basadœr]
adviseur (de)	**conseiller** (m)	[kɔ̃seje]
ambtenaar (de)	**fonctionnaire** (m)	[fɔ̃ksjɔnɛr]
prefect (de)	**préfet** (m)	[prefɛ]
burgemeester (de)	**maire** (m)	[mɛr]
rechter (de)	**juge** (m)	[ʒyʒ]
aanklager (de)	**procureur** (m)	[prɔkyrœr]
missionaris (de)	**missionnaire** (m)	[misjɔnɛr]
monnik (de)	**moine** (m)	[mwan]
abt (de)	**abbé** (m)	[abe]
rabbi, rabbijn (de)	**rabbin** (m)	[rabɛ̃]
vizier (de)	**vizir** (m)	[vizir]
sjah (de)	**shah** (m)	[ʃa]
sjeik (de)	**cheik** (m)	[ʃɛjk]

109. Agrarische beroepen

imker (de)	**apiculteur** (m)	[apikyltœr]
herder (de)	**berger** (m)	[bɛrʒe]
landbouwkundige (de)	**agronome** (m)	[agrɔnɔm]

veehouder (de)	**éleveur** (m)	[elvœr]
dierenarts (de)	**vétérinaire** (m)	[veterinɛr]
landbouwer (de)	**fermier** (m)	[fɛrmje]
wijnmaker (de)	**vinificateur** (m)	[vinifikatœr]
zoöloog (de)	**zoologiste** (m)	[zɔɔlɔʒist]
cowboy (de)	**cow-boy** (m)	[kɔbɔj]

110. Kunst beroepen

acteur (de)	**acteur** (m)	[aktœr]
actrice (de)	**actrice** (f)	[aktris]
zanger (de)	**chanteur** (m)	[ʃɑ̃tœr]
zangeres (de)	**cantatrice** (f)	[kɑ̃tatris]
danser (de)	**danseur** (m)	[dɑ̃sœr]
danseres (de)	**danseuse** (f)	[dɑ̃søz]
artiest (mann.)	**artiste** (m)	[artist]
artiest (vrouw.)	**artiste** (f)	[artist]
muzikant (de)	**musicien** (m)	[myzisjɛ̃]
pianist (de)	**pianiste** (m)	[pjanist]
gitarist (de)	**guitariste** (m)	[gitarist]
orkestdirigent (de)	**chef** (m) **d'orchestre**	[ʃɛf dɔrkɛstr]
componist (de)	**compositeur** (m)	[kɔ̃pozitœr]
impresario (de)	**imprésario** (m)	[ɛ̃presarjo]
filmregisseur (de)	**metteur** (m) **en scène**	[mɛtœr ɑ̃ sɛn]
filmproducent (de)	**producteur** (m)	[prɔdyktœr]
scenarioschrijver (de)	**scénariste** (m)	[senarist]
criticus (de)	**critique** (m)	[kritik]
schrijver (de)	**écrivain** (m)	[ekrivɛ̃]
dichter (de)	**poète** (m)	[pɔɛt]
beeldhouwer (de)	**sculpteur** (m)	[skyltœr]
kunstenaar (de)	**peintre** (m)	[pɛ̃tr]
jongleur (de)	**jongleur** (m)	[ʒɔ̃glœr]
clown (de)	**clown** (m)	[klun]
acrobaat (de)	**acrobate** (m)	[akrɔbat]
goochelaar (de)	**magicien** (m)	[maʒisjɛ̃]

111. Verschillende beroepen

dokter, arts (de)	**médecin** (m)	[medsɛ̃]
ziekenzuster (de)	**infirmière** (f)	[ɛ̃firmjɛr]
psychiater (de)	**psychiatre** (m)	[psikjatr]
tandarts (de)	**stomatologue** (m)	[stɔmatɔlɔg]
chirurg (de)	**chirurgien** (m)	[ʃiryrʒjɛ̃]

astronaut (de)	**astronaute** (m)	[astrɔnot]
astronoom (de)	**astronome** (m)	[astrɔnɔm]
piloot (de)	**pilote** (m)	[pilɔt]
chauffeur (de)	**chauffeur** (m)	[ʃofœr]
machinist (de)	**conducteur** (m) **de train**	[kɔ̃dyktœr də trɛ̃]
mecanicien (de)	**mécanicien** (m)	[mekanisjɛ̃]
mijnwerker (de)	**mineur** (m)	[minœr]
arbeider (de)	**ouvrier** (m)	[uvrije]
bankwerker (de)	**serrurier** (m)	[seryrje]
houtbewerker (de)	**menuisier** (m)	[mənɥizje]
draaier (de)	**tourneur** (m)	[turnœr]
bouwvakker (de)	**ouvrier** (m) **du bâtiment**	[uvrije dy batimɑ̃]
lasser (de)	**soudeur** (m)	[sudœr]
professor (de)	**professeur** (m)	[prɔfɛsœr]
architect (de)	**architecte** (m)	[arʃitɛkt]
historicus (de)	**historien** (m)	[istɔrjɛ̃]
wetenschapper (de)	**savant** (m)	[savɑ̃]
fysicus (de)	**physicien** (m)	[fizisjɛ̃]
scheikundige (de)	**chimiste** (m)	[ʃimist]
archeoloog (de)	**archéologue** (m)	[arkeɔlɔg]
geoloog (de)	**géologue** (m)	[ʒeɔlɔg]
onderzoeker (de)	**chercheur** (m)	[ʃɛrʃœr]
babysitter (de)	**baby-sitter** (m, f)	[bebisitœr]
leraar, pedagoog (de)	**pédagogue** (m, f)	[pedagɔg]
redacteur (de)	**rédacteur** (m)	[redaktœr]
chef-redacteur (de)	**rédacteur** (m) **en chef**	[redaktœr ɑ̃ ʃɛf]
correspondent (de)	**correspondant** (m)	[kɔrɛspɔ̃dɑ̃]
typiste (de)	**dactylographe** (f)	[daktilɔgraf]
designer (de)	**designer** (m)	[dizajnœr]
computerexpert (de)	**informaticien** (m)	[ɛ̃fɔrmatisjɛ̃]
programmeur (de)	**programmeur** (m)	[prɔgramœr]
ingenieur (de)	**ingénieur** (m)	[ɛ̃ʒenjœr]
matroos (de)	**marin** (m)	[marɛ̃]
zeeman (de)	**matelot** (m)	[matlo]
redder (de)	**secouriste** (m)	[səkurist]
brandweerman (de)	**pompier** (m)	[pɔ̃pje]
politieagent (de)	**policier** (m)	[pɔlisje]
nachtwaker (de)	**veilleur** (m) **de nuit**	[vejœr də nɥi]
detective (de)	**détective** (m)	[detɛktiv]
douanier (de)	**douanier** (m)	[dwanje]
lijfwacht (de)	**garde** (m) **du corps**	[gard dy kɔr]
gevangenisbewaker (de)	**gardien** (m) **de prison**	[gardjɛ̃ də prizɔ̃]
inspecteur (de)	**inspecteur** (m)	[ɛ̃spɛktœr]
sportman (de)	**sportif** (m)	[spɔrtif]
trainer (de)	**entraîneur** (m)	[ɑ̃trɛnœr]

slager, beenhouwer (de)	**boucher** (m)	[buʃe]
schoenlapper (de)	**cordonnier** (m)	[kɔrdɔnje]
handelaar (de)	**commerçant** (m)	[kɔmɛrsɑ̃]
lader (de)	**chargeur** (m)	[ʃarʒœr]
kledingstilist (de)	**couturier** (m)	[kutyrje]
model (het)	**modèle** (f)	[mɔdɛl]

112. Beroepen. Sociale status

scholier (de)	**écolier** (m)	[ekɔlje]
student (de)	**étudiant** (m)	[etydjɑ̃]
filosoof (de)	**philosophe** (m)	[filɔzɔf]
econoom (de)	**économiste** (m)	[ekɔnɔmist]
uitvinder (de)	**inventeur** (m)	[ɛ̃vɑ̃tœr]
werkloze (de)	**chômeur** (m)	[ʃomœr]
gepensioneerde (de)	**retraité** (m)	[rətrɛte]
spion (de)	**espion** (m)	[ɛspjɔ̃]
gedetineerde (de)	**prisonnier** (m)	[prizɔnje]
staker (de)	**gréviste** (m)	[grevist]
bureaucraat (de)	**bureaucrate** (m)	[byrokrat]
reiziger (de)	**voyageur** (m)	[vwajaʒœr]
homoseksueel (de)	**homosexuel** (m)	[ɔmɔsɛksɥɛl]
hacker (computerkraker)	**hacker** (m)	[ake:r]
hippie (de)	**hippie** (m, f)	[ipi]
bandiet (de)	**bandit** (m)	[bɑ̃di]
huurmoordenaar (de)	**tueur** (m) **à gages**	[tɥœr ɑ gaʒ]
drugsverslaafde (de)	**drogué** (m)	[drɔge]
drugshandelaar (de)	**trafiquant** (m) **de drogue**	[trafikɑ̃ də drɔg]
prostituee (de)	**prostituée** (f)	[prɔstitɥe]
pooier (de)	**souteneur** (m)	[sutnœr]
tovenaar (de)	**sorcier** (m)	[sɔrsje]
tovenares (de)	**sorcière** (f)	[sɔrsjɛr]
piraat (de)	**pirate** (m)	[pirat]
slaaf (de)	**esclave** (m)	[ɛsklav]
samoerai (de)	**samouraï** (m)	[samuraj]
wilde (de)	**sauvage** (m)	[sovaʒ]

Sport

113. Soorten sporten. Sporters

sportman (de)	**sportif** (m)	[spɔrtif]
soort sport (de/het)	**type** (m) **de sport**	[tip də spɔr]
basketbal (het)	**basket-ball** (m)	[baskɛtbol]
basketbalspeler (de)	**basketteur** (m)	[baskɛtœr]
baseball (het)	**base-ball** (m)	[bɛzbol]
baseballspeler (de)	**joueur** (m) **de base-ball**	[ʒwœr də bɛzbol]
voetbal (het)	**football** (m)	[futbol]
voetballer (de)	**joueur** (m) **de football**	[ʒwœr də futbol]
doelman (de)	**gardien** (m) **de but**	[gardjɛ̃ də byt]
hockey (het)	**hockey** (m)	[ɔkɛ]
hockeyspeler (de)	**hockeyeur** (m)	[ɔkɛjœr]
volleybal (het)	**volley-ball** (m)	[vɔlɛbol]
volleybalspeler (de)	**joueur** (m) **de volley-ball**	[ʒwœr də vɔlɛbol]
boksen (het)	**boxe** (f)	[bɔks]
bokser (de)	**boxeur** (m)	[bɔksœr]
worstelen (het)	**lutte** (f)	[lyt]
worstelaar (de)	**lutteur** (m)	[lytœr]
karate (de)	**karaté** (m)	[karate]
karateka (de)	**karatéka** (m)	[karateka]
judo (de)	**judo** (m)	[ʒydo]
judoka (de)	**judoka** (m)	[ʒydɔka]
tennis (het)	**tennis** (m)	[tenis]
tennisspeler (de)	**joueur** (m) **de tennis**	[ʒwœr də tenis]
zwemmen (het)	**natation** (f)	[natasjɔ̃]
zwemmer (de)	**nageur** (m)	[naʒœr]
schermen (het)	**escrime** (f)	[ɛskrim]
schermer (de)	**escrimeur** (m)	[ɛskrimœr]
schaak (het)	**échecs** (m pl)	[eʃɛk]
schaker (de)	**joueur** (m) **d'échecs**	[ʒwœr deʃɛk]
alpinisme (het)	**alpinisme** (m)	[alpinism]
alpinist (de)	**alpiniste** (m)	[alpinist]
hardlopen (het)	**course** (f)	[kurs]

renner (de)	**coureur** (m)	[kurœr]
atletiek (de)	**athlétisme** (m)	[atletism]
atleet (de)	**athlète** (m)	[atlɛt]
paardensport (de)	**équitation** (f)	[ekitasjɔ̃]
ruiter (de)	**cavalier** (m)	[kavalje]
kunstschaatsen (het)	**patinage** (m) **artistique**	[patinaʒ artistik]
kunstschaatser (de)	**patineur** (m)	[patinœr]
kunstschaatsster (de)	**patineuse** (f)	[patinøz]
gewichtheffen (het)	**haltérophilie** (f)	[alterɔfili]
gewichtheffer (de)	**haltérophile** (m)	[alterɔfil]
autoraces (mv.)	**course** (f) **automobile**	[kurs otomɔbil]
coureur (de)	**pilote** (m)	[pilɔt]
wielersport (de)	**cyclisme** (m)	[siklism]
wielrenner (de)	**cycliste** (m)	[siklist]
verspringen (het)	**sauts** (m pl) **en longueur**	[le so ɑ̃ lɔ̃gœr]
polsstokspringen (het)	**sauts** (m pl) **à la perche**	[le so ɑla pɛrʃ]
verspringer (de)	**sauteur** (m)	[sotœr]

114. Soorten sporten. Diversen

Amerikaans voetbal (het)	**football** (m) **américain**	[futbol amerikɛ̃]
badminton (het)	**badminton** (m)	[badmintɔn]
biatlon (de)	**biathlon** (m)	[biatlɔ̃]
biljart (het)	**billard** (m)	[bijar]
bobsleeën (het)	**bobsleigh** (m)	[bɔbslɛg]
bodybuilding (de)	**bodybuilding** (m)	[bɔdibildiŋ]
waterpolo (het)	**water-polo** (m)	[watɛrpɔlo]
handbal (de)	**handball** (m)	[ɑ̃dbal]
golf (het)	**golf** (m)	[gɔlf]
roeisport (de)	**aviron** (m)	[avirɔ̃]
duiken (het)	**plongée** (f)	[plɔ̃ʒe]
langlaufen (het)	**course** (f) **à skis**	[kurs ɑ ski]
tafeltennis (het)	**tennis** (m) **de table**	[tenis də tabl]
zeilen (het)	**voile** (f)	[vwal]
rally (de)	**rallye** (m)	[rali]
rugby (het)	**rugby** (m)	[rygbi]
snowboarden (het)	**snowboard** (m)	[snəʊbɔ:d]
boogschieten (het)	**tir** (m) **à l'arc**	[tir ɑ lark]

115. Fitnessruimte

lange halter (de)	**barre** (f) **à disques**	[bar ɑ disk]
halters (mv.)	**haltères** (m pl)	[altɛr]

training machine (de)	**appareil** (m) **d'entraînement**	[aparɛj dɑ̃trɛnmɑ̃]
hometrainer (de)	**vélo** (m) **d'exercice**	[velo dɛgzɛrsis]
loopband (de)	**tapis** (m) **roulant**	[tapi rulɑ̃]
rekstok (de)	**barre** (f) **fixe**	[bar fiks]
brug (de) gelijke leggers	**barres** (pl) **parallèles**	[le bar paralɛl]
paardsprong (de)	**cheval** (m) **d'Arçons**	[ʃəval darsɔ̃]
mat (de)	**tapis** (m) **gymnastique**	[tapi ʒimnastik]
springtouw (het)	**corde** (f) **à sauter**	[kɔrd a sote]
aerobics (de)	**aérobic** (m)	[aerobik]
yoga (de)	**yoga** (m)	[jɔga]

116. Sporten. Diversen

Olympische Spelen (mv.)	**Jeux** (m pl) **olympiques**	[ʒø zɔlɛ̃pik]
winnaar (de)	**gagnant** (m)	[gaɲɑ̃]
overwinnen (ww)	**remporter** (vt)	[rɑ̃pɔrte]
winnen (ww)	**gagner** (vi)	[gaɲe]
leider (de)	**leader** (m)	[lidœr]
leiden (ww)	**prendre la tête**	[prɑ̃dr la tɛt]
eerste plaats (de)	**première place** (f)	[prəmjɛr plas]
tweede plaats (de)	**deuxième place** (f)	[døzjɛm plas]
derde plaats (de)	**troisième place** (f)	[trwazjɛm plas]
medaille (de)	**médaille** (f)	[medaj]
trofee (de)	**trophée** (m)	[trɔfe]
beker (de)	**coupe** (f)	[kup]
prijs (de)	**prix** (m)	[pri]
hoofdprijs (de)	**prix** (m) **principal**	[pri prɛ̃sipal]
record (het)	**record** (m)	[rəkɔr]
een record breken	**établir un record**	[etablir œ̃ rəkɔr]
finale (de)	**finale** (f)	[final]
finale (bn)	**final** (adj)	[final]
kampioen (de)	**champion** (m)	[ʃɑ̃pjɔ̃]
kampioenschap (het)	**championnat** (m)	[ʃɑ̃pjɔna]
stadion (het)	**stade** (m)	[stad]
tribune (de)	**tribune** (f)	[tribyn]
fan, supporter (de)	**supporteur** (m)	[sypɔrtœr]
tegenstander (de)	**adversaire** (m)	[advɛrsɛr]
start (de)	**départ** (m)	[depar]
finish (de)	**ligne** (f) **d'arrivée**	[liɲ darive]
nederlaag (de)	**défaite** (f)	[defɛt]
verliezen (ww)	**perdre** (vi)	[pɛrdr]
rechter (de)	**arbitre** (m)	[arbitr]
jury (de)	**jury** (m)	[ʒyri]

stand (~ is 3-1)	**score** (m)	[skɔr]
gelijkspel (het)	**match** (m) **nul**	[matʃ nyl]
in gelijk spel eindigen	**faire match nul**	[fɛr matʃ nyl]
punt (het)	**point** (m)	[pwɛ̃]
uitslag (de)	**résultat** (m)	[rezylta]
periode (de)	**période** (f)	[perjɔd]
pauze (de)	**mi-temps** (f)	[mitɑ̃]
doping (de)	**dopage** (m)	[dɔpaʒ]
straffen (ww)	**pénaliser** (vt)	[penalize]
diskwalificeren (ww)	**disqualifier** (vt)	[diskalifje]
toestel (het)	**agrès** (m)	[agrɛ]
speer (de)	**lance** (f)	[lɑ̃s]
kogel (de)	**poids** (m)	[pwa]
bal (de)	**bille** (f)	[bij]
doel (het)	**cible** (f)	[sibl]
schietkaart (de)	**cible** (f)	[sibl]
schieten (ww)	**tirer** (vi)	[tire]
precies (bijv. precieze schot)	**précis** (adj)	[presi]
trainer, coach (de)	**entraîneur** (m)	[ɑ̃trɛnœr]
trainen (ww)	**entraîner** (vt)	[ɑ̃trene]
zich trainen (ww)	**s'entraîner** (vp)	[sɑ̃trene]
training (de)	**entraînement** (m)	[ɑ̃trɛnmɑ̃]
gymnastiekzaal (de)	**salle** (f) **de gym**	[sal də ʒim]
oefening (de)	**exercice** (m)	[ɛgzɛrsis]
opwarming (de)	**échauffement** (m)	[eʃofmɑ̃]

Onderwijs

117. School

school (de)	**école** (f)	[ekɔl]
schooldirecteur (de)	**directeur** (m) **d'école**	[dirɛktœr dekɔl]
leerling (de)	**élève** (m)	[elɛv]
leerlinge (de)	**élève** (f)	[elɛv]
scholier (de)	**écolier** (m)	[ekɔlje]
scholiere (de)	**écolière** (f)	[ekɔljɛr]
leren (lesgeven)	**enseigner** (vt)	[ɑ̃seɲe]
studeren (bijv. een taal ~)	**apprendre** (vt)	[aprɑ̃dr]
van buiten leren	**apprendre par cœur**	[aprɑ̃dr par kœr]
leren (bijv. ~ tellen)	**apprendre** (vi)	[aprɑ̃dr]
in school zijn (schooljongen zijn)	**être étudiant, -e**	[ɛtr etydjɑ̃, -ɑ̃t]
naar school gaan	**aller à l'école**	[ale ɑ lekɔl]
alfabet (het)	**alphabet** (m)	[alfabɛ]
vak (schoolvak)	**matière** (f)	[matjɛr]
klaslokaal (het)	**salle** (f) **de classe**	[sal də klas]
les (de)	**leçon** (f)	[ləsɔ̃]
pauze (de)	**récréation** (f)	[rekreasjɔ̃]
bel (de)	**sonnerie** (f)	[sɔnri]
schooltafel (de)	**pupitre** (m)	[pypitr]
schoolbord (het)	**tableau** (m)	[tablo]
cijfer (het)	**note** (f)	[nɔt]
goed cijfer (het)	**bonne note** (f)	[bɔnnɔt]
slecht cijfer (het)	**mauvaise note** (f)	[movɛz nɔt]
een cijfer geven	**donner une note**	[dɔne yn nɔt]
fout (de)	**faute** (f)	[fot]
fouten maken	**faire des fautes**	[fɛr de fot]
corrigeren (fouten ~)	**corriger** (vt)	[kɔriʒe]
spiekbriefje (het)	**antisèche** (f)	[ɑ̃tisɛʃ]
huiswerk (het)	**devoir** (m)	[dəvwar]
oefening (de)	**exercice** (m)	[ɛgzɛrsis]
aanwezig zijn (ww)	**être présent**	[ɛtr prezɑ̃]
absent zijn (ww)	**être absent**	[ɛtr apsɑ̃]
school verzuimen	**manquer l'école**	[mɑ̃ke lekɔl]
bestraffen (een stout kind ~)	**punir** (vt)	[pynir]
bestraffing (de)	**punition** (f)	[pynisjɔ̃]

gedrag (het)	**conduite** (f)	[kɔ̃dɥit]
cijferlijst (de)	**carnet** (m) **de notes**	[karnɛ də nɔt]
potlood (het)	**crayon** (m)	[krɛjɔ̃]
gom (de)	**gomme** (f)	[gɔm]
krijt (het)	**craie** (f)	[krɛ]
pennendoos (de)	**plumier** (m)	[plymje]
boekentas (de)	**cartable** (m)	[kartabl]
pen (de)	**stylo** (m)	[stilo]
schrift (de)	**cahier** (m)	[kaje]
leerboek (het)	**manuel** (m)	[manɥɛl]
passer (de)	**compas** (m)	[kɔ̃pa]
technisch tekenen (ww)	**dessiner** (vt)	[desine]
technische tekening (de)	**dessin** (m) **technique**	[desɛ̃ tɛknik]
gedicht (het)	**poésie** (f)	[pɔezi]
van buiten (bw)	**par cœur** (adv)	[par kœr]
van buiten leren	**apprendre par cœur**	[aprɑ̃dr par kœr]
vakantie (de)	**vacances** (f pl)	[vakɑ̃s]
met vakantie zijn	**être en vacances**	[ɛtr ɑ̃ vakɑ̃s]
vakantie doorbrengen	**passer les vacances**	[pɑse le vakɑ̃s]
toets (schriftelijke ~)	**interrogation** (f) **écrite**	[ɛ̃terɔgasjɔ̃ ekrit]
opstel (het)	**composition** (f)	[kɔ̃pozisjɔ̃]
dictee (het)	**dictée** (f)	[dikte]
examen (het)	**examen** (m)	[ɛgzamɛ̃]
examen afleggen	**passer les examens**	[pɑse lezɛgzamɛ̃]
experiment (het)	**expérience** (f)	[ɛksperjɑ̃s]

118. Hogeschool. Universiteit

academie (de)	**académie** (f)	[akademi]
universiteit (de)	**université** (f)	[ynivɛrsite]
faculteit (de)	**faculté** (f)	[fakylte]
student (de)	**étudiant** (m)	[etydjɑ̃]
studente (de)	**étudiante** (f)	[etydjɑ̃t]
leraar (de)	**enseignant** (m)	[ɑ̃sɛɲɑ̃]
collegezaal (de)	**salle** (f)	[sal]
afgestudeerde (de)	**licencié** (m)	[lisɑ̃sje]
diploma (het)	**diplôme** (m)	[diplom]
dissertatie (de)	**thèse** (f)	[tɛz]
onderzoek (het)	**étude** (f)	[etyd]
laboratorium (het)	**laboratoire** (m)	[labɔratwar]
college (het)	**cours** (m)	[kur]
medestudent (de)	**camarade** (m) **de cours**	[kamarad də kur]
studiebeurs (de)	**bourse** (f)	[burs]
academische graad (de)	**grade** (m) **universitaire**	[grad ynivɛrsitɛr]

119. Wetenschappen. Disciplines

wiskunde (de)	**mathématiques** (f pl)	[matematik]
algebra (de)	**algèbre** (f)	[alʒɛbr]
meetkunde (de)	**géométrie** (f)	[ʒeɔmetri]
astronomie (de)	**astronomie** (f)	[astrɔnɔmi]
biologie (de)	**biologie** (f)	[bjɔlɔʒi]
geografie (de)	**géographie** (f)	[ʒeɔgrafi]
geologie (de)	**géologie** (f)	[ʒeɔlɔʒi]
geschiedenis (de)	**histoire** (f)	[istwar]
geneeskunde (de)	**médecine** (f)	[medsin]
pedagogiek (de)	**pédagogie** (f)	[pedagɔʒi]
rechten (mv.)	**droit** (m)	[drwa]
fysica, natuurkunde (de)	**physique** (f)	[fizik]
scheikunde (de)	**chimie** (f)	[ʃimi]
filosofie (de)	**philosophie** (f)	[filɔzɔfi]
psychologie (de)	**psychologie** (f)	[psikɔlɔʒi]

120. Schrift. Spelling

grammatica (de)	**grammaire** (f)	[gramɛr]
vocabulaire (het)	**vocabulaire** (m)	[vɔkabylɛr]
fonetiek (de)	**phonétique** (f)	[fɔnetik]
zelfstandig naamwoord (het)	**nom** (m)	[nɔ̃]
bijvoeglijk naamwoord (het)	**adjectif** (m)	[adʒɛktif]
werkwoord (het)	**verbe** (m)	[vɛrb]
bijwoord (het)	**adverbe** (m)	[advɛrb]
voornaamwoord (het)	**pronom** (m)	[prɔnɔ̃]
tussenwerpsel (het)	**interjection** (f)	[ɛ̃tɛrʒɛksjɔ̃]
voorzetsel (het)	**préposition** (f)	[prepozisjɔ̃]
stam (de)	**racine** (f)	[rasin]
achtervoegsel (het)	**terminaison** (f)	[tɛrminɛzɔ̃]
voorvoegsel (het)	**préfixe** (m)	[prefiks]
lettergreep (de)	**syllabe** (f)	[silab]
achtervoegsel (het)	**suffixe** (m)	[syfiks]
nadruk (de)	**accent** (m) **tonique**	[aksɑ̃ tɔnik]
afkappingsteken (het)	**apostrophe** (f)	[apɔstrɔf]
punt (de)	**point** (m)	[pwɛ̃]
komma (de/het)	**virgule** (f)	[virgyl]
puntkomma (de)	**point** (m) **virgule**	[pwɛ̃ virgyl]
dubbelpunt (de)	**deux-points** (m)	[døpwɛ̃]
beletselteken (het)	**points** (m pl) **de suspension**	[pwɛ̃ də syspɑ̃sjɔ̃]
vraagteken (het)	**point** (m) **d'interrogation**	[pwɛ̃ dɛ̃tərɔgasjɔ̃]
uitroepteken (het)	**point** (m) **d'exclamation**	[pwɛ̃ dɛksklamasjɔ̃]

aanhalingstekens (mv.)	**guillemets** (m pl)	[gijmɛ]
tussen aanhalingstekens (bw)	**entre guillemets**	[ɑ̃tr gijmɛ]
haakjes (mv.)	**parenthèses** (f pl)	[parɑ̃tɛz]
tussen haakjes (bw)	**entre parenthèses**	[ɑ̃tr parɑ̃tɛz]
streepje (het)	**trait** (m) **d'union**	[trɛ dynjɔ̃]
gedachtestreepje (het)	**tiret** (m)	[tire]
spatie (~ tussen twee woorden)	**blanc** (m)	[blɑ̃]
letter (de)	**lettre** (f)	[lɛtr]
hoofdletter (de)	**majuscule** (f)	[maʒyskyl]
klinker (de)	**voyelle** (f)	[vwajɛl]
medeklinker (de)	**consonne** (f)	[kɔ̃sɔn]
zin (de)	**proposition** (f)	[prɔpozisjɔ̃]
onderwerp (het)	**sujet** (m)	[syʒɛ]
gezegde (het)	**prédicat** (m)	[predika]
regel (in een tekst)	**ligne** (f)	[liɲ]
op een nieuwe regel (bw)	**à la ligne**	[ɑlaliɲ]
alinea (de)	**paragraphe** (m)	[paragraf]
woord (het)	**mot** (m)	[mo]
woordgroep (de)	**groupe** (m) **de mots**	[grup də mo]
uitdrukking (de)	**expression** (f)	[ɛkspresjɔ̃]
synoniem (het)	**synonyme** (m)	[sinɔnim]
antoniem (het)	**antonyme** (m)	[ɑ̃tɔnim]
regel (de)	**règle** (f)	[rɛgl]
uitzondering (de)	**exception** (f)	[ɛksɛpsjɔ̃]
correct (bijv. ~e spelling)	**correct** (adj)	[kɔrɛkt]
vervoeging, conjugatie (de)	**conjugaison** (f)	[kɔ̃ʒygɛzɔ̃]
verbuiging, declinatie (de)	**déclinaison** (f)	[deklinɛzɔ̃]
naamval (de)	**cas** (m)	[ka]
vraag (de)	**question** (f)	[kɛstjɔ̃]
onderstrepen (ww)	**souligner** (vt)	[suliɲe]
stippellijn (de)	**pointillé** (m)	[pwɛ̃tije]

121. Vreemde talen

taal (de)	**langue** (f)	[lɑ̃g]
vreemde taal (de)	**langue** (f) **étrangère**	[lɑ̃g etrɑ̃ʒɛr]
leren (bijv. van buiten ~)	**étudier** (vt)	[etydje]
studeren (Nederlands ~)	**apprendre** (vt)	[aprɑ̃dr]
lezen (ww)	**lire** (vi, vt)	[lir]
spreken (ww)	**parler** (vi)	[parle]
begrijpen (ww)	**comprendre** (vt)	[kɔ̃prɑ̃dr]
schrijven (ww)	**écrire** (vt)	[ekrir]
snel (bw)	**vite** (adv)	[vit]
langzaam (bw)	**lentement** (adv)	[lɑ̃tmɑ̃]

vloeiend (bw)	**couramment** (adv)	[kuramɑ̃]
regels (mv.)	**règles** (f pl)	[rɛgl]
grammatica (de)	**grammaire** (f)	[gramɛr]
vocabulaire (het)	**vocabulaire** (m)	[vɔkabylɛr]
fonetiek (de)	**phonétique** (f)	[fɔnetik]
leerboek (het)	**manuel** (m)	[manɥɛl]
woordenboek (het)	**dictionnaire** (m)	[diksjɔnɛr]
leerboek (het) voor zelfstudie	**manuel** (m) **autodidacte**	[manɥɛl otodidakt]
taalgids (de)	**guide** (m) **de conversation**	[gid də kɔ̃vɛrsasjɔ̃]
cassette (de)	**cassette** (f)	[kasɛt]
videocassette (de)	**cassette** (f) **vidéo**	[kasɛt video]
CD (de)	**CD** (m)	[sede]
DVD (de)	**DVD** (m)	[devede]
alfabet (het)	**alphabet** (m)	[alfabɛ]
spellen (ww)	**épeler** (vt)	[eple]
uitspraak (de)	**prononciation** (f)	[prɔnɔ̃sjasjɔ̃]
accent (het)	**accent** (m)	[aksɑ̃]
met een accent (bw)	**avec un accent**	[avɛk œn aksɑ̃]
zonder accent (bw)	**sans accent**	[sɑ̃ zaksɑ̃]
woord (het)	**mot** (m)	[mo]
betekenis (de)	**sens** (m)	[sɑ̃s]
cursus (de)	**cours** (m pl)	[kur]
zich inschrijven (ww)	**s'inscrire** (vp)	[sɛ̃skrir]
leraar (de)	**professeur** (m)	[prɔfɛsœr]
vertaling (een ~ maken)	**traduction** (f)	[tradyksjɔ̃]
vertaling (tekst)	**traduction** (f)	[tradyksjɔ̃]
vertaler (de)	**traducteur** (m)	[tradyktœr]
tolk (de)	**interprète** (m)	[ɛ̃tɛrprɛt]
polyglot (de)	**polyglotte** (m)	[pɔliglɔt]
geheugen (het)	**mémoire** (f)	[memwar]

122. Sprookjesfiguren

Sinterklaas (de)	**Père Noël** (m)	[pɛr nɔɛl]
Assepoester (de)	**Cendrillon** (f)	[sɑ̃drijɔ̃]
zeemeermin (de)	**sirène** (f)	[sirɛn]
Neptunus (de)	**Neptune** (m)	[nɛptyn]
magiër, tovenaar (de)	**magicien** (m)	[maʒisjɛ̃]
goede heks (de)	**fée** (f)	[fe]
magisch (bn)	**magique** (adj)	[maʒik]
toverstokje (het)	**baguette** (f) **magique**	[bagɛt maʒik]
sprookje (het)	**conte** (m) **de fées**	[kɔ̃t də fe]
wonder (het)	**miracle** (m)	[mirakl]
dwerg (de)	**gnome** (m)	[gnom]

veranderen in ... (anders worden)	**se transformer en ...**	[sə trɑ̃sfɔrme ɑ̃]
geest (de)	**esprit** (m)	[ɛspri]
spook (het)	**fantôme** (m)	[fɑ̃tom]
monster (het)	**monstre** (m)	[mɔ̃str]
draak (de)	**dragon** (m)	[dragɔ̃]
reus (de)	**géant** (m)	[ʒeɑ̃]

123. Dierenriem

Ram (de)	**Bélier** (m)	[belje]
Stier (de)	**Taureau** (m)	[tɔro]
Tweelingen (mv.)	**Gémeaux** (m pl)	[ʒemo]
Kreeft (de)	**Cancer** (m)	[kɑ̃sɛr]
Leeuw (de)	**Lion** (m)	[ljɔ̃]
Maagd (de)	**Vierge** (f)	[vjɛrʒ]
Weegschaal (de)	**Balance** (f)	[balɑ̃s]
Schorpioen (de)	**Scorpion** (m)	[skɔrpjɔ̃]
Boogschutter (de)	**Sagittaire** (m)	[saʒitɛr]
Steenbok (de)	**Capricorne** (m)	[kaprikɔrn]
Waterman (de)	**Verseau** (m)	[vɛrso]
Vissen (mv.)	**Poissons** (m pl)	[pwasɔ̃]
karakter (het)	**caractère** (m)	[karaktɛr]
karaktertrekken (mv.)	**traits** (m pl) **du caractère**	[trɛ dy karaktɛr]
gedrag (het)	**conduite** (f)	[kɔ̃dɥit]
waarzeggen (ww)	**dire la bonne aventure**	[dir la bɔnavɑ̃tyr]
waarzegster (de)	**diseuse** (f) **de bonne aventure**	[dizøz də bɔnavɑ̃tyr]
horoscoop (de)	**horoscope** (m)	[ɔrɔskɔp]

Kunst

124. Theater

theater (het)	**théâtre** (m)	[teɑtr]
opera (de)	**opéra** (m)	[ɔpera]
operette (de)	**opérette** (f)	[ɔperɛt]
ballet (het)	**ballet** (m)	[balɛ]
affiche (de/het)	**affiche** (f)	[afiʃ]
theatergezelschap (het)	**troupe** (f)	[trup]
tournee (de)	**tournée** (f)	[turne]
op tournee zijn	**être en tournée**	[ɛtr ɑ̃ turne]
repeteren (ww)	**répéter** (vt)	[repete]
repetitie (de)	**répétition** (f)	[repetisjɔ̃]
repertoire (het)	**répertoire** (m)	[repɛrtwar]
voorstelling (de)	**représentation** (f)	[rəprezɑ̃tasjɔ̃]
spektakel (het)	**spectacle** (m)	[spɛktakl]
toneelstuk (het)	**pièce** (f) **de théâtre**	[pjɛs də teɑtr]
biljet (het)	**billet** (m)	[bijɛ]
kassa (de)	**billetterie** (f pl)	[bijɛtri]
foyer (de)	**hall** (m)	[ol]
garderobe (de)	**vestiaire** (m)	[vɛstjɛr]
garderobe nummer (het)	**jeton** (m)	[ʒətɔ̃]
verrekijker (de)	**jumelles** (f pl)	[ʒymɛl]
plaatsaanwijzer (de)	**placeur** (m)	[plasœr]
parterre (de)	**parterre** (m)	[partɛr]
balkon (het)	**balcon** (m)	[balkɔ̃]
gouden rang (de)	**premier** (m) **balcon**	[prəmje balkɔ̃]
loge (de)	**loge** (f)	[lɔʒ]
rij (de)	**rang** (m)	[rɑ̃]
plaats (de)	**place** (f)	[plas]
publiek (het)	**public** (m)	[pyblik]
kijker (de)	**spectateur** (m)	[spɛktatœr]
klappen (ww)	**applaudir** (vi)	[aplodir]
applaus (het)	**applaudissements** (m pl)	[aplodismɑ̃]
ovatie (de)	**ovation** (f)	[ɔvasjɔ̃]
toneel (op het ~ staan)	**scène** (f)	[sɛn]
gordijn, doek (het)	**rideau** (m)	[rido]
toneeldecor (het)	**décor** (m)	[dekɔr]
backstage (de)	**coulisses** (f pl)	[kulis]
scène (de)	**scène** (f)	[sɛn]
bedrijf (het)	**acte** (m)	[akt]
pauze (de)	**entracte** (m)	[ɑ̃trakt]

125. Bioscoop

acteur (de)	**acteur** (m)	[aktœr]
actrice (de)	**actrice** (f)	[aktris]
bioscoop (de)	**cinéma** (m)	[sinema]
speelfilm (de)	**film** (m)	[film]
aflevering (de)	**épisode** (m)	[epizɔd]
detectivefilm (de)	**film** (m) **policier**	[film pɔlisje]
actiefilm (de)	**film** (m) **d'action**	[film daksjɔ̃]
avonturenfilm (de)	**film** (m) **d'aventures**	[film davɑ̃tyr]
sciencefictionfilm (de)	**film** (m) **de science-fiction**	[film də sjɑ̃sfiksjɔ̃]
griezelfilm (de)	**film** (m) **d'horreur**	[film dɔrœr]
komedie (de)	**comédie** (f)	[kɔmedi]
melodrama (het)	**mélodrame** (m)	[melɔdram]
drama (het)	**drame** (m)	[dram]
speelfilm (de)	**film** (m) **de fiction**	[film də fiksjɔ̃]
documentaire (de)	**documentaire** (m)	[dɔkymɑ̃tɛr]
tekenfilm (de)	**dessin** (m) **animé**	[desɛn anime]
stomme film (de)	**cinéma** (m) **muet**	[sinema mɥɛ]
rol (de)	**rôle** (m)	[rol]
hoofdrol (de)	**rôle** (m) **principal**	[rəʊl prɛ̃sipal]
spelen (ww)	**jouer** (vt)	[ʒwe]
filmster (de)	**vedette** (f)	[vədɛt]
bekend (bn)	**connu** (adj)	[kɔny]
beroemd (bn)	**célèbre** (adj)	[selɛbr]
populair (bn)	**populaire** (adj)	[pɔpylɛr]
scenario (het)	**scénario** (m)	[senarjo]
scenarioschrijver (de)	**scénariste** (m)	[senarist]
regisseur (de)	**metteur** (m) **en scène**	[mɛtœr ɑ̃ sɛn]
filmproducent (de)	**producteur** (m)	[prɔdyktœr]
assistent (de)	**assistant** (m)	[asistɑ̃]
cameraman (de)	**opérateur** (m)	[ɔperatœr]
stuntman (de)	**cascadeur** (m)	[kaskadœr]
stuntdubbel (de)	**doublure** (f)	[dublyr]
een film maken	**tourner un film**	[turne œ̃ film]
auditie (de)	**audition** (f)	[odisjɔ̃]
opnamen (mv.)	**tournage** (m)	[turnaʒ]
filmploeg (de)	**équipe** (f) **de tournage**	[ekip də turnaʒ]
filmset (de)	**plateau** (m) **de tournage**	[plato də turnaʒ]
filmcamera (de)	**caméra** (f)	[kamera]
bioscoop (de)	**cinéma** (m)	[sinema]
scherm (het)	**écran** (m)	[ekrɑ̃]
een film vertonen	**donner un film**	[dɔne œ̃ film]
geluidsspoor (de)	**piste** (f) **sonore**	[pist sɔnɔr]
speciale effecten (mv.)	**effets** (m pl) **spéciaux**	[efɛ spesjø]

ondertiteling (de)	**sous-titres** (m pl)	[sutitr]
voortiteling, aftiteling (de)	**générique** (m)	[ʒenerik]
vertaling (de)	**traduction** (f)	[tradyksjɔ̃]

126. Schilderij

kunst (de)	**art** (m)	[ar]
schone kunsten (mv.)	**beaux-arts** (m pl)	[bozar]
kunstgalerie (de)	**galerie** (f) **d'art**	[galri dar]
kunsttentoonstelling (de)	**exposition** (f) **d'art**	[ɛkspozisjɔ̃ dar]
schilderkunst (de)	**peinture** (f)	[pɛ̃tyr]
grafiek (de)	**graphique** (f)	[grafik]
abstracte kunst (de)	**art** (m) **abstrait**	[ar apstrɛ]
impressionisme (het)	**impressionnisme** (m)	[ɛ̃presjɔnism]
schilderij (het)	**tableau** (m)	[tablo]
tekening (de)	**dessin** (m)	[desɛ̃]
poster (de)	**poster** (m)	[pɔstɛr]
illustratie (de)	**illustration** (f)	[ilystrasjɔ̃]
miniatuur (de)	**miniature** (f)	[minjatyr]
kopie (de)	**copie** (f)	[kɔpi]
reproductie (de)	**reproduction** (f)	[rəprɔdyksjɔ̃]
mozaïek (het)	**mosaïque** (f)	[mɔzaik]
gebrandschilderd glas (het)	**vitrail** (m)	[vitraj]
fresco (het)	**fresque** (f)	[frɛsk]
gravure (de)	**gravure** (f)	[gravyr]
buste (de)	**buste** (m)	[byst]
beeldhouwwerk (het)	**sculpture** (f)	[skyltyr]
beeld (bronzen ~)	**statue** (f)	[staty]
gips (het)	**plâtre** (m)	[plɑtr]
gipsen (bn)	**en plâtre**	[ɑ̃ plɑtr]
portret (het)	**portrait** (m)	[pɔrtrɛ]
zelfportret (het)	**autoportrait** (m)	[otopɔrtrɛ]
landschap (het)	**paysage** (m)	[peizaʒ]
stilleven (het)	**nature** (f) **morte**	[natyr mɔrt]
karikatuur (de)	**caricature** (f)	[karikatyr]
schets (de)	**croquis** (m)	[krɔki]
verf (de)	**peinture** (f)	[pɛ̃tyr]
aquarel (de)	**aquarelle** (f)	[akwarɛl]
olieverf (de)	**huile** (f)	[ɥil]
potlood (het)	**crayon** (m)	[krɛjɔ̃]
Oostindische inkt (de)	**encre** (f) **de Chine**	[ɑ̃kr də ʃin]
houtskool (de)	**fusain** (m)	[fyzɛ̃]
tekenen (met krijt)	**dessiner** (vi, vt)	[desine]
schilderen (ww)	**peindre** (vi, vt)	[pɛ̃dr]
poseren (ww)	**poser** (vi)	[poze]
naaktmodel (man)	**modèle** (m)	[mɔdɛl]

naaktmodel (vrouw)	**modèle** (f)	[mɔdɛl]
kunstenaar (de)	**peintre** (m)	[pɛ̃tr]
kunstwerk (het)	**œuvre** (f) **d'art**	[œvr dar]
meesterwerk (het)	**chef** (m) **d'œuvre**	[ʃɛdœvr]
studio, werkruimte (de)	**atelier** (m) **d'artiste**	[atəlje dartist]
schildersdoek (het)	**toile** (f)	[twal]
schildersezel (de)	**chevalet** (m)	[ʃəvalɛ]
palet (het)	**palette** (f)	[palɛt]
lijst (een vergulde ~)	**encadrement** (m)	[ɑ̃kadrəmɑ̃]
restauratie (de)	**restauration** (f)	[rɛstɔrasjɔ̃]
restaureren (ww)	**restaurer** (vt)	[rɛstɔre]

127. Literatuur & Poëzie

literatuur (de)	**littérature** (f)	[literatyr]
auteur (de)	**auteur** (m)	[otœr]
pseudoniem (het)	**pseudonyme** (m)	[psødɔnim]
boek (het)	**livre** (m)	[livr]
boekdeel (het)	**volume** (m)	[vɔlym]
inhoudsopgave (de)	**table** (f) **des matières**	[tabl de matjɛr]
pagina (de)	**page** (f)	[paʒ]
hoofdpersoon (de)	**protagoniste** (m)	[prɔtagɔnist]
handtekening (de)	**autographe** (m)	[otograf]
verhaal (het)	**récit** (m)	[resi]
novelle (de)	**nouvelle** (f)	[nuvɛl]
roman (de)	**roman** (m)	[rɔmɑ̃]
werk (literatuur)	**œuvre** (f) **littéraire**	[œvr literɛr]
fabel (de)	**fable** (f)	[fabl]
detectiveroman (de)	**roman** (m) **policier**	[rɔmɑ̃ pɔlisje]
gedicht (het)	**vers** (m)	[vɛr]
poëzie (de)	**poésie** (f)	[pɔezi]
epos (het)	**poème** (m)	[pɔɛm]
dichter (de)	**poète** (m)	[pɔɛt]
fictie (de)	**belles-lettres** (f pl)	[bɛllɛtr]
sciencefiction (de)	**science-fiction** (f)	[sjɑ̃sfiksjɔ̃]
avonturenroman (de)	**aventures** (f pl)	[avɑ̃tyr]
opvoedkundige literatuur (de)	**littérature** (f) **didactique**	[literatyr didaktik]
kinderliteratuur (de)	**littérature** (f) **pour enfants**	[literatyr pur ɑ̃fɑ̃]

128. Circus

circus (de/het)	**cirque** (m)	[sirk]
chapiteau circus (de/het)	**chapiteau** (m)	[ʃapito]
programma (het)	**programme** (m)	[prɔgram]
voorstelling (de)	**représentation** (f)	[rəprezɑ̃tasjɔ̃]
nummer (circus ~)	**numéro** (m)	[nymero]

arena (de)	**arène** (f)	[arɛn]
pantomime (de)	**pantomime** (f)	[pɑ̃tɔmim]
clown (de)	**clown** (m)	[klun]
acrobaat (de)	**acrobate** (m)	[akrɔbat]
acrobatiek (de)	**acrobatie** (f)	[akrɔbasi]
gymnast (de)	**gymnaste** (m)	[ʒimnast]
gymnastiek (de)	**gymnastique** (f)	[ʒimnastik]
salto (de)	**salto** (m)	[salto]
sterke man (de)	**hercule** (m)	[ɛrkyl]
temmer (de)	**dompteur** (m)	[dɔ̃tœr]
ruiter (de)	**écuyer** (m)	[ekɥije]
assistent (de)	**assistant** (m)	[asistɑ̃]
stunt (de)	**truc** (m)	[tryk]
goocheltruc (de)	**tour** (m) **de passe-passe**	[tur də pɑspɑs]
goochelaar (de)	**magicien** (m)	[maʒisjɛ̃]
jongleur (de)	**jongleur** (m)	[ʒɔ̃glœr]
jongleren (ww)	**jongler** (vi)	[ʒɔ̃gle]
dierentrainer (de)	**dresseur** (m)	[drɛsœr]
dressuur (de)	**dressage** (m)	[drɛsaʒ]
dresseren (ww)	**dresser** (vt)	[drese]

129. Muziek. Popmuziek

muziek (de)	**musique** (f)	[myzik]
muzikant (de)	**musicien** (m)	[myzisjɛ̃]
muziekinstrument (het)	**instrument** (m) **de musique**	[ɛ̃strymɑ̃ də myzik]
spelen (bijv. gitaar ~)	**jouer de ...**	[ʒwe də]
gitaar (de)	**guitare** (f)	[gitar]
viool (de)	**violon** (m)	[vjɔlɔ̃]
cello (de)	**violoncelle** (m)	[vjɔlɔ̃sɛl]
contrabas (de)	**contrebasse** (f)	[kɔ̃trəbas]
harp (de)	**harpe** (f)	[arp]
piano (de)	**piano** (m)	[pjano]
vleugel (de)	**piano** (m) **à queue**	[pjano ɑ kø]
orgel (het)	**orgue** (m)	[ɔrg]
blaasinstrumenten (mv.)	**instruments** (m pl) **à vent**	[ɛ̃strymɑ̃ ɑ vɑ̃]
hobo (de)	**hautbois** (m)	[obwa]
saxofoon (de)	**saxophone** (m)	[saksɔfɔn]
klarinet (de)	**clarinette** (f)	[klarinɛt]
fluit (de)	**flûte** (f)	[flyt]
trompet (de)	**trompette** (f)	[trɔ̃pɛt]
accordeon (de/het)	**accordéon** (m)	[akɔrdeɔ̃]
trommel (de)	**tambour** (m)	[tɑ̃bur]
duet (het)	**duo** (m)	[dyo]
trio (het)	**trio** (m)	[trijo]

kwartet (het)	**quartette** (m)	[kwartɛt]
koor (het)	**chœur** (m)	[kœr]
orkest (het)	**orchestre** (m)	[ɔrkɛstr]
popmuziek (de)	**musique** (f) **pop**	[myzik pɔp]
rockmuziek (de)	**musique** (f) **rock**	[myzik rɔk]
rockgroep (de)	**groupe** (m) **de rock**	[grup də rɔk]
jazz (de)	**jazz** (m)	[dʒaz]
idool (het)	**idole** (f)	[idɔl]
bewonderaar (de)	**admirateur** (m)	[admiratœr]
concert (het)	**concert** (m)	[kɔ̃sɛr]
symfonie (de)	**symphonie** (f)	[sɛ̃fɔni]
compositie (de)	**œuvre** (f) **musicale**	[œvr myzikal]
componeren (muziek ~)	**composer** (vt)	[kɔ̃poze]
zang (de)	**chant** (m)	[ʃɑ̃]
lied (het)	**chanson** (f)	[ʃɑ̃sɔ̃]
melodie (de)	**mélodie** (f)	[melɔdi]
ritme (het)	**rythme** (m)	[ritm]
blues (de)	**blues** (m)	[bluz]
bladmuziek (de)	**notes** (f pl)	[nɔt]
dirigeerstok (baton)	**baguette** (f)	[bagɛt]
strijkstok (de)	**archet** (m)	[arʃɛ]
snaar (de)	**corde** (f)	[kɔrd]
koffer (de)	**étui** (m)	[etɥi]

Rusten. Entertainment. Reizen

130. Trip. Reizen

toerisme (het)	**tourisme** (m)	[turism]
toerist (de)	**touriste** (m)	[turist]
reis (de)	**voyage** (m)	[vwajaʒ]
avontuur (het)	**aventure** (f)	[avɑ̃tyr]
tocht (de)	**voyage** (m)	[vwajaʒ]
vakantie (de)	**vacances** (f pl)	[vakɑ̃s]
met vakantie zijn	**être en vacances**	[ɛtr ɑ̃ vakɑ̃s]
rust (de)	**repos** (m)	[rəpo]
trein (de)	**train** (m)	[trɛ̃]
met de trein	**en train**	[ɑ̃ trɛ̃]
vliegtuig (het)	**avion** (m)	[avjɔ̃]
met het vliegtuig	**en avion**	[ɑn avjɔ̃]
met de auto	**en voiture**	[ɑ̃ vwatyr]
per schip (bw)	**en bateau**	[ɑ̃ bato]
bagage (de)	**bagage** (m)	[bagaʒ]
valies (de)	**malle** (f)	[mal]
bagagekarretje (het)	**chariot** (m)	[ʃarjo]
paspoort (het)	**passeport** (m)	[pɑspɔr]
visum (het)	**visa** (m)	[viza]
kaartje (het)	**ticket** (m)	[tikɛ]
vliegticket (het)	**billet** (m) **d'avion**	[bijɛ davjɔ̃]
reisgids (de)	**guide** (m)	[gid]
kaart (de)	**carte** (f)	[kart]
gebied (landelijk ~)	**région** (f)	[reʒjɔ̃]
plaats (de)	**endroit** (m)	[ɑ̃drwa]
exotische bestemming (de)	**exotisme** (m)	[ɛgzɔtism]
exotisch (bn)	**exotique** (adj)	[ɛgzɔtik]
verwonderlijk (bn)	**étonnant** (adj)	[etɔnɑ̃]
groep (de)	**groupe** (m)	[grup]
rondleiding (de)	**excursion** (f)	[ɛkskyrsjɔ̃]
gids (de)	**guide** (m)	[gid]

131. Hotel

hotel (het)	**hôtel** (m)	[otɛl]
motel (het)	**motel** (m)	[mɔtɛl]
3-sterren	**3 étoiles**	[trwa zetwal]

5-sterren	**5 étoiles**	[sɛ̃k etwal]
overnachten (ww)	**descendre** (vi)	[desɑ̃dr]
kamer (de)	**chambre** (f)	[ʃɑ̃br]
eenpersoonskamer (de)	**chambre** (f) **simple**	[ʃɑ̃br sɛ̃pl]
tweepersoonskamer (de)	**chambre** (f) **double**	[ʃɑ̃br dubl]
een kamer reserveren	**réserver une chambre**	[rezɛrve yn ʃɑ̃br]
halfpension (het)	**demi-pension** (f)	[dəmipɑ̃sjɔ̃]
volpension (het)	**pension** (f) **complète**	[pɑ̃sjɔ̃ kɔ̃plɛt]
met badkamer	**avec une salle de bain**	[avɛk yn saldəbɛ̃]
met douche	**avec une douche**	[avɛk yn duʃ]
satelliet-tv (de)	**télévision** (f) **par satellite**	[televizjɔ̃ par satelit]
airconditioner (de)	**climatiseur** (m)	[klimatizœr]
handdoek (de)	**serviette** (f)	[sɛrvjɛt]
sleutel (de)	**clé, clef** (f)	[kle]
administrateur (de)	**administrateur** (m)	[administratœr]
kamermeisje (het)	**femme** (f) **de chambre**	[fam də ʃɑ̃br]
piccolo (de)	**porteur** (m)	[pɔrtœr]
portier (de)	**portier** (m)	[pɔrtje]
restaurant (het)	**restaurant** (m)	[rɛstɔrɑ̃]
bar (de)	**bar** (m)	[bar]
ontbijt (het)	**petit déjeuner** (m)	[pəti deʒœne]
avondeten (het)	**dîner** (m)	[dine]
buffet (het)	**buffet** (m)	[byfɛ]
hal (de)	**hall** (m)	[ol]
lift (de)	**ascenseur** (m)	[asɑ̃sœr]
NIET STOREN	**PRIÈRE DE NE PAS DÉRANGER**	[prijɛr dənəpa derɑ̃ʒe]
VERBODEN TE ROKEN!	**DÉFENSE DE FUMER**	[defɑ̃s də fyme]

132. Boeken. Lezen

boek (het)	**livre** (m)	[livr]
auteur (de)	**auteur** (m)	[otœr]
schrijver (de)	**écrivain** (m)	[ekrivɛ̃]
schrijven (een boek)	**écrire** (vt)	[ekrir]
lezer (de)	**lecteur** (m)	[lɛktœr]
lezen (ww)	**lire** (vi, vt)	[lir]
lezen (het)	**lecture** (f)	[lɛktyr]
stil (~ lezen)	**à part soi**	[ɑ par swa]
hardop (~ lezen)	**à haute voix**	[ɑ ot vwa]
uitgeven (boek ~)	**éditer** (vt)	[edite]
uitgeven (het)	**édition** (f)	[edisjɔ̃]
uitgever (de)	**éditeur** (m)	[editœr]
uitgeverij (de)	**maison** (f) **d'édition**	[mɛzɔ̃ dedisjɔ̃]

verschijnen (bijv. boek)	**paraître** (vi)	[parɛtr]
verschijnen (het)	**sortie** (f)	[sɔrti]
oplage (de)	**tirage** (m)	[tiraʒ]
boekhandel (de)	**librairie** (f)	[librɛri]
bibliotheek (de)	**bibliothèque** (f)	[biblijɔtɛk]
novelle (de)	**nouvelle** (f)	[nuvɛl]
verhaal (het)	**récit** (m)	[resi]
roman (de)	**roman** (m)	[rɔmɑ̃]
detectiveroman (de)	**roman** (m) **policier**	[rɔmɑ̃ pɔlisje]
memoires (mv.)	**mémoires** (m pl)	[memwar]
legende (de)	**légende** (f)	[leʒɑ̃d]
mythe (de)	**mythe** (m)	[mit]
gedichten (mv.)	**vers** (m pl)	[vɛr]
autobiografie (de)	**autobiographie** (f)	[otobjɔgrafi]
bloemlezing (de)	**les œuvres choisies**	[lezœvr ʃwazi]
sciencefiction (de)	**science-fiction** (f)	[sjɑ̃sfiksjɔ̃]
naam (de)	**titre** (m)	[titr]
inleiding (de)	**introduction** (f)	[ɛ̃trɔdyksjɔ̃]
voorblad (het)	**page** (f) **de titre**	[paʒ də titr]
hoofdstuk (het)	**chapitre** (m)	[ʃapitr]
fragment (het)	**extrait** (m)	[ɛkstrɛ]
episode (de)	**épisode** (m)	[epizɔd]
intrige (de)	**sujet** (m)	[syʒɛ]
inhoud (de)	**sommaire** (m)	[sɔmɛr]
inhoudsopgave (de)	**table** (f) **des matières**	[tabl de matjɛr]
hoofdpersonage (het)	**protagoniste** (m)	[prɔtagɔnist]
boekdeel (het)	**volume** (m)	[vɔlym]
omslag (de/het)	**couverture** (f)	[kuvɛrtyr]
boekband (de)	**reliure** (f)	[rəljyr]
bladwijzer (de)	**marque-page** (m)	[markpaʒ]
pagina (de)	**page** (f)	[paʒ]
bladeren (ww)	**feuilleter** (vt)	[fœjte]
marges (mv.)	**marges** (f pl)	[marʒ]
annotatie (de)	**annotation** (f)	[anɔtasjɔ̃]
opmerking (de)	**note** (f) **de bas de page**	[nɔt dəba dəpaʒ]
tekst (de)	**texte** (m)	[tɛkst]
lettertype (het)	**police** (f)	[pɔlis]
drukfout (de)	**faute** (f) **d'impression**	[fot dɛ̃presjɔ̃]
vertaling (de)	**traduction** (f)	[tradyksjɔ̃]
vertalen (ww)	**traduire** (vt)	[tradɥir]
origineel (het)	**original** (m)	[ɔriʒinal]
beroemd (bn)	**célèbre** (adj)	[selɛbr]
onbekend (bn)	**inconnu** (adj)	[ɛ̃kɔny]
interessant (bn)	**intéressant** (adj)	[ɛ̃terɛsɑ̃]

bestseller (de)	**best-seller** (m)	[bɛstsɛlœr]
woordenboek (het)	**dictionnaire** (m)	[diksjɔnɛr]
leerboek (het)	**manuel** (m)	[manɥɛl]
encyclopedie (de)	**encyclopédie** (f)	[ɑ̃siklɔpedi]

133. Jacht. Vissen.

jacht (de)	**chasse** (f)	[ʃas]
jagen (ww)	**chasser** (vi, vt)	[ʃase]
jager (de)	**chasseur** (m)	[ʃasœr]
schieten (ww)	**tirer** (vi)	[tire]
geweer (het)	**fusil** (m)	[fyzi]
patroon (de)	**cartouche** (f)	[kartuʃ]
hagel (de)	**grains** (m pl) **de plomb**	[grɛ̃ də plɔ̃]
val (de)	**piège** (m) **à mâchoires**	[pjɛʒ ɑ mɑʃwar]
valstrik (de)	**piège** (m)	[pjɛʒ]
een val zetten	**mettre un piège**	[mɛtr œ̃ pjɛʒ]
stroper (de)	**braconnier** (m)	[brakɔnje]
wild (het)	**gibier** (m)	[ʒibje]
jachthond (de)	**chien** (m) **de chasse**	[ʃjɛ̃ də ʃas]
safari (de)	**safari** (m)	[safari]
opgezet dier (het)	**animal** (m) **empaillé**	[animal ɑ̃paje]
visser (de)	**pêcheur** (m)	[pɛʃœr]
visvangst (de)	**pêche** (f)	[pɛʃ]
vissen (ww)	**pêcher** (vi)	[peʃe]
hengel (de)	**canne** (f) **à pêche**	[kan ɑ pɛʃ]
vislijn (de)	**ligne** (f) **de pêche**	[liɲ də pɛʃ]
haak (de)	**hameçon** (m)	[amsɔ̃]
dobber (de)	**flotteur** (m)	[flɔtœr]
aas (het)	**amorce** (f)	[amɔrs]
de hengel uitwerpen	**lancer la ligne**	[lɑ̃se la liɲ]
bijten (ov. de vissen)	**mordre** (vt)	[mɔrdr]
vangst (de)	**pêche** (f)	[pɛʃ]
wak (het)	**trou** (m) **dans la glace**	[tru dɑ̃ la glas]
net (het)	**filet** (m)	[filɛ]
boot (de)	**barque** (f)	[bark]
vissen met netten	**pêcher au filet**	[peʃe o filɛ]
het net uitwerpen	**jeter un filet**	[ʒəte ɑ̃ filɛ]
het net binnenhalen	**retirer le filet**	[rətire lə filɛ]
walvisvangst (de)	**baleinier** (m)	[balenje]
walvisvaarder (de)	**baleinière** (f)	[balenjɛr]
harpoen (de)	**harpon** (m)	[arpɔ̃]

134. Spellen. Biljart

biljart (het)	**billard** (m)	[bijar]
biljartzaal (de)	**salle** (f) **de billard**	[sal də bijar]
biljartbal (de)	**bille** (f) **de billard**	[bij də bijar]
een bal in het gat jagen	**empocher une bille**	[ɑ̃pɔʃe yn bij]
keu (de)	**queue** (f)	[kø]
gat (het)	**poche** (f)	[pɔʃ]

135. Spellen. Speelkaarten

ruiten (mv.)	**carreau** (m)	[karo]
schoppen (mv.)	**pique** (m)	[pik]
klaveren (mv.)	**cœur** (m)	[kœr]
harten (mv.)	**trèfle** (m)	[trɛfl]
aas (de)	**as** (m)	[as]
koning (de)	**roi** (m)	[rwa]
dame (de)	**dame** (f)	[dam]
boer (de)	**valet** (m)	[valɛ]
speelkaart (de)	**carte** (f)	[kart]
kaarten (mv.)	**jeu** (m) **de cartes**	[ʒø də kart]
troef (de)	**atout** (m)	[atu]
pak (het) kaarten	**paquet** (m) **de cartes**	[pakɛ də kart]
punt (bijv. vijftig ~en)	**point** (m)	[pwɛ̃]
uitdelen (kaarten ~)	**distribuer** (vt)	[distribɥe]
schudden (de kaarten ~)	**battre les cartes**	[batr lekart]
beurt (de)	**tour** (m)	[tur]
valsspeler (de)	**tricheur** (m)	[triʃœr]

136. Rusten. Spellen. Diversen

wandelen (on.ww.)	**se promener** (vp)	[sə prɔmne]
wandeling (de)	**promenade** (f)	[prɔmnad]
trip (per auto)	**tour** (m), **promenade** (f)	[tur], [prɔmnad]
avontuur (het)	**aventure** (f)	[avɑ̃tyr]
picknick (de)	**pique-nique** (m)	[piknik]
spel (het)	**jeu** (m)	[ʒø]
speler (de)	**joueur** (m)	[ʒwœr]
partij (de)	**partie** (f)	[parti]
collectioneur (de)	**collectionneur** (m)	[kɔlɛksjɔnœr]
collectioneren (ww)	**collectionner** (vt)	[kɔlɛksjɔne]
collectie (de)	**collection** (f)	[kɔlɛksjɔ̃]
kruiswoordraadsel (het)	**mots** (m pl) **croisés**	[mo krwaze]
hippodroom (de)	**hippodrome** (m)	[ipɔdrom]

discotheek (de)	**discothèque** (f)	[diskɔtɛk]
sauna (de)	**sauna** (m)	[sona]
loterij (de)	**loterie** (f)	[lɔtri]
trektocht (kampeertocht)	**trekking** (m)	[trɛkiŋ]
kamp (het)	**camp** (m)	[kɑ̃]
tent (de)	**tente** (f)	[tɑ̃t]
kompas (het)	**boussole** (f)	[busɔl]
rugzaktoerist (de)	**campeur** (m)	[kɑ̃pœr]
bekijken (een film ~)	**regarder** (vt)	[rəgarde]
kijker (televisie~)	**téléspectateur** (m)	[telespɛktatœr]
televisie-uitzending (de)	**émission** (f) **de télé**	[emisjɔ̃ də tele]

137. Fotografie

fotocamera (de)	**appareil** (m) **photo**	[aparɛj fɔto]
foto (de)	**photo** (f)	[fɔto]
fotograaf (de)	**photographe** (m)	[fɔtɔgraf]
fotostudio (de)	**studio** (m) **de photo**	[stydjo də fɔto]
fotoalbum (het)	**album** (m) **de photos**	[albɔm də fɔto]
lens (de), objectief (het)	**objectif** (m)	[ɔbʒɛktif]
telelens (de)	**téléobjectif** (m)	[teleɔbʒɛktif]
filter (de/het)	**filtre** (m)	[filtr]
lens (de)	**lentille** (f)	[lɑ̃tij]
optiek (de)	**optique** (f)	[ɔptik]
diafragma (het)	**diaphragme** (m)	[djafragm]
belichtingstijd (de)	**temps** (m) **de pose**	[tɑ̃ də poz]
zoeker (de)	**viseur** (m)	[vizœr]
digitale camera (de)	**appareil** (m) **photo numérique**	[aparɛj fɔto nymerik]
statief (het)	**trépied** (m)	[trepje]
flits (de)	**flash** (m)	[flaʃ]
fotograferen (ww)	**photographier** (vt)	[fɔtɔgrafje]
kieken (foto's maken)	**prendre en photo**	[prɑ̃dr ɑ̃ fɔto]
zich laten fotograferen	**se faire prendre en photo**	[sə fɛr prɑ̃dr ɑ̃ fɔto]
focus (de)	**mise** (f) **au point**	[miz o pwɛ̃]
scherpstellen (ww)	**mettre au point**	[mɛtr o pwɛ̃]
scherp (bn)	**net** (adj)	[nɛt]
scherpte (de)	**netteté** (f)	[nɛtte]
contrast (het)	**contraste** (m)	[kɔ̃trast]
contrastrijk (bn)	**contrasté** (adj)	[kɔ̃traste]
kiekje (het)	**épreuve** (f)	[eprœv]
negatief (het)	**négatif** (m)	[negatif]
filmpje (het)	**pellicule** (f)	[pelikyl]
beeld (frame)	**image** (f)	[imaʒ]
afdrukken (foto's ~)	**tirer** (vt)	[tire]

138. Strand. Zwemmen

strand (het)	**plage** (f)	[plaʒ]
zand (het)	**sable** (m)	[sabl]
leeg (~ strand)	**désert** (adj)	[dezɛr]
bruine kleur (de)	**bronzage** (m)	[brɔ̃zaʒ]
zonnebaden (ww)	**se bronzer** (vp)	[sə brɔ̃ze]
gebruind (bn)	**bronzé** (adj)	[brɔ̃ze]
zonnecrème (de)	**crème** (f) **solaire**	[krɛm sɔlɛr]
bikini (de)	**bikini** (m)	[bikini]
badpak (het)	**maillot** (m) **de bain**	[majo də bɛ̃]
zwembroek (de)	**slip** (m) **de bain**	[slip də bɛ̃]
zwembad (het)	**piscine** (f)	[pisin]
zwemmen (ww)	**nager** (vi)	[naʒe]
douche (de)	**douche** (f)	[duʃ]
zich omkleden (ww)	**se changer** (vp)	[sə ʃɑ̃ʒe]
handdoek (de)	**serviette** (f)	[sɛrvjɛt]
boot (de)	**barque** (f)	[bark]
motorboot (de)	**canot** (m) **à moteur**	[kano ɑ mɔtœr]
waterski's (mv.)	**ski** (m) **nautique**	[ski notik]
waterfiets (de)	**pédalo** (m)	[pedalo]
surfen (het)	**surf** (m)	[sœrf]
surfer (de)	**surfeur** (m)	[sœrfœr]
scuba, aqualong (de)	**scaphandre** (m) **autonome**	[skafɑ̃dr ɔtɔnɔm]
zwemvliezen (mv.)	**palmes** (f pl)	[palm]
duikmasker (het)	**masque** (m)	[mask]
duiker (de)	**plongeur** (m)	[plɔ̃ʒœr]
duiken (ww)	**plonger** (vi)	[plɔ̃ʒe]
onder water (bw)	**sous l'eau**	[su lo]
parasol (de)	**parasol** (m)	[parasɔl]
ligstoel (de)	**chaise** (f) **longue**	[ʃɛz lɔ̃g]
zonnebril (de)	**lunettes** (f pl) **de soleil**	[lynɛt də sɔlɛj]
luchtmatras (de/het)	**matelas** (m) **pneumatique**	[matla pnømatik]
spelen (ww)	**jouer** (vi)	[ʒwe]
gaan zwemmen (ww)	**se baigner** (vp)	[sə beɲe]
bal (de)	**ballon** (m) **de plage**	[balɔ̃ də plaʒ]
opblazen (oppompen)	**gonfler** (vt)	[gɔ̃fle]
lucht-, opblaasbare (bn)	**gonflable** (adj)	[gɔ̃flabl]
golf (hoge ~)	**vague** (f)	[vag]
boei (de)	**bouée** (f)	[bwe]
verdrinken (ww)	**se noyer** (vp)	[sə nwaje]
redden (ww)	**sauver** (vt)	[sove]
reddingsvest (de)	**gilet** (m) **de sauvetage**	[ʒilɛ də sovtaʒ]
waarnemen (ww)	**observer** (vt)	[ɔpsɛrve]
redder (de)	**maître nageur** (m)	[mɛtr naʒœr]

TECHNISCHE APPARATUUR. VERVOER

Technische apparatuur

139. Computer

computer (de)	**ordinateur** (m)	[ɔrdinatœr]
laptop (de)	**PC** (m) **portable**	[pese pɔrtabl]
aanzetten (ww)	**allumer** (vt)	[alyme]
uitzetten (ww)	**éteindre** (vt)	[etɛ̃dr]
toetsenbord (het)	**clavier** (m)	[klavje]
toets (enter~)	**touche** (f)	[tuʃ]
muis (de)	**souris** (f)	[suri]
muismat (de)	**tapis** (m) **de souris**	[tapi də suri]
knopje (het)	**bouton** (m)	[butɔ̃]
cursor (de)	**curseur** (m)	[kyrsœr]
monitor (de)	**moniteur** (m)	[mɔnitœr]
scherm (het)	**écran** (m)	[ekrɑ̃]
harde schijf (de)	**disque** (m) **dur**	[disk dyr]
volume (het) van de harde schijf	**capacité** (f) **du disque dur**	[kapasite dy disk dyr]
geheugen (het)	**mémoire** (f)	[memwar]
RAM-geheugen (het)	**mémoire** (f) **vive**	[memwar viv]
bestand (het)	**fichier** (m)	[fiʃje]
folder (de)	**dossier** (m)	[dosje]
openen (ww)	**ouvrir** (vt)	[uvrir]
sluiten (ww)	**fermer** (vt)	[fɛrme]
opslaan (ww)	**sauvegarder** (vt)	[sovgarde]
verwijderen (wissen)	**supprimer** (vt)	[syprime]
kopiëren (ww)	**copier** (vt)	[kɔpje]
sorteren (ww)	**trier** (vt)	[trije]
overplaatsen (ww)	**copier** (vt)	[kɔpje]
programma (het)	**programme** (m)	[prɔgram]
software (de)	**logiciel** (m)	[lɔʒisjɛl]
programmeur (de)	**programmeur** (m)	[prɔgramœr]
programmeren (ww)	**programmer** (vt)	[prɔgrame]
hacker (computerkraker)	**hacker** (m)	[ake:r]
wachtwoord (het)	**mot** (m) **de passe**	[mo də pɑs]
virus (het)	**virus** (m)	[virys]
ontdekken (virus ~)	**découvrir** (vt)	[dekuvrir]

byte (de)	**bit** (m)	[bit]
megabyte (de)	**mégabit** (m)	[megabit]
data (de)	**données** (f pl)	[dɔne]
databank (de)	**base** (f) **de données**	[baz də dɔne]
kabel (USB-~, enz.)	**câble** (m)	[kabl]
afsluiten (ww)	**déconnecter** (vt)	[dekɔnɛkte]
aansluiten op (ww)	**connecter** (vt)	[kɔnɛkte]

140. Internet. E-mail

internet (het)	**Internet** (m)	[ɛ̃tɛrnɛt]
browser (de)	**navigateur** (m)	[navigatœr]
zoekmachine (de)	**moteur** (m) **de recherche**	[mɔtœr də rəʃɛrʃ]
internetprovider (de)	**fournisseur** (m) **d'accès**	[furnisœr daksɛ]
webmaster (de)	**administrateur** (m) **de site**	[administratœr də sit]
website (de)	**site** (m) **web**	[sit wɛb]
webpagina (de)	**page** (f) **web**	[paʒ wɛb]
adres (het)	**adresse** (f)	[adrɛs]
adresboek (het)	**carnet** (m) **d'adresses**	[karnɛ dadrɛs]
postvak (het)	**boîte** (f) **de réception**	[bwat də resɛpsjɔ̃]
post (de)	**courrier** (m)	[kurje]
bericht (het)	**message** (m)	[mesaʒ]
binnenkomende berichten (mv.)	**messages** (pl) **entrants**	[mesaʒ ɑ̃trɑ̃]
uitgaande berichten (mv.)	**messages** (pl) **sortants**	[mesaʒ sɔrtɑ̃]
verzender (de)	**expéditeur** (m)	[ɛkspeditœr]
verzenden (ww)	**envoyer** (vt)	[ɑ̃vwaje]
verzending (de)	**envoi** (m)	[ɑ̃vwa]
ontvanger (de)	**destinataire** (m)	[dɛstinatɛr]
ontvangen (ww)	**recevoir** (vt)	[rəsəvwar]
correspondentie (de)	**correspondance** (f)	[kɔrɛspɔ̃dɑ̃s]
corresponderen (met ...)	**être en correspondance**	[ɛtr ɑ̃ kɔrɛspɔ̃dɑ̃s]
bestand (het)	**fichier** (m)	[fiʃje]
downloaden (ww)	**télécharger** (vt)	[teleʃarʒe]
creëren (ww)	**créer** (vt)	[kree]
verwijderen (een bestand ~)	**supprimer** (vt)	[syprime]
verwijderd (bn)	**supprimé** (adj)	[syprime]
verbinding (de)	**connexion** (f)	[kɔnɛksjɔ̃]
snelheid (de)	**vitesse** (f)	[vitɛs]
modem (de)	**modem** (m)	[mɔdɛm]
toegang (de)	**accès** (m)	[aksɛ]
poort (de)	**port** (m)	[pɔr]
aansluiting (de)	**connexion** (f)	[kɔnɛksjɔ̃]

zich aansluiten (ww)	**se connecter à ...**	[sə kɔnɛkte a]
selecteren (ww)	**sélectionner** (vt)	[selɛksjɔne]
zoeken (ww)	**rechercher** (vt)	[rəʃɛrʃe]

Vervoer

141. Vliegtuig

vliegtuig (het)	**avion** (m)	[avjɔ̃]
vliegticket (het)	**billet** (m) **d'avion**	[bijɛ davjɔ̃]
luchtvaartmaatschappij (de)	**compagnie** (f) **aérienne**	[kɔ̃paɲi aerjɛn]
luchthaven (de)	**aéroport** (m)	[aerɔpɔr]
supersonisch (bn)	**supersonique** (adj)	[sypɛrsɔnik]
gezagvoerder (de)	**commandant** (m) **de bord**	[kɔmɑ̃dɑ̃ də bɔr]
bemanning (de)	**équipage** (m)	[ekipaʒ]
piloot (de)	**pilote** (m)	[pilɔt]
stewardess (de)	**hôtesse** (f) **de l'air**	[otɛs də lɛr]
stuurman (de)	**navigateur** (m)	[navigatœr]
vleugels (mv.)	**ailes** (f pl)	[ɛl]
staart (de)	**queue** (f)	[kø]
cabine (de)	**cabine** (f)	[kabin]
motor (de)	**moteur** (m)	[mɔtœr]
landingsgestel (het)	**train** (m) **d'atterrissage**	[trɛ̃ daterisaʒ]
turbine (de)	**turbine** (f)	[tyrbin]
propeller (de)	**hélice** (f)	[elis]
zwarte doos (de)	**boîte** (f) **noire**	[bwat nwar]
stuur (het)	**gouvernail** (m)	[guvɛrnaj]
brandstof (de)	**carburant** (m)	[karbyrɑ̃]
veiligheidskaart (de)	**consigne** (f) **de sécurité**	[kɔ̃siɲ də sekyrite]
zuurstofmasker (het)	**masque** (m) **à oxygène**	[mask ɑ ɔksiʒɛn]
uniform (het)	**uniforme** (m)	[ynifɔrm]
reddingsvest (de)	**gilet** (m) **de sauvetage**	[ʒilɛ də sovtaʒ]
parachute (de)	**parachute** (m)	[paraʃyt]
opstijgen (het)	**décollage** (m)	[dekɔlaʒ]
opstijgen (ww)	**décoller** (vi)	[dekɔle]
startbaan (de)	**piste** (f) **de décollage**	[pist dekɔlaʒ]
zicht (het)	**visibilité** (f)	[vizibilite]
vlucht (de)	**vol** (m)	[vɔl]
hoogte (de)	**altitude** (f)	[altityd]
luchtzak (de)	**trou** (m) **d'air**	[tru dɛr]
plaats (de)	**place** (f)	[plas]
koptelefoon (de)	**écouteurs** (m pl)	[ekutœr]
tafeltje (het)	**tablette** (f)	[tablɛt]
venster (het)	**hublot** (m)	[yblo]
gangpad (het)	**couloir** (m)	[kulwar]

142. Trein

trein (de)	**train** (m)	[trɛ̃]
elektrische trein (de)	**train** (m) **de banlieue**	[trɛ̃ də bɑ̃ljø]
sneltrein (de)	**TGV** (m)	[teʒeve]
diesellocomotief (de)	**locomotive** (f) **diesel**	[lɔkɔmɔtiv djezɛl]
locomotief (de)	**locomotive** (f) **à vapeur**	[lɔkɔmɔtiv ɑ vapœr]
rijtuig (het)	**wagon** (m)	[vagɔ̃]
restauratierijtuig (het)	**wagon-restaurant** (m)	[vagɔ̃rɛstɔrɑ̃]
rails (mv.)	**rails** (m pl)	[raj]
spoorweg (de)	**chemin** (m) **de fer**	[ʃəmɛ̃ də fɛr]
dwarsligger (de)	**traverse** (f)	[travɛrs]
perron (het)	**quai** (m)	[kɛ]
spoor (het)	**voie** (f)	[vwa]
semafoor (de)	**sémaphore** (m)	[semafɔr]
halte (bijv. kleine treinhalte)	**station** (f)	[stasjɔ̃]
machinist (de)	**conducteur** (m) **de train**	[kɔ̃dyktœr də trɛ̃]
kruier (de)	**porteur** (m)	[pɔrtœr]
conducteur (de)	**steward** (m)	[stiwart]
passagier (de)	**passager** (m)	[pɑsaʒe]
controleur (de)	**contrôleur** (m)	[kɔ̃trolœr]
gang (in een trein)	**couloir** (m)	[kulwar]
noodrem (de)	**frein** (m) **d'urgence**	[frɛ̃ dyrʒɑ̃s]
coupé (de)	**compartiment** (m)	[kɔ̃partimɑ̃]
bed (slaapplaats)	**couchette** (f)	[kuʃɛt]
bovenste bed (het)	**couchette** (f) **d'en haut**	[kuʃɛt dɛ̃ o]
onderste bed (het)	**couchette** (f) **d'en bas**	[kuʃɛt dɛ̃ba]
beddengoed (het)	**linge** (m) **de lit**	[lɛ̃ʒ də li]
kaartje (het)	**ticket** (m)	[tikɛ]
dienstregeling (de)	**horaire** (m)	[ɔrɛr]
informatiebord (het)	**tableau** (m) **d'informations**	[tablo dɛ̃fɔrmasjɔ̃]
vertrekken (De trein vertrekt ...)	**partir** (vi)	[partir]
vertrek (ov. een trein)	**départ** (m)	[depar]
aankomen (ov. de treinen)	**arriver** (vi)	[arive]
aankomst (de)	**arrivée** (f)	[arive]
aankomen per trein	**arriver en train**	[arive ɑ̃ trɛ̃]
in de trein stappen	**prendre le train**	[prɑ̃dr lə trɛ̃]
uit de trein stappen	**descendre du train**	[desɑ̃dr dy trɛ̃]
treinwrak (het)	**accident** (m) **ferroviaire**	[aksidɑ̃ ferɔvjɛr]
ontspoord zijn	**dérailler** (vi)	[deraje]
locomotief (de)	**locomotive** (f) **à vapeur**	[lɔkɔmɔtiv ɑ vapœr]
stoker (de)	**chauffeur** (m)	[ʃofœr]
stookplaats (de)	**chauffe** (f)	[ʃof]
steenkool (de)	**charbon** (m)	[ʃarbɔ̃]

143. Schip

schip (het)	**bateau** (m)	[bato]
vaartuig (het)	**navire** (m)	[navir]
stoomboot (de)	**bateau** (m) **à vapeur**	[bato ɑ vapœr]
motorschip (het)	**paquebot** (m)	[pakbo]
lijnschip (het)	**bateau** (m) **de croisière**	[bato də krwazjɛr]
kruiser (de)	**croiseur** (m)	[krwazœr]
jacht (het)	**yacht** (m)	[jot]
sleepboot (de)	**remorqueur** (m)	[rəmɔrkœr]
duwbak (de)	**péniche** (f)	[peniʃ]
ferryboot (de)	**ferry** (m)	[feri]
zeilboot (de)	**voilier** (m)	[vwalje]
brigantijn (de)	**brigantin** (m)	[brigɑ̃tɛ̃]
IJsbreker (de)	**brise-glace** (m)	[brizglas]
duikboot (de)	**sous-marin** (m)	[sumarɛ̃]
boot (de)	**canot** (m) **à rames**	[kano ɑ ram]
sloep (de)	**dinghy** (m)	[diŋgi]
reddingssloep (de)	**canot** (m) **de sauvetage**	[kano də sovtaʒ]
motorboot (de)	**canot** (m) **à moteur**	[kano ɑ mɔtœr]
kapitein (de)	**capitaine** (m)	[kapitɛn]
zeeman (de)	**matelot** (m)	[matlo]
matroos (de)	**marin** (m)	[marɛ̃]
bemanning (de)	**équipage** (m)	[ekipaʒ]
bootsman (de)	**maître** (m) **d'équipage**	[mɛtr dekipaʒ]
scheepsjongen (de)	**mousse** (m)	[mus]
kok (de)	**cuisinier** (m) **du bord**	[kɥizinje dy bɔr]
scheepsarts (de)	**médecin** (m) **de bord**	[medsɛ̃ də bɔr]
dek (het)	**pont** (m)	[pɔ̃]
mast (de)	**mât** (m)	[mɑ]
zeil (het)	**voile** (f)	[vwal]
ruim (het)	**cale** (f)	[kal]
voorsteven (de)	**proue** (f)	[pru]
achtersteven (de)	**poupe** (f)	[pup]
roeispaan (de)	**rame** (f)	[ram]
schroef (de)	**hélice** (f)	[elis]
kajuit (de)	**cabine** (f)	[kabin]
officierskamer (de)	**carré** (m) **des officiers**	[kare dezɔfisje]
machinekamer (de)	**salle** (f) **des machines**	[sal de maʃin]
brug (de)	**passerelle** (f)	[pɑsrɛl]
radiokamer (de)	**cabine** (f) **de T.S.F.**	[kabin də teɛsɛf]
radiogolf (de)	**onde** (f)	[ɔ̃d]
logboek (het)	**journal** (m) **de bord**	[ʒurnal də bɔr]
verrekijker (de)	**longue-vue** (f)	[lɔ̃gvy]
klok (de)	**cloche** (f)	[klɔʃ]

vlag (de)	**pavillon** (m)	[pavijɔ̃]
kabel (de)	**grosse corde** (f) **tressée**	[gros kɔrd trese]
knoop (de)	**nœud** (m) **marin**	[nø marɛ̃]
trapleuning (de)	**rampe** (f)	[rɑ̃p]
trap (de)	**passerelle** (f)	[pɑsrɛl]
anker (het)	**ancre** (f)	[ɑ̃kr]
het anker lichten	**lever l'ancre**	[ləve lɑ̃kr]
het anker neerlaten	**jeter l'ancre**	[ʒəte lɑ̃kr]
ankerketting (de)	**chaîne** (f) **d'ancrage**	[ʃɛn dɑ̃kraʒ]
haven (bijv. containerhaven)	**port** (m)	[pɔr]
kaai (de)	**embarcadère** (m)	[ɑ̃barkadɛr]
aanleggen (ww)	**accoster** (vi)	[akɔste]
wegvaren (ww)	**larguer les amarres**	[large lezamar]
reis (de)	**voyage** (m)	[vwajaʒ]
cruise (de)	**croisière** (f)	[krwazjɛr]
koers (de)	**cap** (m)	[kap]
route (de)	**itinéraire** (m)	[itinerɛr]
vaarwater (het)	**chenal** (m)	[ʃənal]
zandbank (de)	**bas-fond** (m)	[bafɔ̃]
stranden (ww)	**échouer sur un bas-fond**	[eʃwe syr œ̃ bafɔ̃]
storm (de)	**tempête** (f)	[tɑ̃pɛt]
signaal (het)	**signal** (m)	[siɲal]
zinken (ov. een boot)	**sombrer** (vi)	[sɔ̃bre]
Man overboord!	**Un homme à la mer!**	[ynɔm alamɛr]
SOS (noodsignaal)	**SOS** (m)	[ɛsoɛs]
reddingsboei (de)	**bouée** (f) **de sauvetage**	[bwe də sovtaʒ]

144. Vliegveld

luchthaven (de)	**aéroport** (m)	[aeropɔr]
vliegtuig (het)	**avion** (m)	[avjɔ̃]
luchtvaartmaatschappij (de)	**compagnie** (f) **aérienne**	[kɔ̃paɲi aerjɛn]
luchtverkeersleider (de)	**contrôleur** (m) **aérien**	[kɔ̃trolœr aerjɛ̃]
vertrek (het)	**départ** (m)	[depar]
aankomst (de)	**arrivée** (f)	[arive]
aankomen (per vliegtuig)	**arriver** (vi)	[arive]
vertrektijd (de)	**temps** (m) **de départ**	[tɑ̃ də depar]
aankomstuur (het)	**temps** (m) **d'arrivée**	[tɑ̃ darive]
vertraagd zijn (ww)	**être retardé**	[ɛtr rətarde]
vluchtvertraging (de)	**retard** (m) **de l'avion**	[rətar də lavjɔ̃]
informatiebord (het)	**tableau** (m) **d'informations**	[tablo dɛ̃fɔrmasjɔ̃]
informatie (de)	**information** (f)	[ɛ̃fɔrmasjɔ̃]
aankondigen (ww)	**annoncer** (vt)	[anɔ̃se]
vlucht (bijv. KLM ~)	**vol** (m)	[vɔl]

douane (de)	**douane** (f)	[dwan]
douanier (de)	**douanier** (m)	[dwanje]
douaneaangifte (de)	**déclaration** (f) **de douane**	[deklarasjɔ̃ də dwan]
een douaneaangifte invullen	**remplir la déclaration**	[rɑ̃plir la deklarasjɔ̃]
paspoortcontrole (de)	**contrôle** (m) **de passeport**	[kɔ̃trol də pɑspɔr]
bagage (de)	**bagage** (m)	[bagaʒ]
handbagage (de)	**bagage** (m) **à main**	[bagaʒ ɑ mɛ̃]
Gevonden voorwerpen	**service des objets trouvés**	[sɛrvis de ɔbʒɛ truve]
bagagekarretje (het)	**chariot** (m)	[ʃarjo]
landing (de)	**atterrissage** (m)	[aterisaʒ]
landingsbaan (de)	**piste** (f) **d'atterrissage**	[pist daterisaʒ]
landen (ww)	**atterrir** (vi)	[aterir]
vliegtuigtrap (de)	**escalier** (m) **d'avion**	[ɛskalje davjɔ̃]
inchecken (het)	**enregistrement** (m)	[ɑ̃rəʒistrəmɑ̃]
incheckbalie (de)	**comptoir** (m) **d'enregistrement**	[kɔ̃twar dɑ̃rəʒistrəmɑ̃]
inchecken (ww)	**s'enregistrer** (vp)	[sɑ̃rəʒistre]
instapkaart (de)	**carte** (f) **d'embarquement**	[kart dɑ̃barkəmɑ̃]
gate (de)	**porte** (f) **d'embarquement**	[pɔrt dɑ̃barkəmɑ̃]
transit (de)	**transit** (m)	[trɑ̃zit]
wachten (ww)	**attendre** (vt)	[atɑ̃dr]
wachtzaal (de)	**salle** (f) **d'attente**	[sal datɑ̃t]
begeleiden (uitwuiven)	**raccompagner** (vt)	[rakɔ̃paɲe]
afscheid nemen (ww)	**dire au revoir**	[dir ərəvwar]

145. Fiets. Motorfiets

fiets (de)	**vélo** (m)	[velo]
bromfiets (de)	**scooter** (m)	[skutœr]
motorfiets (de)	**moto** (f)	[mɔto]
met de fiets rijden	**faire du vélo**	[fɛr dy velo]
stuur (het)	**guidon** (m)	[gidɔ̃]
pedaal (de/het)	**pédale** (f)	[pedal]
remmen (mv.)	**freins** (m pl)	[frɛ̃]
fietszadel (de/het)	**selle** (f)	[sɛl]
pomp (de)	**pompe** (f)	[pɔ̃p]
bagagedrager (de)	**porte-bagages** (m)	[pɔrtbagaʒ]
fietslicht (het)	**phare** (m)	[far]
helm (de)	**casque** (m)	[kask]
wiel (het)	**roue** (f)	[ru]
spatbord (het)	**garde-boue** (m)	[gardəbu]
velg (de)	**jante** (f)	[ʒɑ̃t]
spaak (de)	**rayon** (m)	[rɛjɔ̃]

Auto's

146. Soorten auto's

auto (de)	**automobile** (f)	[otomɔbil]
sportauto (de)	**voiture** (f) **de sport**	[vwatyr də spɔr]
limousine (de)	**limousine** (f)	[limuzin]
terreinwagen (de)	**tout-terrain** (m)	[tutɛrɛ̃]
cabriolet (de)	**cabriolet** (m)	[kabrijɔlɛ]
minibus (de)	**minibus** (m)	[minibys]
ambulance (de)	**ambulance** (f)	[ɑ̃bylɑ̃s]
sneeuwruimer (de)	**chasse-neige** (m)	[ʃasnɛʒ]
vrachtwagen (de)	**camion** (m)	[kamjɔ̃]
tankwagen (de)	**camion-citerne** (m)	[kamjɔ̃ sitɛrn]
bestelwagen (de)	**fourgon** (m)	[furgɔ̃]
trekker (de)	**tracteur** (m) **routier**	[traktœr rutje]
aanhangwagen (de)	**remorque** (f)	[rəmɔrk]
comfortabel (bn)	**confortable** (adj)	[kɔ̃fɔrtabl]
tweedehands (bn)	**d'occasion** (adj)	[dɔkazjɔ̃]

147. Auto's. Carrosserie

motorkap (de)	**capot** (m)	[kapo]
spatbord (het)	**aile** (f)	[ɛl]
dak (het)	**toit** (m)	[twa]
voorruit (de)	**pare-brise** (m)	[parbriz]
achterruit (de)	**rétroviseur** (m)	[retrɔvizœr]
ruitensproeier (de)	**lave-glace** (m)	[lavglas]
wisserbladen (mv.)	**essuie-glace** (m)	[esɥiglas]
zijruit (de)	**fenêtre** (f) **latéral**	[fənɛtr lateral]
raamlift (de)	**lève-glace** (m)	[lɛvglas]
antenne (de)	**antenne** (f)	[ɑ̃tɛn]
zonnedak (het)	**toit** (m) **ouvrant**	[twa uvrɑ̃]
bumper (de)	**pare-chocs** (m)	[parʃɔk]
koffer (de)	**coffre** (m)	[kɔfr]
imperiaal (de/het)	**galerie** (f) **de toit**	[galri də twa]
portier (het)	**portière** (f)	[pɔrtjɛr]
handvat (het)	**poignée** (f)	[pwaɲe]
slot (het)	**serrure** (f)	[seryr]
nummerplaat (de)	**plaque** (f) **d'immatriculation**	[plak dimatrikylasjɔ̃]
knalpot (de)	**silencieux** (m)	[silɑ̃sjø]

benzinetank (de)	**réservoir** (m) **d'essence**	[rezɛrvwar desɑ̃s]
uitlaatpijp (de)	**pot** (m) **d'échappement**	[po deʃapmɑ̃]
gas (het)	**accélérateur** (m)	[akseleratœr]
pedaal (de/het)	**pédale** (f)	[pedal]
gaspedaal (de/het)	**pédale** (f) **d'accélérateur**	[pedal dakseleratœr]
rem (de)	**frein** (m)	[frɛ̃]
rempedaal (de/het)	**pédale** (f) **de frein**	[pedal də frɛ̃]
remmen (ww)	**freiner** (vi)	[frene]
handrem (de)	**frein** (m) **à main**	[frɛ̃ ɑ mɛ̃]
koppeling (de)	**embrayage** (m)	[ɑ̃brɛjaʒ]
koppelingspedaal (de/het)	**pédale** (f) **d'embrayage**	[pedal dɑ̃brɛjaʒ]
koppelingsschijf (de)	**disque** (m) **d'embrayage**	[disk sede]
schokdemper (de)	**amortisseur** (m)	[amɔrtisœr]
wiel (het)	**roue** (f)	[ru]
reservewiel (het)	**roue** (f) **de rechange**	[ru də rəʃɑ̃ʒ]
band (de)	**pneu** (m)	[pnø]
wieldop (de)	**enjoliveur** (m)	[ɑ̃ʒɔlivœr]
aandrijfwielen (mv.)	**roues** (f pl) **motrices**	[ru mɔtris]
met voorwielaandrijving	**à traction avant**	[a traksjɔn avɑ̃]
met achterwielaandrijving	**à traction arrière**	[a traksjɔn arjɛr]
met vierwielaandrijving	**à traction intégrale**	[a traksjɔn ɛ̃tegral]
versnellingsbak (de)	**boîte** (f) **de vitesses**	[bwat də vitɛs]
automatisch (bn)	**automatique** (adj)	[ɔtɔmatik]
mechanisch (bn)	**mécanique** (adj)	[mekanik]
versnellingspook (de)	**levier** (m) **de vitesse**	[ləvje də vitɛs]
voorlicht (het)	**phare** (m)	[far]
voorlichten (mv.)	**feux** (m pl)	[fø]
dimlicht (het)	**feux** (m pl) **de croisement**	[fø də krwazmɑ̃]
grootlicht (het)	**feux** (m pl) **de route**	[fø də rut]
stoplicht (het)	**feux** (m pl) **stop**	[fø stɔp]
standlichten (mv.)	**feux** (m pl) **de position**	[fø də pozisjɔ̃]
noodverlichting (de)	**feux** (m pl) **de détresse**	[fø də detrɛs]
mistlichten (mv.)	**feux** (m pl) **de brouillard**	[fø də brujar]
pinker (de)	**clignotant** (m)	[kliɲɔtɑ̃]
achteruitrijdlicht (het)	**feux** (m pl) **de recul**	[fø də rəkyl]

148. Auto's. Passagiersruimte

interieur (het)	**habitacle** (m)	[abitakl]
leren (van leer gemaakt)	**en cuir** (adj)	[ɑ̃ kɥir]
fluwelen (abn)	**en velours** (adj)	[ɑ̃ vəlur]
bekleding (de)	**revêtement** (m)	[rəvɛtmɑ̃]
toestel (het)	**instrument** (m)	[ɛ̃strymɑ̃]
instrumentenbord (het)	**tableau** (m) **de bord**	[tablo də bɔr]

snelheidsmeter (de)	**indicateur** (m) **de vitesse**	[ɛ̃dikatœr də vitɛs]
pijltje (het)	**aiguille** (f)	[egɥij]
kilometerteller (de)	**compteur** (m) **de kilomètres**	[kɔ̃tœr də kilɔmɛtr]
sensor (de)	**indicateur** (m)	[ɛ̃dikatœr]
niveau (het)	**niveau** (m)	[nivo]
controlelampje (het)	**témoin** (m)	[temwɛ̃]
stuur (het)	**volant** (m)	[vɔlɑ̃]
toeter (de)	**klaxon** (m)	[klaksɔn]
knopje (het)	**bouton** (m)	[butɔ̃]
schakelaar (de)	**interrupteur** (m)	[ɛ̃teryptœr]
stoel (bestuurders~)	**siège** (m)	[sjɛʒ]
rugleuning (de)	**dossier** (m)	[dosje]
hoofdsteun (de)	**appui-tête** (m)	[apɥitɛt]
veiligheidsgordel (de)	**ceinture** (f) **de sécurité**	[sɛ̃tyr də sekyrite]
de gordel aandoen	**mettre la ceinture**	[mɛtr la sɛ̃tyr]
regeling (de)	**réglage** (m)	[reglaʒ]
airbag (de)	**airbag** (m)	[ɛrbag]
airconditioner (de)	**climatiseur** (m)	[klimatizœr]
radio (de)	**radio** (f)	[radjo]
CD-speler (de)	**lecteur** (m) **de CD**	[lɛktœr də sede]
aanzetten (bijv. radio ~)	**allumer** (vt)	[alyme]
antenne (de)	**antenne** (f)	[ɑ̃tɛn]
handschoenenkastje (het)	**boîte** (f) **à gants**	[bwat ɑ gɑ̃]
asbak (de)	**cendrier** (m)	[sɑ̃drije]

149. Auto's. Motor

motor (de)	**moteur** (m)	[mɔtœr]
diesel- (abn)	**diesel** (adj)	[djezɛl]
benzine- (~motor)	**à essence** (adj)	[ɑ esɑ̃s]
motorinhoud (de)	**capacité** (f) **du moteur**	[kapasite dy mɔtœr]
vermogen (het)	**puissance** (f)	[pɥisɑ̃s]
paardenkracht (de)	**cheval-vapeur** (m)	[ʃəvalvapœr]
zuiger (de)	**piston** (m)	[pistɔ̃]
cilinder (de)	**cylindre** (m)	[silɛ̃dr]
klep (de)	**soupape** (f)	[supap]
injectie (de)	**injecteur** (m)	[ɛ̃ʒɛktœr]
generator (de)	**générateur** (m)	[ʒeneratœr]
carburator (de)	**carburateur** (m)	[karbyratœr]
motorolie (de)	**huile** (f) **moteur**	[ɥil mɔtœr]
radiator (de)	**radiateur** (m)	[radjatœr]
koelvloeistof (de)	**liquide** (m) **de refroidissement**	[likid də rəfrwadismɑ̃]
ventilator (de)	**ventilateur** (m)	[vɑ̃tilatœr]
accu (de)	**batterie** (f)	[batri]
starter (de)	**starter** (m)	[stɑ̃dar]

contact (ontsteking)	**allumage** (m)	[alymaʒ]
bougie (de)	**bougie** (f) **d'allumage**	[buʒi dalymaʒ]
pool (de)	**borne** (f)	[bɔrn]
positieve pool (de)	**borne** (f) **positive**	[bɔrn pozitiv]
negatieve pool (de)	**borne** (f) **négative**	[bɔrn negativ]
zekering (de)	**fusible** (m)	[fyzibl]
luchtfilter (de)	**filtre** (m) **à air**	[filtr ɑ ɛr]
oliefilter (de)	**filtre** (m) **à huile**	[filtr ɑ ɥil]
benzinefilter (de)	**filtre** (m) **à essence**	[filtr ɑ esɑ̃s]

150. Auto's. Botsing. Reparatie

auto-ongeval (het)	**accident** (m)	[aksidɑ̃]
verkeersongeluk (het)	**accident** (m) **de route**	[aksidɑ̃ də rut]
aanrijden (tegen een boom, enz.)	**percuter contre ...**	[pɛrkyte kɔ̃tr]
verongelukken (ww)	**s'écraser** (vp)	[sekraze]
beschadiging (de)	**dégât** (m)	[dega]
heelhuids (bn)	**intact** (adj)	[ɛ̃takt]
pech (de)	**panne** (f)	[pan]
kapot gaan (zijn gebroken)	**tomber en panne**	[tɔ̃be ɑ̃ pan]
sleeptouw (het)	**corde** (f) **de remorquage**	[kɔrd də rəmɔrkaʒ]
lek (het)	**crevaison** (f)	[krəvɛzɔ̃]
lekke krijgen (band)	**crever** (vi)	[krəve]
oppompen (ww)	**gonfler** (vt)	[gɔ̃fle]
druk (de)	**pression** (f)	[prɛsjɔ̃]
checken (controleren)	**vérifier** (vt)	[verifje]
reparatie (de)	**réparation** (f)	[reparasjɔ̃]
garage (de)	**garage** (m)	[garaʒ]
wisselstuk (het)	**pièce** (f) **détachée**	[pjɛs detaʃe]
onderdeel (het)	**pièce** (f)	[pjɛs]
bout (de)	**boulon** (m)	[bulɔ̃]
schroef (de)	**vis** (f)	[vis]
moer (de)	**écrou** (m)	[ekru]
sluitring (de)	**rondelle** (f)	[rɔ̃dɛl]
kogellager (de/het)	**palier** (m)	[palje]
pijp (de)	**tuyau** (m)	[tɥijo]
pakking (de)	**joint** (m)	[ʒwɛ̃]
kabel (de)	**fil** (m)	[fil]
dommekracht (de)	**cric** (m)	[krik]
moersleutel (de)	**clé** (f) **de serrage**	[kle də seraʒ]
hamer (de)	**marteau** (m)	[marto]
pomp (de)	**pompe** (f)	[pɔ̃p]
schroevendraaier (de)	**tournevis** (m)	[turnəvis]
brandblusser (de)	**extincteur** (m)	[ɛkstɛ̃ktœr]
gevarendriehoek (de)	**triangle** (m) **de signalisation**	[trijɑ̃gl də siɲalizasjɔ̃]

afslaan (ophouden te werken)	**caler** (vi)	[kale]
zijn gebroken	**être en panne**	[ɛtr ɑ̃ pan]
oververhitten (ww)	**surchauffer** (vi)	[syrʃofe]
verstopt raken (ww)	**se boucher** (vp)	[sə buʃe]
bevriezen (autodeur, enz.)	**geler** (vi)	[ʒəle]
barsten (leidingen, enz.)	**éclater** (vi) **(tuyau, etc.)**	[eklate]
druk (de)	**pression** (f)	[prɛsjɔ̃]
niveau (bijv. olieniveau)	**niveau** (m)	[nivo]
slap (de drijfriem is ~)	**lâche** (adj)	[laʃ]
deuk (de)	**fosse** (f)	[fos]
geklop (vreemde geluiden)	**bruit** (m)	[brɥi]
barst (de)	**fissure** (f)	[fisyr]
kras (de)	**égratignure** (f)	[egratiɲyr]

151. Auto's. Weg

weg (de)	**route** (f)	[rut]
snelweg (de)	**grande route** (f)	[grɑ̃d rut]
autoweg (de)	**autoroute** (f)	[otorut]
richting (de)	**direction** (f)	[dirɛksjɔ̃]
afstand (de)	**distance** (f)	[distɑ̃s]
brug (de)	**pont** (m)	[pɔ̃]
parking (de)	**parking** (m)	[parkiŋ]
plein (het)	**place** (f)	[plas]
verkeersknooppunt (het)	**échangeur** (m)	[eʃɑ̃ʒœr]
tunnel (de)	**tunnel** (m)	[tynɛl]
benzinestation (het)	**station-service** (f)	[stasjɔ̃sɛrvis]
parking (de)	**parking** (m)	[parkiŋ]
benzinepomp (de)	**poste** (m) **d'essence**	[pɔst desɑ̃s]
garage (de)	**garage** (m)	[garaʒ]
tanken (ww)	**se ravitailler** (vp)	[sə ravitaje]
brandstof (de)	**carburant** (m)	[karbyrɑ̃]
jerrycan (de)	**jerrycan** (m)	[ʒerikan]
asfalt (het)	**asphalte** (m)	[asfalt]
markering (de)	**marquage** (m)	[markaʒ]
trottoirband (de)	**bordure** (f)	[bɔrdyr]
geleiderail (de)	**barrière** (f) **de sécurité**	[barjɛr də sekyrite]
greppel (de)	**fossé** (m)	[fose]
vluchtstrook (de)	**bas-côté** (m)	[bakote]
lichtmast (de)	**réverbère** (m)	[revɛrbɛr]
besturen (een auto ~)	**conduire** (vt)	[kɔ̃dɥir]
afslaan (naar rechts ~)	**tourner** (vi)	[turne]
U-bocht maken (ww)	**faire un demi-tour**	[fɛr œ̃ dəmitur]
achteruit (de)	**marche** (f) **arrière**	[marʃ arjɛr]
toeteren (ww)	**klaxonner** (vi)	[klaksɔne]
toeter (de)	**coup** (m) **de klaxon**	[ku də klaksɔn]

vastzitten (in modder)	**s'embourber** (vp)	[sɑ̃burbe]
spinnen (wielen gaan ~)	**déraper** (vi)	[derape]
uitzetten (ww)	**couper** (vt)	[kupe]
snelheid (de)	**vitesse** (f)	[vitɛs]
een snelheidsovertreding maken	**dépasser la vitesse**	[depase la vitɛs]
bekeuren (ww)	**mettre une amende à qn**	[mɛtr yn amɑ̃d]
verkeerslicht (het)	**feux** (m pl) **de circulation**	[fø də sirkylasjɔ̃]
rijbewijs (het)	**permis** (m) **de conduire**	[pɛrmi də kɔ̃dɥir]
overgang (de)	**passage** (m) **à niveau**	[pɑsaʒ ɑ nivo]
kruispunt (het)	**carrefour** (m)	[karfur]
zebrapad (oversteekplaats)	**passage** (m) **piéton**	[pɑsaʒ pjetɔ̃]
bocht (de)	**virage** (m)	[viraʒ]
voetgangerszone (de)	**zone** (f) **piétonne**	[zon pjetɔn]

MENSEN. GEBEURTENISSEN IN HET LEVEN

Gebeurtenissen in het leven

152. Vakanties. Evenement

feest (het)	**fête** (f)	[fɛt]
nationale feestdag (de)	**fête** (f) **nationale**	[fɛt nasjɔnal]
feestdag (de)	**jour** (m) **férié**	[ʒur ferje]
herdenken (ww)	**célébrer** (vt)	[selebre]
gebeurtenis (de)	**événement** (m)	[evɛnmɑ̃]
evenement (het)	**événement** (m)	[evɛnmɑ̃]
banket (het)	**banquet** (m)	[bɑ̃kɛ]
receptie (de)	**réception** (f)	[resɛpsjɔ̃]
feestmaal (het)	**festin** (m)	[fɛstɛ̃]
verjaardag (de)	**anniversaire** (m)	[anivɛrsɛr]
jubileum (het)	**jubilé** (m)	[ʒybile]
vieren (ww)	**fêter, célébrer**	[fete], [selebre]
Nieuwjaar (het)	**Nouvel An** (m)	[nuvɛl ɑ̃]
Gelukkig Nieuwjaar!	**Bonne année!**	[bɔn ane]
Sinterklaas (de)	**Père Noël** (m)	[pɛr nɔɛl]
Kerstfeest (het)	**Noël** (m)	[nɔɛl]
Vrolijk kerstfeest!	**Joyeux Noël!**	[ʒwajø nɔɛl]
kerstboom (de)	**arbre** (m) **de Noël**	[arbr də nɔɛl]
vuurwerk (het)	**feux** (m pl) **d'artifice**	[fø dartifis]
bruiloft (de)	**mariage** (m)	[marjaʒ]
bruidegom (de)	**fiancé** (m)	[fijɑ̃se]
bruid (de)	**fiancée** (f)	[fijɑ̃se]
uitnodigen (ww)	**inviter** (vt)	[ɛ̃vite]
uitnodiging (de)	**lettre** (f) **d'invitation**	[lɛtr dɛ̃vitasjɔ̃]
gast (de)	**invité** (m)	[ɛ̃vite]
op bezoek gaan	**visiter** (vt)	[vizite]
gasten verwelkomen	**accueillir les invités**	[akœjir lezɛ̃vite]
geschenk, cadeau (het)	**cadeau** (m)	[kado]
geven (iets cadeau ~)	**offrir** (vt)	[ɔfrir]
geschenken ontvangen	**recevoir des cadeaux**	[rəsəvwar de kado]
boeket (het)	**bouquet** (m)	[bukɛ]
felicitaties (mv.)	**félicitations** (f pl)	[felisitasjɔ̃]
feliciteren (ww)	**féliciter** (vt)	[felisite]
wenskaart (de)	**carte** (f) **de veux**	[kart də vœ]

een kaartje versturen	**envoyer une carte**	[ɑ̃vwaje yn kart]
een kaartje ontvangen	**recevoir une carte**	[rəsəvwar yn kart]
toast (de)	**toast** (m)	[tost]
aanbieden (een drankje ~)	**offrir** (vt)	[ɔfrir]
champagne (de)	**champagne** (m)	[ʃɑ̃paɲ]
plezier hebben (ww)	**s'amuser** (vp)	[samyze]
plezier (het)	**gaieté** (f)	[gete]
vreugde (de)	**joie** (f)	[ʒwa]
dans (de)	**danse** (f)	[dɑ̃s]
dansen (ww)	**danser** (vi, vt)	[dɑ̃se]
wals (de)	**valse** (f)	[vals]
tango (de)	**tango** (m)	[tɑ̃go]

153. Begrafenissen. Begrafenis

kerkhof (het)	**cimetière** (m)	[simɑ̃tje]
graf (het)	**tombe** (f)	[tɔ̃b]
kruis (het)	**croix** (f)	[krwa]
grafsteen (de)	**pierre** (f) **tombale**	[pjɛr tɔ̃bal]
omheining (de)	**clôture** (f)	[klotyr]
kapel (de)	**chapelle** (f)	[ʃapɛl]
dood (de)	**mort** (f)	[mɔr]
sterven (ww)	**mourir** (vi)	[murir]
overledene (de)	**défunt** (m)	[defœ̃]
rouw (de)	**deuil** (m)	[dœj]
begraven (ww)	**enterrer** (vt)	[ɑ̃tere]
begrafenisonderneming (de)	**maison** (f) **funéraire**	[mɛzɔ̃ fynerɛr]
begrafenis (de)	**enterrement** (m)	[ɑ̃tɛrmɑ̃]
krans (de)	**couronne** (f)	[kurɔn]
doodskist (de)	**cercueil** (m)	[sɛrkœj]
lijkwagen (de)	**corbillard** (m)	[kɔrbijar]
lijkkleed (de)	**linceul** (m)	[lɛ̃sœl]
begrafenisstoet (de)	**cortège** (m) **funèbre**	[kɔrtɛʒ fynɛbr]
urn (de)	**urne** (f) **funéraire**	[yrn fynerɛr]
crematorium (het)	**crématoire** (m)	[krematwar]
overlijdensbericht (het)	**nécrologue** (m)	[nekrɔlɔg]
huilen (wenen)	**pleurer** (vi)	[plœre]
snikken (huilen)	**sangloter** (vi)	[sɑ̃glɔte]

154. Oorlog. Soldaten

peloton (het)	**section** (f)	[sɛksjɔ̃]
compagnie (de)	**compagnie** (f)	[kɔ̃paɲi]

regiment (het)	**régiment** (m)	[reʒimɑ̃]
leger (armee)	**armée** (f)	[arme]
divisie (de)	**division** (f)	[divizjɔ̃]
sectie (de)	**détachement** (m)	[detaʃmɑ̃]
troep (de)	**armée** (f)	[arme]
soldaat (militair)	**soldat** (m)	[sɔlda]
officier (de)	**officier** (m)	[ɔfisje]
soldaat (rang)	**soldat** (m)	[sɔlda]
sergeant (de)	**sergent** (m)	[sɛrʒɑ̃]
luitenant (de)	**lieutenant** (m)	[ljøtnɑ̃]
kapitein (de)	**capitaine** (m)	[kapitɛn]
majoor (de)	**commandant** (m)	[kɔmɑ̃dɑ̃]
kolonel (de)	**colonel** (m)	[kɔlɔnɛl]
generaal (de)	**général** (m)	[ʒeneral]
matroos (de)	**marin** (m)	[marɛ̃]
kapitein (de)	**capitaine** (m)	[kapitɛn]
bootsman (de)	**maître** (m) **d'équipage**	[mɛtr dekipaʒ]
artillerist (de)	**artilleur** (m)	[artijœr]
valschermjager (de)	**parachutiste** (m)	[paraʃytist]
piloot (de)	**pilote** (m)	[pilɔt]
stuurman (de)	**navigateur** (m)	[navigatœr]
mecanicien (de)	**mécanicien** (m)	[mekanisjɛ̃]
sappeur (de)	**démineur** (m)	[deminœr]
parachutist (de)	**parachutiste** (m)	[paraʃytist]
verkenner (de)	**éclaireur** (m)	[eklɛrœr]
scherpschutter (de)	**tireur** (m) **d'élite**	[tirœr delit]
patrouille (de)	**patrouille** (f)	[patruj]
patrouilleren (ww)	**patrouiller** (vi)	[patruje]
wacht (de)	**sentinelle** (f)	[sɑ̃tinɛl]
krijger (de)	**guerrier** (m)	[gɛrje]
held (de)	**héros** (m)	[ero]
heldin (de)	**héroïne** (f)	[erɔin]
patriot (de)	**patriote** (m)	[patrijɔt]
verrader (de)	**traître** (m)	[trɛtr]
verraden (ww)	**trahir** (vt)	[trair]
deserteur (de)	**déserteur** (m)	[dezɛrtœr]
deserteren (ww)	**déserter** (vt)	[dezɛrte]
huurling (de)	**mercenaire** (m)	[mɛrsənɛr]
rekruut (de)	**recrue** (f)	[rəkry]
vrijwilliger (de)	**volontaire** (m)	[vɔlɔ̃tɛr]
gedode (de)	**mort** (m)	[mɔr]
gewonde (de)	**blessé** (m)	[blese]
krijgsgevangene (de)	**prisonnier** (m) **de guerre**	[prizɔnje də gɛr]

155. Oorlog. Militaire acties. Deel 1

oorlog (de)	**guerre** (f)	[gɛr]
oorlog voeren (ww)	**faire la guerre**	[fɛr la gɛr]
burgeroorlog (de)	**guerre** (f) **civile**	[gɛr sivil]
achterbaks (bw)	**perfidement** (adv)	[pɛrfidmɑ̃]
oorlogsverklaring (de)	**déclaration** (f) **de guerre**	[deklarasjɔ̃ də gɛr]
verklaren (de oorlog ~)	**déclarer** (vt)	[deklare]
agressie (de)	**agression** (f)	[agrɛsjɔ̃]
aanvallen (binnenvallen)	**attaquer** (vt)	[atake]
binnenvallen (ww)	**envahir** (vt)	[ɑ̃vair]
invaller (de)	**envahisseur** (m)	[ɑ̃vaisœr]
veroveraar (de)	**conquérant** (m)	[kɔ̃kerɑ̃]
verdediging (de)	**défense** (f)	[defɑ̃s]
verdedigen (je land ~)	**défendre** (vt)	[defɑ̃dr]
zich verdedigen (ww)	**se défendre** (vp)	[sə defɑ̃dr]
vijand (de)	**ennemi** (m)	[ɛnmi]
tegenstander (de)	**adversaire** (m)	[advɛrsɛr]
vijandelijk (bn)	**ennemi** (adj)	[ɛnmi]
strategie (de)	**stratégie** (f)	[strateʒi]
tactiek (de)	**tactique** (f)	[taktik]
order (de)	**ordre** (m)	[ɔrdr]
bevel (het)	**commande** (f)	[kɔmɑ̃d]
bevelen (ww)	**ordonner** (vt)	[ɔrdɔne]
opdracht (de)	**mission** (f)	[misjɔ̃]
geheim (bn)	**secret** (adj)	[səkrɛ]
slag (de)	**bataille** (f)	[bataj]
strijd (de)	**combat** (m)	[kɔ̃ba]
aanval (de)	**attaque** (f)	[atak]
bestorming (de)	**assaut** (m)	[aso]
bestormen (ww)	**prendre d'assaut**	[prɑ̃dr daso]
bezetting (de)	**siège** (m)	[sjɛʒ]
aanval (de)	**offensive** (f)	[ɔfɑ̃siv]
in het offensief te gaan	**passer à l'offensive**	[pɑse ɑ lɔfɑ̃siv]
terugtrekking (de)	**retraite** (f)	[rətrɛt]
zich terugtrekken (ww)	**faire retraite**	[fɛr rətrɛt]
omsingeling (de)	**encerclement** (m)	[ɑ̃sɛrkləmɑ̃]
omsingelen (ww)	**encercler** (vt)	[ɑ̃sɛrkle]
bombardement (het)	**bombardement** (m)	[bɔ̃bardəmɑ̃]
een bom gooien	**lancer une bombe**	[lɑ̃se yn bɔ̃b]
bombarderen (ww)	**bombarder** (vt)	[bɔ̃barde]
ontploffing (de)	**explosion** (f)	[ɛksplozjɔ̃]
schot (het)	**coup** (m) **de feu**	[ku də fø]

een schot lossen	**tirer un coup de feu**	[tire œ̃ ku də fø]
schieten (het)	**fusillade** (f)	[fyzijad]
mikken op (ww)	**viser** (vt)	[vize]
aanleggen (een wapen ~)	**pointer (sur ...)**	[pwɛ̃te syr]
treffen (doelwit ~)	**atteindre** (vt)	[atɛ̃dr]
zinken (tot zinken brengen)	**faire sombrer**	[fɛr sɔ̃bre]
kogelgat (het)	**trou** (m)	[tru]
zinken (gezonken zijn)	**sombrer** (vi)	[sɔ̃bre]
front (het)	**front** (m)	[frɔ̃]
hinterland (het)	**arrière front** (m)	[arjɛr frɔ̃]
evacuatie (de)	**évacuation** (f)	[evakɥasjɔ̃]
evacueren (ww)	**évacuer** (vt)	[evakɥe]
loopgraaf (de)	**tranchée** (f)	[trɑ̃ʃe]
prikkeldraad (de)	**barbelés** (m pl)	[barbəle]
verdedigingsobstakel (het)	**barrage** (m)	[baraʒ]
wachttoren (de)	**tour** (f) **de guet**	[tur də gɛ]
hospitaal (het)	**hôpital** (m)	[ɔpital]
verwonden (ww)	**blesser** (vt)	[blese]
wond (de)	**blessure** (f)	[blesyr]
gewonde (de)	**blessé** (m)	[blese]
gewond raken (ww)	**être blessé**	[ɛtr blese]
ernstig (~e wond)	**grave** (adj)	[grav]

156. Wapens

wapens (mv.)	**arme** (f)	[arm]
vuurwapens (mv.)	**armes** (f pl) **à feu**	[arm ɑ fø]
koude wapens (mv.)	**armes** (f pl) **blanches**	[arm blɑ̃ʃ]
chemische wapens (mv.)	**arme** (f) **chimique**	[arm ʃimik]
kern-, nucleair (bn)	**nucléaire** (adj)	[nykleɛr]
kernwapens (mv.)	**arme** (f) **nucléaire**	[arm nykleɛr]
bom (de)	**bombe** (f)	[bɔ̃b]
atoombom (de)	**bombe** (f) **atomique**	[bɔ̃b atɔmik]
pistool (het)	**pistolet** (m)	[pistɔlɛ]
geweer (het)	**fusil** (m)	[fyzi]
machinepistool (het)	**mitraillette** (f)	[mitrɑjɛt]
machinegeweer (het)	**mitrailleuse** (f)	[mitrɑjøz]
loop (schietbuis)	**bouche** (f)	[buʃ]
loop (bijv. geweer met kortere ~)	**canon** (m)	[kanɔ̃]
kaliber (het)	**calibre** (m)	[kalibr]
trekker (de)	**gâchette** (f)	[gaʃɛt]
korrel (de)	**mire** (f)	[mir]
magazijn (het)	**magasin** (m)	[magazɛ̃]

geweerkolf (de)	**crosse** (f)	[krɔs]
granaat (handgranaat)	**grenade** (f)	[grənad]
explosieven (mv.)	**explosif** (m)	[ɛksplozif]
kogel (de)	**balle** (f)	[bal]
patroon (de)	**cartouche** (f)	[kartuʃ]
lading (de)	**charge** (f)	[ʃarʒ]
ammunitie (de)	**munitions** (f pl)	[mynisjɔ̃]
bommenwerper (de)	**bombardier** (m)	[bɔ̃bardje]
straaljager (de)	**avion** (m) **de chasse**	[avjɔ̃ də ʃas]
helikopter (de)	**hélicoptère** (m)	[elikɔptɛr]
afweergeschut (het)	**pièce** (f) **de D.C.A.**	[pjɛs də desea]
tank (de)	**char** (m)	[ʃar]
kanon (tank met een ~ van 76 mm)	**canon** (m)	[kanɔ̃]
artillerie (de)	**artillerie** (f)	[artijri]
kanon (het)	**canon** (m)	[kanɔ̃]
aanleggen (een wapen ~)	**pointer sur ...**	[pwɛ̃te syr]
projectiel (het)	**obus** (m)	[ɔby]
mortiergranaat (de)	**obus** (m) **de mortier**	[ɔby də mɔrtje]
mortier (de)	**mortier** (m)	[mɔrtje]
granaatscherf (de)	**éclat** (m) **d'obus**	[ekla dɔby]
duikboot (de)	**sous-marin** (m)	[sumarɛ̃]
torpedo (de)	**torpille** (f)	[tɔrpij]
raket (de)	**missile** (m)	[misil]
laden (geweer, kanon)	**charger** (vt)	[ʃarʒe]
schieten (ww)	**tirer** (vi)	[tire]
richten op (mikken)	**viser** (vt)	[vize]
bajonet (de)	**baïonnette** (f)	[bajɔnɛt]
degen (de)	**épée** (f)	[epe]
sabel (de)	**sabre** (m)	[sabr]
speer (de)	**lance** (f)	[lɑ̃s]
boog (de)	**arc** (m)	[ark]
pijl (de)	**flèche** (f)	[flɛʃ]
musket (de)	**mousquet** (m)	[muskɛ]
kruisboog (de)	**arbalète** (f)	[arbalɛt]

157. Oude mensen

primitief (bn)	**primitif** (adj)	[primitif]
voorhistorisch (bn)	**préhistorique** (adj)	[preistɔrik]
eeuwenoude (~ beschaving)	**ancien** (adj)	[ɑ̃sjɛ̃]
Steentijd (de)	**Âge** (m) **de Pierre**	[ɑʒ də pjɛr]
Bronstijd (de)	**Âge** (m) **de Bronze**	[ɑʒ də brɔ̃z]
IJstijd (de)	**période** (f) **glaciaire**	[perjɔd glasjɛr]
stam (de)	**tribu** (f)	[triby]

menseneter (de)	**cannibale** (m)	[kanibal]
jager (de)	**chasseur** (m)	[ʃasœr]
jagen (ww)	**chasser** (vi, vt)	[ʃase]
mammoet (de)	**mammouth** (m)	[mamut]
grot (de)	**caverne** (f)	[kavɛrn]
vuur (het)	**feu** (m)	[fø]
kampvuur (het)	**feu** (m) **de bois**	[fø də bwa]
rotstekening (de)	**dessin** (m) **rupestre**	[desɛ̃ rypɛstr]
werkinstrument (het)	**outil** (m)	[uti]
speer (de)	**lance** (f)	[lɑ̃s]
stenen bijl (de)	**hache** (f) **en pierre**	[aʃɑ̃ pjɛr]
oorlog voeren (ww)	**faire la guerre**	[fɛr la gɛr]
temmen (bijv. wolf ~)	**domestiquer** (vt)	[dɔmɛstike]
idool (het)	**idole** (f)	[idɔl]
aanbidden (ww)	**adorer, vénérer** (vt)	[adɔre], [venere]
bijgeloof (het)	**superstition** (f)	[sypɛrstisjɔ̃]
ritueel (het)	**rite** (m)	[rit]
evolutie (de)	**évolution** (f)	[evɔlysjɔ̃]
ontwikkeling (de)	**développement** (m)	[devlɔpmɑ̃]
verdwijning (de)	**disparition** (f)	[disparisjɔ̃]
zich aanpassen (ww)	**s'adapter** (vp)	[sadapte]
archeologie (de)	**archéologie** (f)	[arkeɔlɔʒi]
archeoloog (de)	**archéologue** (m)	[arkeɔlɔg]
archeologisch (bn)	**archéologique** (adj)	[arkeɔlɔʒik]
opgravingsplaats (de)	**site** (m) **d'excavation**	[sit dɛkskavasjɔ̃]
opgravingen (mv.)	**fouilles** (f pl)	[fuj]
vondst (de)	**trouvaille** (f)	[truvaj]
fragment (het)	**fragment** (m)	[fragmɑ̃]

158. Middeleeuwen

volk (het)	**peuple** (m)	[pœpl]
volkeren (mv.)	**peuples** (m pl)	[pœpl]
stam (de)	**tribu** (f)	[triby]
stammen (mv.)	**tribus** (f pl)	[triby]
barbaren (mv.)	**Barbares** (m pl)	[barbar]
Galliërs (mv.)	**Gaulois** (m pl)	[golwa]
Goten (mv.)	**Goths** (m pl)	[go]
Slaven (mv.)	**Slaves** (m pl)	[slav]
Vikings (mv.)	**Vikings** (m pl)	[vikiŋ]
Romeinen (mv.)	**Romains** (m pl)	[rɔmɛ̃]
Romeins (bn)	**romain** (adj)	[rɔmɛ̃]
Byzantijnen (mv.)	**byzantins** (m pl)	[bizɑ̃tɛ̃]
Byzantium (het)	**Byzance** (f)	[bizɑ̃s]
Byzantijns (bn)	**byzantin** (adj)	[bizɑ̃tɛ̃]

keizer (bijv. Romeinse ~)	**empereur** (m)	[ɑ̃prœr]
opperhoofd (het)	**chef** (m)	[ʃɛf]
machtig (bn)	**puissant** (adj)	[pɥisɑ̃]
koning (de)	**roi** (m)	[rwa]
heerser (de)	**gouverneur** (m)	[guvɛrnœr]
ridder (de)	**chevalier** (m)	[ʃəvalje]
feodaal (de)	**féodal** (m)	[feɔdal]
feodaal (bn)	**féodal** (adj)	[feɔdal]
vazal (de)	**vassal** (m)	[vasal]
hertog (de)	**duc** (m)	[dyk]
graaf (de)	**comte** (m)	[kɔ̃t]
baron (de)	**baron** (m)	[barɔ̃]
bisschop (de)	**évêque** (m)	[evɛk]
harnas (het)	**armure** (f)	[armyr]
schild (het)	**bouclier** (m)	[buklije]
zwaard (het)	**épée** (f), **glaive** (m)	[epe], [glɛv]
vizier (het)	**visière** (f)	[vizjɛr]
maliënkolder (de)	**cotte** (f) **de mailles**	[kɔt də maj]
kruistocht (de)	**croisade** (f)	[krwazad]
kruisvaarder (de)	**croisé** (m)	[krwaze]
gebied (bijv. bezette ~en)	**territoire** (m)	[tɛritwar]
aanvallen (binnenvallen)	**attaquer** (vt)	[atake]
veroveren (ww)	**conquérir** (vt)	[kɔ̃kerir]
innemen (binnenvallen)	**occuper** (vt)	[ɔkype]
bezetting (de)	**siège** (m)	[sjɛʒ]
bezet (bn)	**assiégé** (adj)	[asjeʒe]
belegeren (ww)	**assiéger** (vt)	[asjeʒe]
inquisitie (de)	**inquisition** (f)	[ɛ̃kizisjɔ̃]
inquisiteur (de)	**inquisiteur** (m)	[ɛ̃kizitœr]
foltering (de)	**torture** (f)	[tɔrtyr]
wreed (bn)	**cruel** (adj)	[kryɛl]
ketter (de)	**hérétique** (m)	[eretik]
ketterij (de)	**hérésie** (f)	[erezi]
zeevaart (de)	**navigation** (f) **en mer**	[navigasjɔn ɑ̃ mɛr]
piraat (de)	**pirate** (m)	[pirat]
piraterij (de)	**piraterie** (f)	[piratri]
enteren (het)	**abordage** (m)	[abɔrdaʒ]
buit (de)	**butin** (m)	[bytɛ̃]
schatten (mv.)	**trésor** (m)	[trezɔr]
ontdekking (de)	**découverte** (f)	[dekuvɛrt]
ontdekken (bijv. nieuw land)	**découvrir** (vt)	[dekuvrir]
expeditie (de)	**expédition** (f)	[ɛkspedisjɔ̃]
musketier (de)	**mousquetaire** (m)	[muskətɛr]
kardinaal (de)	**cardinal** (m)	[kardinal]
heraldiek (de)	**héraldique** (f)	[eraldik]
heraldisch (bn)	**héraldique** (adj)	[eraldik]

159. Leider. Baas. Autoriteiten

koning (de)	**roi** (m)	[rwa]
koningin (de)	**reine** (f)	[rɛn]
koninklijk (bn)	**royal** (adj)	[rwajal]
koninkrijk (het)	**royaume** (m)	[rwajom]
prins (de)	**prince** (m)	[prɛ̃s]
prinses (de)	**princesse** (f)	[prɛ̃sɛs]
president (de)	**président** (m)	[prezidɑ̃]
vicepresident (de)	**vice-président** (m)	[visprezidɑ̃]
senator (de)	**sénateur** (m)	[senatœr]
monarch (de)	**monarque** (m)	[mɔnark]
heerser (de)	**gouverneur** (m)	[guvɛrnœr]
dictator (de)	**dictateur** (m)	[diktatœr]
tiran (de)	**tyran** (m)	[tirɑ̃]
magnaat (de)	**magnat** (m)	[maɲa]
directeur (de)	**directeur** (m)	[dirɛktœr]
chef (de)	**chef** (m)	[ʃɛf]
beheerder (de)	**gérant** (m)	[ʒerɑ̃]
baas (de)	**boss** (m)	[bɔs]
eigenaar (de)	**patron** (m)	[patrɔ̃]
leider (de)	**leader** (m)	[lidœr]
hoofd (bijv. ~ van de delegatie)	**chef** (m)	[ʃɛf]
autoriteiten (mv.)	**autorités** (f pl)	[ɔtɔrite]
superieuren (mv.)	**supérieurs** (m pl)	[syperjœr]
gouverneur (de)	**gouverneur** (m)	[guvɛrnœr]
consul (de)	**consul** (m)	[kɔ̃syl]
diplomaat (de)	**diplomate** (m)	[diplɔmat]
burgemeester (de)	**maire** (m)	[mɛr]
sheriff (de)	**shérif** (m)	[ʃerif]
keizer (bijv. Romeinse ~)	**empereur** (m)	[ɑ̃prœr]
tsaar (de)	**tsar** (m)	[tsar]
farao (de)	**pharaon** (m)	[faraɔ̃]
kan (de)	**khan** (m)	[kɑ̃]

160. De wet overtreden. Criminelen. Deel 1

bandiet (de)	**bandit** (m)	[bɑ̃di]
misdaad (de)	**crime** (m)	[krim]
misdadiger (de)	**criminel** (m)	[kriminɛl]
dief (de)	**voleur** (m)	[vɔlœr]
stelen (ww)	**voler** (vt)	[vɔle]
stelen, diefstal (de)	**vol** (m)	[vɔl]
kidnappen (ww)	**kidnapper** (vt)	[kidnape]

kidnapping (de)	**kidnapping** (m)	[kidnapiŋ]
kidnapper (de)	**kidnappeur** (m)	[kidnapœr]
losgeld (het)	**rançon** (f)	[rɑ̃sɔ̃]
eisen losgeld (ww)	**exiger une rançon**	[ɛgziʒe yn rɑ̃sɔ̃]
overvallen (ww)	**cambrioler** (vt)	[kɑ̃brijɔle]
overval (de)	**cambriolage** (m)	[kɑ̃brijɔlaʒ]
overvaller (de)	**cambrioleur** (m)	[kɑ̃brijɔlœr]
afpersen (ww)	**extorquer** (vt)	[ɛkstɔrke]
afperser (de)	**extorqueur** (m)	[ɛkstɔrkœr]
afpersing (de)	**extorsion** (f)	[ɛkstɔrsjɔ̃]
vermoorden (ww)	**tuer** (vt)	[tɥe]
moord (de)	**meurtre** (m)	[mœrtr]
moordenaar (de)	**meurtrier** (m)	[mœrtrije]
schot (het)	**coup** (m) **de feu**	[ku də fø]
een schot lossen	**tirer un coup de feu**	[tire œ̃ ku də fø]
neerschieten (ww)	**abattre** (vt)	[abatr]
schieten (ww)	**tirer** (vi)	[tire]
schieten (het)	**coups** (m pl) **de feu**	[ku də fø]
ongeluk (gevecht, enz.)	**incident** (m)	[ɛ̃sidɑ̃]
gevecht (het)	**bagarre** (f)	[bagar]
Help!	**Au secours!**	[osəkur]
slachtoffer (het)	**victime** (f)	[viktim]
beschadigen (ww)	**endommager** (vt)	[ɑ̃dɔmaʒe]
schade (de)	**dommage** (m)	[dɔmaʒ]
lijk (het)	**cadavre** (m)	[kadavr]
zwaar (~ misdrijf)	**grave** (adj)	[grav]
aanvallen (ww)	**attaquer** (vt)	[atake]
slaan (iemand ~)	**battre** (vt)	[batr]
in elkaar slaan (toetakelen)	**passer à tabac**	[pɑse ɑ taba]
ontnemen (beroven)	**prendre** (vt)	[prɑ̃dr]
steken (met een mes)	**poignarder** (vt)	[pwaɲarde]
verminken (ww)	**mutiler** (vt)	[mytile]
verwonden (ww)	**blesser** (vt)	[blese]
chantage (de)	**chantage** (m)	[ʃɑ̃taʒ]
chanteren (ww)	**faire chanter**	[fɛr ʃɑ̃te]
chanteur (de)	**maître** (m) **chanteur**	[mɛtr ʃɑ̃tœr]
afpersing (de)	**racket** (m) **de protection**	[rakɛt də prɔtɛksjɔ̃]
afperser (de)	**racketteur** (m)	[rakɛtœr]
gangster (de)	**gangster** (m)	[gɑ̃gstɛr]
maffia (de)	**mafia** (f)	[mafja]
kruimeldief (de)	**pickpocket** (m)	[pikpɔkɛt]
inbreker (de)	**cambrioleur** (m)	[kɑ̃brijɔlœr]
smokkelen (het)	**contrebande** (f)	[kɔ̃trəbɑ̃d]
smokkelaar (de)	**contrebandier** (m)	[kɔ̃trəbɑ̃dje]
namaak (de)	**contrefaçon** (f)	[kɔ̃trəfasɔ̃]

namaken (ww)	**falsifier** (vt)	[falsifje]
namaak-, vals (bn)	**faux** (adj)	[fo]

161. De wet overtreden. Criminelen. Deel 2

verkrachting (de)	**viol** (m)	[vjɔl]
verkrachten (ww)	**violer** (vt)	[vjɔle]
verkrachter (de)	**violeur** (m)	[vjɔlœr]
maniak (de)	**maniaque** (m)	[manjak]
prostituee (de)	**prostituée** (f)	[prɔstitɥe]
prostitutie (de)	**prostitution** (f)	[prɔstitysjɔ̃]
pooier (de)	**souteneur** (m)	[sutnœr]
drugsverslaafde (de)	**drogué** (m)	[drɔge]
drugshandelaar (de)	**trafiquant** (m) **de drogue**	[trafikɑ̃ də drɔg]
opblazen (ww)	**faire exploser**	[fɛr ɛksploze]
explosie (de)	**explosion** (f)	[ɛksplozjɔ̃]
in brand steken (ww)	**mettre feu**	[mɛtr fø]
brandstichter (de)	**incendiaire** (m)	[ɛ̃sɑ̃djɛr]
terrorisme (het)	**terrorisme** (m)	[tɛrɔrism]
terrorist (de)	**terroriste** (m)	[tɛrɔrist]
gijzelaar (de)	**otage** (m)	[ɔtaʒ]
bedriegen (ww)	**escroquer** (vt)	[ɛskrɔke]
bedrog (het)	**escroquerie** (f)	[ɛskrɔkri]
oplichter (de)	**escroc** (m)	[ɛskro]
omkopen (ww)	**soudoyer** (vt)	[sudwaje]
omkoperij (de)	**corruption** (f)	[kɔrypsjɔ̃]
smeergeld (het)	**pot-de-vin** (m)	[podvɛ̃]
vergif (het)	**poison** (m)	[pwazɔ̃]
vergiftigen (ww)	**empoisonner** (vt)	[ɑ̃pwazɔne]
vergif innemen (ww)	**s'empoisonner** (vp)	[sɑ̃pwazɔne]
zelfmoord (de)	**suicide** (m)	[sɥisid]
zelfmoordenaar (de)	**suicidé** (m)	[sɥiside]
bedreigen (bijv. met een pistool)	**menacer** (vt)	[mənase]
bedreiging (de)	**menace** (f)	[mənas]
een aanslag plegen	**attenter** (vt)	[atɑ̃te]
aanslag (de)	**attentat** (m)	[atɑ̃ta]
stelen (een auto)	**voler** (vt)	[vɔle]
kapen (een vliegtuig)	**détourner** (vt)	[deturne]
wraak (de)	**vengeance** (f)	[vɑ̃ʒɑ̃s]
wreken (ww)	**se venger** (vp)	[sə vɑ̃ʒe]
martelen (gevangenen)	**torturer** (vt)	[tɔrtyre]
foltering (de)	**torture** (f)	[tɔrtyr]

folteren (ww)	**tourmenter** (vt)	[turmɑ̃te]
piraat (de)	**pirate** (m)	[pirat]
straatschender (de)	**voyou** (m)	[vwaju]
gewapend (bn)	**armé** (adj)	[arme]
geweld (het)	**violence** (f)	[vjɔlɑ̃s]
onwettig (strafbaar)	**illégal** (adj)	[ilegal]
spionage (de)	**espionnage** (m)	[ɛspjɔnaʒ]
spioneren (ww)	**espionner** (vt)	[ɛspjɔne]

162. Politie. Wet. Deel 1

gerecht (het)	**justice** (f)	[ʒystis]
gerechtshof (het)	**tribunal** (m)	[tribynal]
rechter (de)	**juge** (m)	[ʒyʒ]
jury (de)	**jury** (m)	[ʒyri]
juryrechtspraak (de)	**cour** (f) **d'assises**	[kur dasiz]
berechten (ww)	**juger** (vt)	[ʒyʒe]
advocaat (de)	**avocat** (m)	[avɔka]
beklaagde (de)	**accusé** (m)	[akyze]
beklaagdenbank (de)	**banc** (m) **des accusés**	[bɑ̃ dezakyze]
beschuldiging (de)	**inculpation** (f)	[ɛ̃kylpasjɔ̃]
beschuldigde (de)	**inculpé** (m)	[ɛ̃kylpe]
vonnis (het)	**condamnation** (f)	[kɔ̃danasjɔ̃]
veroordelen (in een rechtszaak)	**condamner** (vt)	[kɔ̃dane]
schuldige (de)	**coupable** (m)	[kupabl]
straffen (ww)	**punir** (vt)	[pynir]
bestraffing (de)	**punition** (f)	[pynisjɔ̃]
boete (de)	**amende** (f)	[amɑ̃d]
levenslange opsluiting (de)	**détention** (f) **à vie**	[detɑ̃sjɔ̃ ɑ vi]
doodstraf (de)	**peine** (f) **de mort**	[pɛn də mɔr]
elektrische stoel (de)	**chaise** (f) **électrique**	[ʃɛz elɛktrik]
schavot (het)	**potence** (f)	[pɔtɑ̃s]
executeren (ww)	**exécuter** (vt)	[ɛgzekyte]
executie (de)	**exécution** (f)	[ɛgzekysjɔ̃]
gevangenis (de)	**prison** (f)	[prizɔ̃]
cel (de)	**cellule** (f)	[selyl]
konvooi (het)	**escorte** (f)	[ɛskɔrt]
gevangenisbewaker (de)	**gardien** (m) **de prison**	[gardjɛ̃ də prizɔ̃]
gedetineerde (de)	**prisonnier** (m)	[prizɔnje]
handboeien (mv.)	**menottes** (f pl)	[mənɔt]
handboeien omdoen	**mettre les menottes**	[mɛtr le mənɔt]
ontsnapping (de)	**évasion** (f)	[evazjɔ̃]

ontsnappen (ww)	**s'évader** (vp)	[sevade]
verdwijnen (ww)	**disparaître** (vi)	[disparɛtr]
vrijlaten (uit de gevangenis)	**libérer** (vt)	[libere]
amnestie (de)	**amnistie** (f)	[amnisti]
politie (de)	**police** (f)	[pɔlis]
politieagent (de)	**policier** (m)	[pɔlisje]
politiebureau (het)	**commissariat** (m) **de police**	[kɔmisarja də pɔlis]
knuppel (de)	**matraque** (f)	[matrak]
megafoon (de)	**haut parleur** (m)	[o parlœr]
patrouilleerwagen (de)	**voiture** (f) **de patrouille**	[vwatyr də patruj]
sirene (de)	**sirène** (f)	[sirɛn]
de sirene aansteken	**enclencher la sirène**	[ɑ̃klɑ̃ʃe la sirɛn]
geloei (het) van de sirene	**hurlement** (m) **de la sirène**	[yrləmɑ̃ dəla sirɛn]
plaats delict (de)	**lieu** (m) **du crime**	[ljø dy krim]
getuige (de)	**témoin** (m)	[temwɛ̃]
vrijheid (de)	**liberté** (f)	[libɛrte]
handlanger (de)	**complice** (m)	[kɔ̃plis]
ontvluchten (ww)	**s'enfuir** (vp)	[sɑ̃fɥir]
spoor (het)	**trace** (f)	[tras]

163. Politie. Wet. Deel 2

opsporing (de)	**recherche** (f)	[rəʃɛrʃ]
opsporen (ww)	**rechercher** (vt)	[rəʃɛrʃe]
verdenking (de)	**suspicion** (f)	[syspisjɔ̃]
verdacht (bn)	**suspect** (adj)	[syspɛ]
aanhouden (stoppen)	**arrêter** (vt)	[arete]
tegenhouden (ww)	**détenir** (vt)	[detnir]
strafzaak (de)	**affaire** (f)	[afɛr]
onderzoek (het)	**enquête** (f)	[ɑ̃kɛt]
detective (de)	**détective** (m)	[detɛktiv]
onderzoeksrechter (de)	**enquêteur** (m)	[ɑ̃kɛtœr]
versie (de)	**hypothèse** (f)	[ipɔtɛz]
motief (het)	**motif** (m)	[mɔtif]
verhoor (het)	**interrogatoire** (m)	[ɛ̃terɔgatwar]
ondervragen (door de politie)	**interroger** (vt)	[ɛ̃terɔʒe]
ondervragen (omstanders ~)	**interroger** (vt)	[ɛ̃terɔʒe]
controle (de)	**inspection** (f)	[ɛ̃spɛksjɔ̃]
razzia (de)	**rafle** (f)	[rafl]
huiszoeking (de)	**perquisition** (f)	[pɛrkizisjɔ̃]
achtervolging (de)	**poursuite** (f)	[pursɥit]
achtervolgen (ww)	**poursuivre** (vt)	[pursɥivr]
opsporen (ww)	**dépister** (vt)	[depiste]
arrest (het)	**arrestation** (f)	[arɛstasjɔ̃]
arresteren (ww)	**arrêter** (vt)	[arete]
vangen, aanhouden (een dief, enz.)	**attraper** (vt)	[atrape]

aanhouding (de)	**capture** (f)	[kaptyr]
document (het)	**document** (m)	[dɔkymɑ̃]
bewijs (het)	**preuve** (f)	[prœv]
bewijzen (ww)	**prouver** (vt)	[pruve]
voetspoor (het)	**empreinte** (f) **de pied**	[ɑ̃prɛ̃t də pje]
vingerafdrukken (mv.)	**empreintes** (f pl) **digitales**	[ɑ̃prɛ̃t diʒital]
bewijs (het)	**élément** (m) **de preuve**	[elemɑ̃ də prœv]
alibi (het)	**alibi** (m)	[alibi]
onschuldig (bn)	**innocent** (adj)	[inɔsɑ̃]
onrecht (het)	**injustice** (f)	[ɛ̃ʒystis]
onrechtvaardig (bn)	**injuste** (adj)	[ɛ̃ʒyst]
crimineel (bn)	**criminel** (adj)	[kriminɛl]
confisqueren (in beslag nemen)	**confisquer** (vt)	[kɔ̃fiske]
drug (de)	**drogue** (f)	[drɔg]
wapen (het)	**arme** (f)	[arm]
ontwapenen (ww)	**désarmer** (vt)	[dezarme]
bevelen (ww)	**ordonner** (vt)	[ɔrdɔne]
verdwijnen (ww)	**disparaître** (vi)	[disparɛtr]
wet (de)	**loi** (f)	[lwa]
wettelijk (bn)	**légal** (adj)	[legal]
onwettelijk (bn)	**illégal** (adj)	[ilegal]
verantwoordelijkheid (de)	**responsabilité** (f)	[rɛspɔ̃sabilite]
verantwoordelijk (bn)	**responsable** (adj)	[rɛspɔ̃sabl]

NATUUR

De Aarde. Deel 1

164. De kosmische ruimte

kosmos (de)	**cosmos** (m)	[kɔsmos]
kosmisch (bn)	**cosmique** (adj)	[kɔsmik]
kosmische ruimte (de)	**espace** (m) **cosmique**	[ɛspas kɔsmik]
wereld (de), heelal (het)	**univers** (m)	[ynivɛr]
wereld (de)	**monde** (m)	[mɔ̃d]
sterrenstelsel (het)	**galaxie** (f)	[galaksi]
ster (de)	**étoile** (f)	[etwal]
sterrenbeeld (het)	**constellation** (f)	[kɔ̃stelasjɔ̃]
planeet (de)	**planète** (f)	[planɛt]
satelliet (de)	**satellite** (m)	[satelit]
meteoriet (de)	**météorite** (m)	[meteɔrit]
komeet (de)	**comète** (f)	[kɔmɛt]
asteroïde (de)	**astéroïde** (m)	[asterɔid]
baan (de)	**orbite** (f)	[ɔrbit]
draaien (om de zon, enz.)	**tourner** (vi)	[turne]
atmosfeer (de)	**atmosphère** (f)	[atmɔsfɛr]
Zon (de)	**Soleil** (m)	[sɔlɛj]
zonnestelsel (het)	**système** (m) **solaire**	[sistɛm sɔlɛr]
zonsverduistering (de)	**éclipse** (f) **de soleil**	[leklips də sɔlɛj]
Aarde (de)	**Terre** (f)	[tɛr]
Maan (de)	**Lune** (f)	[lyn]
Mars (de)	**Mars** (m)	[mars]
Venus (de)	**Vénus** (f)	[venys]
Jupiter (de)	**Jupiter** (m)	[ʒypitɛr]
Saturnus (de)	**Saturne** (m)	[satyrn]
Mercurius (de)	**Mercure** (m)	[mɛrkyr]
Uranus (de)	**Uranus** (m)	[yranys]
Neptunus (de)	**Neptune**	[nɛptyn]
Pluto (de)	**Pluton** (m)	[plytɔ̃]
Melkweg (de)	**la Voie Lactée**	[la vwa lakte]
Grote Beer (de)	**la Grande Ours**	[la grɑ̃d urs]
Poolster (de)	**la Polaire**	[la pɔlɛr]
marsmannetje (het)	**martien** (m)	[marsjɛ̃]
buitenaards wezen (het)	**extraterrestre** (m)	[ɛkstratɛrɛstr]

bovenaards (het)	**alien** (m)	[aljen]
vliegende schotel (de)	**soucoupe** (f) **volante**	[sukup vɔlɑ̃t]
ruimtevaartuig (het)	**vaisseau** (m) **spatial**	[vɛso spasjal]
ruimtestation (het)	**station** (f) **orbitale**	[stasjɔ̃ ɔrbital]
start (de)	**lancement** (m)	[lɑ̃smɑ̃]
motor (de)	**moteur** (m)	[mɔtœr]
straalpijp (de)	**tuyère** (f)	[tyjɛr]
brandstof (de)	**carburant** (m)	[karbyrɑ̃]
cabine (de)	**cabine** (f)	[kabin]
antenne (de)	**antenne** (f)	[ɑ̃tɛn]
patrijspoort (de)	**hublot** (m)	[yblo]
zonnebatterij (de)	**batterie** (f) **solaire**	[batri sɔlɛr]
ruimtepak (het)	**scaphandre** (m)	[skafɑ̃dr]
gewichtloosheid (de)	**apesanteur** (f)	[apəzɑ̃tœr]
zuurstof (de)	**oxygène** (m)	[ɔksiʒɛn]
koppeling (de)	**arrimage** (m)	[arimaʒ]
koppeling maken	**s'arrimer à ...**	[sarime a]
observatorium (het)	**observatoire** (m)	[ɔpsɛrvatwar]
telescoop (de)	**télescope** (m)	[teleskɔp]
waarnemen (ww)	**observer** (vt)	[ɔpsɛrve]
exploreren (ww)	**explorer** (vt)	[ɛksplɔre]

165. De Aarde

Aarde (de)	**Terre** (f)	[tɛr]
aardbol (de)	**globe** (m) **terrestre**	[glɔb tɛrɛstr]
planeet (de)	**planète** (f)	[planɛt]
atmosfeer (de)	**atmosphère** (f)	[atmɔsfɛr]
aardrijkskunde (de)	**géographie** (f)	[ʒeɔgrafi]
natuur (de)	**nature** (f)	[natyr]
wereldbol (de)	**globe** (m) **de table**	[glɔb də tabl]
kaart (de)	**carte** (f)	[kart]
atlas (de)	**atlas** (m)	[atlas]
Europa (het)	**Europe** (f)	[ørɔp]
Azië (het)	**Asie** (f)	[azi]
Afrika (het)	**Afrique** (f)	[afrik]
Australië (het)	**Australie** (f)	[ostrali]
Amerika (het)	**Amérique** (f)	[amerik]
Noord-Amerika (het)	**Amérique** (f) **du Nord**	[amerik dy nɔr]
Zuid-Amerika (het)	**Amérique** (f) **du Sud**	[amerik dy syd]
Antarctica (het)	**l'Antarctique** (m)	[lɑ̃tarktik]
Arctis (de)	**l'Arctique** (m)	[larktik]

166. Windrichtingen

noorden (het)	**nord** (m)	[nɔr]
naar het noorden	**vers le nord**	[vɛr lə nɔr]
in het noorden	**au nord**	[onɔr]
noordelijk (bn)	**du nord** (adj)	[dy nɔr]
zuiden (het)	**sud** (m)	[syd]
naar het zuiden	**vers le sud**	[vɛr lə syd]
in het zuiden	**au sud**	[osyd]
zuidelijk (bn)	**du sud** (adj)	[dy syd]
westen (het)	**ouest** (m)	[wɛst]
naar het westen	**vers l'occident**	[vɛr lɔksidɑ̃]
in het westen	**à l'occident**	[alɔksidɑ̃]
westelijk (bn)	**occidental** (adj)	[ɔksidɑ̃tal]
oosten (het)	**est** (m)	[ɛst]
naar het oosten	**vers l'orient**	[vɛr lɔrjɑ̃]
in het oosten	**à l'orient**	[alɔrjɑ̃]
oostelijk (bn)	**oriental** (adj)	[ɔrjɑ̃tal]

167. Zee. Oceaan

zee (de)	**mer** (f)	[mɛr]
oceaan (de)	**océan** (m)	[ɔseɑ̃]
golf (baai)	**golfe** (m)	[gɔlf]
straat (de)	**détroit** (m)	[detrwa]
grond (vaste grond)	**terre** (f) **ferme**	[tɛr fɛrm]
continent (het)	**continent** (m)	[kɔ̃tinɑ̃]
eiland (het)	**île** (f)	[il]
schiereiland (het)	**presqu'île** (f)	[prɛskil]
archipel (de)	**archipel** (m)	[arʃipɛl]
baai, bocht (de)	**baie** (f)	[bɛ]
haven (de)	**port** (m)	[pɔr]
lagune (de)	**lagune** (f)	[lagyn]
kaap (de)	**cap** (m)	[kap]
atol (de)	**atoll** (m)	[atɔl]
rif (het)	**récif** (m)	[resif]
koraal (het)	**corail** (m)	[kɔraj]
koraalrif (het)	**récif** (m) **de corail**	[resif də kɔraj]
diep (bn)	**profond** (adj)	[prɔfɔ̃]
diepte (de)	**profondeur** (f)	[prɔfɔ̃dœr]
diepzee (de)	**abîme** (m)	[abim]
trog (bijv. Marianentrog)	**fosse** (f) **océanique**	[fos ɔseanik]
stroming (de)	**courant** (m)	[kurɑ̃]
omspoelen (ww)	**baigner** (vt)	[beɲe]
oever (de)	**littoral** (m)	[litɔral]

kust (de)	**côte** (f)	[kot]
vloed (de)	**marée** (f) **haute**	[mare ot]
eb (de)	**marée** (f) **basse**	[mare bas]
ondiepte (ondiep water)	**banc** (m) **de sable**	[bɑ̃ də sabl]
bodem (de)	**fond** (m)	[fɔ̃]
golf (hoge ~)	**vague** (f)	[vag]
golfkam (de)	**crête** (f) **de la vague**	[krɛt də la vag]
schuim (het)	**mousse** (f)	[mus]
storm (de)	**tempête** (f) **en mer**	[tɑ̃pɛt ɑ̃mɛr]
orkaan (de)	**ouragan** (m)	[uragɑ̃]
tsunami (de)	**tsunami** (m)	[tsynami]
windstilte (de)	**calme** (m)	[kalm]
kalm (bijv. ~e zee)	**calme** (adj)	[kalm]
pool (de)	**pôle** (m)	[pol]
polair (bn)	**polaire** (adj)	[pɔlɛr]
breedtegraad (de)	**latitude** (f)	[latityd]
lengtegraad (de)	**longitude** (f)	[lɔ̃ʒityd]
parallel (de)	**parallèle** (f)	[paralɛl]
evenaar (de)	**équateur** (m)	[ekwatœr]
hemel (de)	**ciel** (m)	[sjɛl]
horizon (de)	**horizon** (m)	[ɔrizɔ̃]
lucht (de)	**air** (m)	[ɛr]
vuurtoren (de)	**phare** (m)	[far]
duiken (ww)	**plonger** (vi)	[plɔ̃ʒe]
zinken (ov. een boot)	**sombrer** (vi)	[sɔ̃bre]
schatten (mv.)	**trésor** (m)	[trezɔr]

168. Bergen

berg (de)	**montagne** (f)	[mɔ̃taɲ]
bergketen (de)	**chaîne** (f) **de montagnes**	[ʃɛn də mɔ̃taɲ]
gebergte (het)	**crête** (f)	[krɛt]
bergtop (de)	**sommet** (m)	[sɔmɛ]
bergpiek (de)	**pic** (m)	[pik]
voet (ov. de berg)	**pied** (m)	[pje]
helling (de)	**pente** (f)	[pɑ̃t]
vulkaan (de)	**volcan** (m)	[vɔlkɑ̃]
actieve vulkaan (de)	**volcan** (m) **actif**	[vɔlkɑn aktif]
uitgedoofde vulkaan (de)	**volcan** (m) **éteint**	[vɔlkɑn etɛ̃]
uitbarsting (de)	**éruption** (f)	[erypsjɔ̃]
krater (de)	**cratère** (m)	[kratɛr]
magma (het)	**magma** (m)	[magma]
lava (de)	**lave** (f)	[lav]
gloeiend (~e lava)	**en fusion**	[ɑ̃ fyzjɔ̃]
kloof (canyon)	**canyon** (m)	[kanjɔ̃]

bergkloof (de)	**défilé** (m)	[defile]
spleet (de)	**crevasse** (f)	[krəvas]
afgrond (de)	**précipice** (m)	[presipis]
bergpas (de)	**col** (m)	[kɔl]
plateau (het)	**plateau** (m)	[plato]
klip (de)	**rocher** (m)	[rɔʃe]
heuvel (de)	**colline** (f)	[kɔlin]
gletsjer (de)	**glacier** (m)	[glasje]
waterval (de)	**chute** (f) **d'eau**	[ʃyt do]
geiser (de)	**geyser** (m)	[ʒɛzɛr]
meer (het)	**lac** (m)	[lak]
vlakte (de)	**plaine** (f)	[plɛn]
landschap (het)	**paysage** (m)	[peizaʒ]
echo (de)	**écho** (m)	[eko]
alpinist (de)	**alpiniste** (m)	[alpinist]
bergbeklimmer (de)	**varappeur** (m)	[varapœr]
trotseren (berg ~)	**conquérir** (vt)	[kɔ̃kerir]
beklimming (de)	**ascension** (f)	[asɑ̃sjɔ̃]

169. Rivieren

rivier (de)	**rivière** (f), **fleuve** (m)	[rivjɛr], [flœv]
bron (~ van een rivier)	**source** (f)	[surs]
rivierbedding (de)	**lit** (m)	[li]
rivierbekken (het)	**bassin** (m)	[basɛ̃]
uitmonden in ...	**se jeter dans ...**	[sə ʒəte dɑ̃]
zijrivier (de)	**affluent** (m)	[aflyɑ̃]
oever (de)	**rive** (f)	[riv]
stroming (de)	**courant** (m)	[kurɑ̃]
stroomafwaarts (bw)	**en aval**	[ɑn aval]
stroomopwaarts (bw)	**en amont**	[ɑn amɔ̃]
overstroming (de)	**inondation** (f)	[inɔ̃dasjɔ̃]
overstroming (de)	**les grandes crues**	[le grɑ̃d kry]
buiten zijn oevers treden	**déborder** (vt)	[debɔrde]
overstromen (ww)	**inonder** (vt)	[inɔ̃de]
zandbank (de)	**bas-fond** (m)	[bafɔ̃]
stroomversnelling (de)	**rapide** (m)	[rapid]
dam (de)	**barrage** (m)	[baraʒ]
kanaal (het)	**canal** (m)	[kanal]
spaarbekken (het)	**lac** (m) **de barrage**	[lak də baraʒ]
sluis (de)	**écluse** (f)	[eklyz]
waterlichaam (het)	**plan** (m) **d'eau**	[plɑ̃ do]
moeras (het)	**marais** (m)	[marɛ]
broek (het)	**fondrière** (f)	[fɔ̃drijɛr]

draaikolk (de)	**tourbillon** (m)	[turbijɔ̃]
stroom (de)	**ruisseau** (m)	[rɥiso]
drink- (abn)	**potable** (adj)	[pɔtabl]
zoet (~ water)	**douce** (adj)	[dus]
IJs (het)	**glace** (f)	[glas]
bevriezen (rivier, enz.)	**être gelé**	[ɛtr ʒəle]

170. Bos

bos (het)	**forêt** (f)	[fɔrɛ]
bos- (abn)	**forestier** (adj)	[fɔrɛstje]
oerwoud (dicht bos)	**fourré** (m)	[fure]
bosje (klein bos)	**bosquet** (m)	[bɔskɛ]
open plek (de)	**clairière** (f)	[klɛrjɛr]
struikgewas (het)	**broussailles** (f pl)	[brusaj]
struiken (mv.)	**taillis** (m)	[taji]
paadje (het)	**sentier** (m)	[sɑ̃tje]
ravijn (het)	**ravin** (m)	[ravɛ̃]
boom (de)	**arbre** (m)	[arbr]
blad (het)	**feuille** (f)	[fœj]
gebladerte (het)	**feuillage** (m)	[fœjaʒ]
vallende bladeren (mv.)	**chute** (f) **de feuilles**	[ʃyt də fœj]
vallen (ov. de bladeren)	**tomber** (vi)	[tɔ̃be]
boomtop (de)	**sommet** (m)	[sɔmɛ]
tak (de)	**rameau** (m)	[ramo]
ent (de)	**branche** (f)	[brɑ̃ʃ]
knop (de)	**bourgeon** (m)	[burʒɔ̃]
naald (de)	**aiguille** (f)	[egɥij]
dennenappel (de)	**pomme** (f) **de pin**	[pɔm də pɛ̃]
boom holte (de)	**creux** (m)	[krø]
nest (het)	**nid** (m)	[ni]
hol (het)	**terrier** (m)	[tɛrje]
stam (de)	**tronc** (m)	[trɔ̃]
wortel (bijv. boom~s)	**racine** (f)	[rasin]
schors (de)	**écorce** (f)	[ekɔrs]
mos (het)	**mousse** (f)	[mus]
ontwortelen (een boom)	**déraciner** (vt)	[derasine]
kappen (een boom ~)	**abattre** (vt)	[abatr]
ontbossen (ww)	**déboiser** (vt)	[debwaze]
stronk (de)	**souche** (f)	[suʃ]
kampvuur (het)	**feu** (m) **de bois**	[fø də bwa]
bosbrand (de)	**incendie** (m)	[ɛ̃sɑ̃di]
blussen (ww)	**éteindre** (vt)	[etɛ̃dr]

boswachter (de)	**garde** (m) **forestier**	[gard fɔrɛstje]
bescherming (de)	**protection** (f)	[prɔtɛksjɔ̃]
beschermen (bijv. de natuur ~)	**protéger** (vt)	[prɔteʒe]
stroper (de)	**braconnier** (m)	[brakɔnje]
val (de)	**piège** (m) **à mâchoires**	[pjɛʒ ɑ mɑʃwar]
plukken (vruchten, enz.)	**cueillir** (vt)	[kœjir]
verdwalen (de weg kwijt zijn)	**s'égarer** (vp)	[segare]

171. Natuurlijke hulpbronnen

natuurlijke rijkdommen (mv.)	**ressources** (f pl) **naturelles**	[rəsurs natyrɛl]
delfstoffen (mv.)	**minéraux** (m pl)	[minero]
lagen (mv.)	**gisement** (m)	[ʒizmɑ̃]
veld (bijv. olie~)	**champ** (m)	[ʃɑ̃]
winnen (uit erts ~)	**extraire** (vt)	[ɛkstrɛr]
winning (de)	**extraction** (f)	[ɛkstraksjɔ̃]
erts (het)	**minerai** (m)	[minrɛ]
mijn (bijv. kolenmijn)	**mine** (f)	[min]
mijnschacht (de)	**puits** (m) **de mine**	[pɥi də min]
mijnwerker (de)	**mineur** (m)	[minœr]
gas (het)	**gaz** (m)	[gaz]
gasleiding (de)	**gazoduc** (m)	[gazɔdyk]
olie (aardolie)	**pétrole** (m)	[petrɔl]
olieleiding (de)	**pipeline** (m)	[piplin]
oliebron (de)	**tour** (f) **de forage**	[tur də fɔraʒ]
boortoren (de)	**derrick** (m)	[derik]
tanker (de)	**pétrolier** (m)	[petrɔlje]
zand (het)	**sable** (m)	[sabl]
kalksteen (de)	**calcaire** (m)	[kalkɛr]
grind (het)	**gravier** (m)	[gravje]
veen (het)	**tourbe** (f)	[turb]
klei (de)	**argile** (f)	[arʒil]
steenkool (de)	**charbon** (m)	[ʃarbɔ̃]
IJzer (het)	**fer** (m)	[fɛr]
goud (het)	**or** (m)	[ɔr]
zilver (het)	**argent** (m)	[arʒɑ̃]
nikkel (het)	**nickel** (m)	[nikɛl]
koper (het)	**cuivre** (m)	[kɥivr]
zink (het)	**zinc** (m)	[zɛ̃g]
mangaan (het)	**manganèse** (m)	[mɑ̃ganɛz]
kwik (het)	**mercure** (m)	[mɛrkyr]
lood (het)	**plomb** (m)	[plɔ̃]
mineraal (het)	**minéral** (m)	[mineral]
kristal (het)	**cristal** (m)	[kristal]
marmer (het)	**marbre** (m)	[marbr]
uraan (het)	**uranium** (m)	[yranjɔm]

De Aarde. Deel 2

172. Weer

weer (het)	**temps** (m)	[tɑ̃]
weersvoorspelling (de)	**météo** (f)	[meteo]
temperatuur (de)	**température** (f)	[tɑ̃peratyr]
thermometer (de)	**thermomètre** (m)	[tɛrmɔmɛtr]
barometer (de)	**baromètre** (m)	[barɔmɛtr]
vochtig (bn)	**humide** (adj)	[ymid]
vochtigheid (de)	**humidité** (f)	[ymidite]
hitte (de)	**chaleur** (f)	[ʃalœr]
heet (bn)	**torride** (adj)	[tɔrid]
het is heet	**il fait très chaud**	[il fɛ trɛ ʃo]
het is warm	**il fait chaud**	[il fɛʃo]
warm (bn)	**chaud** (adj)	[ʃo]
het is koud	**il fait froid**	[il fɛ frwa]
koud (bn)	**froid** (adj)	[frwa]
zon (de)	**soleil** (m)	[sɔlɛj]
schijnen (de zon)	**briller** (vi)	[brije]
zonnig (~e dag)	**ensoleillé** (adj)	[ɑ̃sɔleje]
opgaan (ov. de zon)	**se lever** (vp)	[sə ləve]
ondergaan (ww)	**se coucher** (vp)	[sə kuʃe]
wolk (de)	**nuage** (m)	[nɥaʒ]
bewolkt (bn)	**nuageux** (adj)	[nɥaʒø]
regenwolk (de)	**nuée** (f)	[nɥe]
somber (bn)	**sombre** (adj)	[sɔ̃br]
regen (de)	**pluie** (f)	[plɥi]
het regent	**il pleut**	[il plø]
regenachtig (bn)	**pluvieux** (adj)	[plyvjø]
motregenen (ww)	**bruiner** (v imp)	[brɥine]
plensbui (de)	**pluie** (f) **torrentielle**	[plɥi tɔrɑ̃sjɛl]
stortbui (de)	**averse** (f)	[avɛrs]
hard (bn)	**forte** (adj)	[fɔrt]
plas (de)	**flaque** (f)	[flak]
nat worden (ww)	**se faire mouiller**	[sə fɛr muje]
mist (de)	**brouillard** (m)	[brujar]
mistig (bn)	**brumeux** (adj)	[brymø]
sneeuw (de)	**neige** (f)	[nɛʒ]
het sneeuwt	**il neige**	[il nɛʒ]

173. Zwaar weer. Natuurrampen

noodweer (storm)	**orage** (m)	[ɔraʒ]
bliksem (de)	**éclair** (m)	[eklɛr]
flitsen (ww)	**éclater** (vi)	[eklate]
donder (de)	**tonnerre** (m)	[tɔnɛr]
donderen (ww)	**gronder** (vi)	[grɔ̃de]
het dondert	**le tonnerre gronde**	[lə tɔnɛr grɔ̃d]
hagel (de)	**grêle** (f)	[grɛl]
het hagelt	**il grêle**	[il grɛl]
overstromen (ww)	**inonder** (vt)	[inɔ̃de]
overstroming (de)	**inondation** (f)	[inɔ̃dasjɔ̃]
aardbeving (de)	**tremblement** (m) **de terre**	[trɑ̃bləmɑ̃ də tɛr]
aardschok (de)	**secousse** (f)	[səkus]
epicentrum (het)	**épicentre** (m)	[episɑ̃tr]
uitbarsting (de)	**éruption** (f)	[erypsjɔ̃]
lava (de)	**lave** (f)	[lav]
wervelwind (de)	**tourbillon** (m)	[turbijɔ̃]
windhoos (de)	**tornade** (f)	[tɔrnad]
tyfoon (de)	**typhon** (m)	[tifɔ̃]
orkaan (de)	**ouragan** (m)	[uragɑ̃]
storm (de)	**tempête** (f)	[tɑ̃pɛt]
tsunami (de)	**tsunami** (m)	[tsynami]
cycloon (de)	**cyclone** (m)	[siklon]
onweer (het)	**intempéries** (f pl)	[ɛ̃tɑ̃peri]
brand (de)	**incendie** (m)	[ɛ̃sɑ̃di]
ramp (de)	**catastrophe** (f)	[katastrɔf]
meteoriet (de)	**météorite** (m)	[meteɔrit]
lawine (de)	**avalanche** (f)	[avalɑ̃ʃ]
sneeuwverschuiving (de)	**éboulement** (m)	[ebulmɑ̃]
sneeuwjacht (de)	**blizzard** (m)	[blizar]
sneeuwstorm (de)	**tempête** (f) **de neige**	[tɑ̃pɛt də nɛʒ]

Fauna

174. Zoogdieren. Roofdieren

roofdier (het)	**prédateur** (m)	[predatœr]
tijger (de)	**tigre** (m)	[tigr]
leeuw (de)	**lion** (m)	[ljɔ̃]
wolf (de)	**loup** (m)	[lu]
vos (de)	**renard** (m)	[rənar]
jaguar (de)	**jaguar** (m)	[ʒagwar]
luipaard (de)	**léopard** (m)	[leɔpar]
jachtluipaard (de)	**guépard** (m)	[gepar]
panter (de)	**panthère** (f)	[pɑ̃tɛr]
poema (de)	**puma** (m)	[pyma]
sneeuwluipaard (de)	**léopard** (m) **de neiges**	[leɔpar də nɛʒ]
lynx (de)	**lynx** (m)	[lɛ̃ks]
coyote (de)	**coyote** (m)	[kɔjɔt]
jakhals (de)	**chacal** (m)	[ʃakal]
hyena (de)	**hyène** (f)	[jɛn]

175. Wilde dieren

dier (het)	**animal** (m)	[animal]
beest (het)	**bête** (f)	[bɛt]
eekhoorn (de)	**écureuil** (m)	[ekyrœj]
egel (de)	**hérisson** (m)	[erisɔ̃]
haas (de)	**lièvre** (m)	[ljɛvr]
konijn (het)	**lapin** (m)	[lapɛ̃]
das (de)	**blaireau** (m)	[blɛro]
wasbeer (de)	**raton** (m)	[ratɔ̃]
hamster (de)	**hamster** (m)	[amstɛr]
marmot (de)	**marmotte** (f)	[marmɔt]
mol (de)	**taupe** (f)	[top]
muis (de)	**souris** (f)	[suri]
rat (de)	**rat** (m)	[ra]
vleermuis (de)	**chauve-souris** (f)	[ʃovsuri]
hermelijn (de)	**hermine** (f)	[ɛrmin]
sabeldier (het)	**zibeline** (f)	[ziblin]
marter (de)	**martre** (f)	[martr]
wezel (de)	**belette** (f)	[bəlɛt]
nerts (de)	**vison** (m)	[vizɔ̃]

bever (de)	**castor** (m)	[kastɔr]
otter (de)	**loutre** (f)	[lutr]
paard (het)	**cheval** (m)	[ʃəval]
eland (de)	**élan** (m)	[elɑ̃]
hert (het)	**cerf** (m)	[sɛr]
kameel (de)	**chameau** (m)	[ʃamo]
bizon (de)	**bison** (m)	[bizɔ̃]
oeros (de)	**aurochs** (m)	[orɔk]
buffel (de)	**buffle** (m)	[byfl]
zebra (de)	**zèbre** (m)	[zɛbr]
antilope (de)	**antilope** (f)	[ɑ̃tilɔp]
ree (de)	**chevreuil** (m)	[ʃəvrœj]
damhert (het)	**biche** (f)	[biʃ]
gems (de)	**chamois** (m)	[ʃamwa]
everzwijn (het)	**sanglier** (m)	[sɑ̃glije]
walvis (de)	**baleine** (f)	[balɛn]
rob (de)	**phoque** (m)	[fɔk]
walrus (de)	**morse** (m)	[mɔrs]
zeehond (de)	**ours** (m) **de mer**	[urs də mɛr]
dolfijn (de)	**dauphin** (m)	[dofɛ̃]
beer (de)	**ours** (m)	[urs]
IJsbeer (de)	**ours** (m) **blanc**	[urs blɑ̃]
panda (de)	**panda** (m)	[pɑ̃da]
aap (de)	**singe** (m)	[sɛ̃ʒ]
chimpansee (de)	**chimpanzé** (m)	[ʃɛ̃pɑ̃ze]
orang-oetan (de)	**orang-outang** (m)	[ɔrɑ̃utɑ̃]
gorilla (de)	**gorille** (m)	[gɔrij]
makaak (de)	**macaque** (m)	[makak]
gibbon (de)	**gibbon** (m)	[ʒibɔ̃]
olifant (de)	**éléphant** (m)	[elefɑ̃]
neushoorn (de)	**rhinocéros** (m)	[rinɔserɔs]
giraffe (de)	**girafe** (f)	[ʒiraf]
nijlpaard (het)	**hippopotame** (m)	[ipɔpɔtam]
kangoeroe (de)	**kangourou** (m)	[kɑ̃guru]
koala (de)	**koala** (m)	[kɔala]
mangoest (de)	**mangouste** (f)	[mɑ̃gust]
chinchilla (de)	**chinchilla** (m)	[ʃɛ̃ʃila]
stinkdier (het)	**mouffette** (f)	[mufɛt]
stekelvarken (het)	**porc-épic** (m)	[pɔrkepik]

176. Huisdieren

poes (de)	**chat** (m)	[ʃa]
kater (de)	**chat** (m)	[ʃa]
hond (de)	**chien** (m)	[ʃjɛ̃]

paard (het)	**cheval** (m)	[ʃəval]
hengst (de)	**étalon** (m)	[etalɔ̃]
merrie (de)	**jument** (f)	[ʒymɑ̃]
koe (de)	**vache** (f)	[vaʃ]
stier (de)	**taureau** (m)	[tɔro]
os (de)	**bœuf** (m)	[bœf]
schaap (het)	**brebis** (f)	[brəbi]
ram (de)	**mouton** (m)	[mutɔ̃]
geit (de)	**chèvre** (f)	[ʃɛvr]
bok (de)	**bouc** (m)	[buk]
ezel (de)	**âne** (m)	[ɑn]
muilezel (de)	**mulet** (m)	[mylɛ]
varken (het)	**cochon** (m)	[kɔʃɔ̃]
biggetje (het)	**pourceau** (m)	[purso]
konijn (het)	**lapin** (m)	[lapɛ̃]
kip (de)	**poule** (f)	[pul]
haan (de)	**coq** (m)	[kɔk]
eend (de)	**canard** (m)	[kanar]
woerd (de)	**canard** (m) **mâle**	[kanar mal]
gans (de)	**oie** (f)	[wa]
kalkoen haan (de)	**dindon** (m)	[dɛ̃dɔ̃]
kalkoen (de)	**dinde** (f)	[dɛ̃d]
huisdieren (mv.)	**animaux** (m pl) **domestiques**	[animo dɔmɛstik]
tam (bijv. hamster)	**apprivoisé** (adj)	[aprivwaze]
temmen (tam maken)	**apprivoiser** (vt)	[aprivwaze]
fokken (bijv. paarden ~)	**élever** (vt)	[elve]
boerderij (de)	**ferme** (f)	[fɛrm]
gevogelte (het)	**volaille** (f)	[vɔlaj]
rundvee (het)	**bétail** (m)	[betaj]
kudde (de)	**troupeau** (m)	[trupo]
paardenstal (de)	**écurie** (f)	[ekyri]
zwijnenstal (de)	**porcherie** (f)	[pɔrʃəri]
koeienstal (de)	**vacherie** (f)	[vaʃri]
konijnenhok (het)	**cabane** (f) **à lapins**	[kaban ɑ lapɛ̃]
kippenhok (het)	**poulailler** (m)	[pulaje]

177. Honden. Hondenrassen

hond (de)	**chien** (m)	[ʃjɛ̃]
herdershond (de)	**berger** (m)	[bɛrʒe]
Duitse herdershond (de)	**berger** (m) **allemand**	[bɛrʒe almɑ̃]
poedel (de)	**caniche** (f)	[kaniʃ]
teckel (de)	**teckel** (m)	[tekɛl]
buldog (de)	**bouledogue** (m)	[buldɔg]

boxer (de)	**boxer** (m)	[bɔksɛr]
mastiff (de)	**mastiff** (m)	[mastif]
rottweiler (de)	**rottweiler** (m)	[rɔtvajlœr]
doberman (de)	**doberman** (m)	[dɔbɛrman]
basset (de)	**basset** (m)	[basɛ]
bobtail (de)	**bobtail** (m)	[bɔbtɛjl]
dalmatièr (de)	**dalmatien** (m)	[dalmasjɛ̃]
cockerspanièl (de)	**cocker** (m)	[kɔkɛr]
newfoundlander (de)	**terre-neuve** (m)	[tɛrnœv]
sint-bernard (de)	**saint-bernard** (m)	[sɛ̃bɛrnar]
poolhond (de)	**husky** (m)	[œski]
chowchow (de)	**chow-chow** (m)	[ʃoʃo]
spits (de)	**spitz** (m)	[spitz]
mopshond (de)	**carlin** (m)	[karlɛ̃]

178. Dierengeluiden

geblaf (het)	**aboiement** (m)	[abwamɑ̃]
blaffen (ww)	**aboyer** (vi)	[abwaje]
miauwen (ww)	**miauler** (vi)	[mjole]
spinnen (katten)	**ronronner** (vi)	[rɔ̃rɔne]
loeien (ov. een koe)	**meugler** (vi)	[møgle]
brullen (stier)	**beugler** (vi)	[bøgle]
grommen (ov. de honden)	**rugir** (vi)	[ryʒir]
gehuil (het)	**hurlement** (m)	[yrləmɑ̃]
huilen (wolf, enz.)	**hurler** (vi)	[yrle]
janken (ov. een hond)	**geindre** (vi)	[ʒɛ̃dr]
mekkeren (schapen)	**bêler** (vi)	[bele]
knorren (varkens)	**grogner** (vi)	[grɔɲe]
gillen (bijv. varken)	**glapir** (vi)	[glapir]
kwaken (kikvorsen)	**coasser** (vi)	[kɔase]
zoemen (hommel, enz.)	**bourdonner** (vi)	[burdɔne]
tjirpen (sprinkhanen)	**striduler** (vi)	[stridyle]

179. Vogels

vogel (de)	**oiseau** (m)	[wazo]
duif (de)	**pigeon** (m)	[piʒɔ̃]
mus (de)	**moineau** (m)	[mwano]
koolmees (de)	**mésange** (f)	[mezɑ̃ʒ]
ekster (de)	**pie** (f)	[pi]
raaf (de)	**corbeau** (m)	[kɔrbo]
kraai (de)	**corneille** (f)	[kɔrnɛj]
kauw (de)	**choucas** (m)	[ʃuka]

roek (de)	**freux** (m)	[frø]
eend (de)	**canard** (m)	[kanar]
gans (de)	**oie** (f)	[wa]
fazant (de)	**faisan** (m)	[fəzɑ̃]
arend (de)	**aigle** (m)	[ɛgl]
havik (de)	**épervier** (m)	[epɛrvje]
valk (de)	**faucon** (m)	[fokɔ̃]
gier (de)	**vautour** (m)	[votur]
condor (de)	**condor** (m)	[kɔ̃dɔr]
zwaan (de)	**cygne** (m)	[siɲ]
kraanvogel (de)	**grue** (f)	[gry]
ooievaar (de)	**cigogne** (f)	[sigɔɲ]
papegaai (de)	**perroquet** (m)	[perɔkɛ]
kolibrie (de)	**colibri** (m)	[kɔlibri]
pauw (de)	**paon** (m)	[pɑ̃]
struisvogel (de)	**autruche** (f)	[otryʃ]
reiger (de)	**héron** (m)	[erɔ̃]
flamingo (de)	**flamant** (m)	[flamɑ̃]
pelikaan (de)	**pélican** (m)	[pelikɑ̃]
nachtegaal (de)	**rossignol** (m)	[rɔsiɲɔl]
zwaluw (de)	**hirondelle** (f)	[irɔ̃dɛl]
lijster (de)	**merle** (m)	[mɛrl]
zanglijster (de)	**grive** (f)	[griv]
merel (de)	**merle** (m) **noir**	[mɛrl nwar]
gierzwaluw (de)	**martinet** (m)	[martinɛ]
leeuwerik (de)	**alouette** (f) **des champs**	[alwɛt de ʃɑ̃]
kwartel (de)	**caille** (f)	[kaj]
specht (de)	**pivert** (m)	[pivɛr]
koekoek (de)	**coucou** (m)	[kuku]
uil (de)	**chouette** (f)	[ʃwɛt]
oehoe (de)	**hibou** (m)	[ibu]
auerhoen (het)	**tétras** (m)	[tetra]
korhoen (het)	**tétras-lyre** (m)	[tetralir]
patrijs (de)	**perdrix** (f)	[pɛrdri]
spreeuw (de)	**étourneau** (m)	[eturno]
kanarie (de)	**canari** (m)	[kanari]
hazelhoen (het)	**gélinotte** (f) **des bois**	[ʒelinɔt də bwa]
vink (de)	**pinson** (m)	[pɛ̃sɔ̃]
goudvink (de)	**bouvreuil** (m)	[buvrœj]
meeuw (de)	**mouette** (f)	[mwɛt]
albatros (de)	**albatros** (m)	[albatros]
pinguïn (de)	**pingouin** (m)	[pɛ̃gwɛ̃]

180. Vogels. Zingen en geluiden

fluiten, zingen (ww)	**chanter** (vi)	[ʃɑ̃te]
schreeuwen (dieren, vogels)	**crier** (vi)	[krije]
kraaien (ov. een haan)	**chanter** (vi)	[ʃɑ̃te]
kukeleku	**cocorico** (m)	[kɔkɔriko]
klokken (hen)	**glousser** (vi)	[gluse]
krassen (kraai)	**croasser** (vi)	[krɔase]
kwaken (eend)	**cancaner** (vi)	[kɑ̃kane]
piepen (kuiken)	**piauler** (vi)	[pjole]
tjilpen (bijv. een mus)	**pépier** (vi)	[pepje]

181. Vis. Zeedieren

brasem (de)	**brème** (f)	[brɛm]
karper (de)	**carpe** (f)	[karp]
baars (de)	**perche** (f)	[pɛrʃ]
meerval (de)	**silure** (m)	[silyr]
snoek (de)	**brochet** (m)	[brɔʃɛ]
zalm (de)	**saumon** (m)	[somɔ̃]
steur (de)	**esturgeon** (m)	[ɛstyrʒɔ̃]
haring (de)	**hareng** (m)	[arɑ̃]
atlantische zalm (de)	**saumon** (m) **atlantique**	[somɔ̃ atlɑ̃tik]
makreel (de)	**maquereau** (m)	[makro]
platvis (de)	**flet** (m)	[flɛ]
snoekbaars (de)	**sandre** (f)	[sɑ̃dr]
kabeljauw (de)	**morue** (f)	[mɔry]
tonijn (de)	**thon** (m)	[tɔ̃]
forel (de)	**truite** (f)	[trɥit]
paling (de)	**anguille** (f)	[ɑ̃gij]
sidderrog (de)	**torpille** (f)	[tɔrpij]
murene (de)	**murène** (f)	[myrɛn]
piranha (de)	**piranha** (m)	[piraɲa]
haai (de)	**requin** (m)	[rəkɛ̃]
dolfijn (de)	**dauphin** (m)	[dofɛ̃]
walvis (de)	**baleine** (f)	[balɛn]
krab (de)	**crabe** (m)	[krab]
kwal (de)	**méduse** (f)	[medyz]
octopus (de)	**pieuvre** (f), **poulpe** (m)	[pjœvr], [pulp]
zeester (de)	**étoile** (f) **de mer**	[etwal də mɛr]
zee-egel (de)	**oursin** (m)	[ursɛ̃]
zeepaardje (het)	**hippocampe** (m)	[ipɔkɑ̃p]
oester (de)	**huître** (f)	[ɥitr]
garnaal (de)	**crevette** (f)	[krəvɛt]

kreeft (de)	**homard** (m)	[ɔmar]
langoest (de)	**langoustine** (f)	[lɑ̃gustin]

182. Amfibieën. Reptielen

slang (de)	**serpent** (m)	[sɛrpɑ̃]
giftig (slang)	**venimeux** (adj)	[vənimø]
adder (de)	**vipère** (f)	[vipɛr]
cobra (de)	**cobra** (m)	[kɔbra]
python (de)	**python** (m)	[pitɔ̃]
boa (de)	**boa** (m)	[bɔa]
ringslang (de)	**couleuvre** (f)	[kulœvr]
ratelslang (de)	**serpent** (m) **à sonnettes**	[sɛrpɑ̃ ɑ sɔnɛt]
anaconda (de)	**anaconda** (m)	[anakɔ̃da]
hagedis (de)	**lézard** (m)	[lezar]
leguaan (de)	**iguane** (m)	[igwan]
varaan (de)	**varan** (m)	[varɑ̃]
salamander (de)	**salamandre** (f)	[salamɑ̃dr]
kameleon (de)	**caméléon** (m)	[kameleɔ̃]
schorpioen (de)	**scorpion** (m)	[skɔrpjɔ̃]
schildpad (de)	**tortue** (f)	[tɔrty]
kikker (de)	**grenouille** (f)	[grənuj]
pad (de)	**crapaud** (m)	[krapo]
krokodil (de)	**crocodile** (m)	[krɔkɔdil]

183. Insecten

insect (het)	**insecte** (m)	[ɛ̃sɛkt]
vlinder (de)	**papillon** (m)	[papijɔ̃]
mier (de)	**fourmi** (f)	[furmi]
vlieg (de)	**mouche** (f)	[muʃ]
mug (de)	**moustique** (m)	[mustik]
kever (de)	**scarabée** (m)	[skarabe]
wesp (de)	**guêpe** (f)	[gɛp]
bij (de)	**abeille** (f)	[abɛj]
hommel (de)	**bourdon** (m)	[burdɔ̃]
horzel (de)	**œstre** (m)	[ɛstr]
spin (de)	**araignée** (f)	[areɲe]
spinnenweb (het)	**toile** (f) **d'araignée**	[twal dareɲe]
libel (de)	**libellule** (f)	[libelyl]
sprinkhaan (de)	**sauterelle** (f)	[sotrɛl]
nachtvlinder (de)	**papillon** (m)	[papijɔ̃]
kakkerlak (de)	**cafard** (m)	[kafar]
mijt (de)	**tique** (f)	[tik]

vlo (de)	**puce** (f)	[pys]
kriebelmug (de)	**moucheron** (m)	[muʃrɔ̃]
treksprinkhaan (de)	**criquet** (m)	[krikɛ]
slak (de)	**escargot** (m)	[ɛskargo]
krekel (de)	**grillon** (m)	[grijɔ̃]
glimworm (de)	**luciole** (f)	[lysjɔl]
lieveheersbeestje (het)	**coccinelle** (f)	[kɔksinɛl]
meikever (de)	**hanneton** (m)	[antɔ̃]
bloedzuiger (de)	**sangsue** (f)	[sɑ̃sy]
rups (de)	**chenille** (f)	[ʃənij]
aardworm (de)	**ver** (m)	[vɛr]
larve (de)	**larve** (f)	[larv]

184. Dieren. Lichaamsdelen

snavel (de)	**bec** (m)	[bɛk]
vleugels (mv.)	**ailes** (f pl)	[ɛl]
poot (ov. een vogel)	**patte** (f)	[pat]
verenkleed (het)	**plumage** (m)	[plymaʒ]
veer (de)	**plume** (f)	[plym]
kuifje (het)	**houppe** (f)	[up]
kieuwen (mv.)	**ouïes** (f pl)	[wi]
kuit, dril (de)	**les œufs** (m pl)	[lezø]
larve (de)	**larve** (f)	[larv]
vin (de)	**nageoire** (f)	[naʒwar]
schubben (mv.)	**écaille** (f)	[ekaj]
slagtand (de)	**croc** (m)	[kro]
poot (bijv. ~ van een kat)	**patte** (f)	[pat]
muil (de)	**museau** (m)	[myzo]
bek (mond van dieren)	**gueule** (f)	[gœl]
staart (de)	**queue** (f)	[kø]
snorharen (mv.)	**moustaches** (f pl)	[mustaʃ]
hoef (de)	**sabot** (m)	[sabo]
hoorn (de)	**corne** (f)	[kɔrn]
schild (schildpad, enz.)	**carapace** (f)	[karapas]
schelp (de)	**coquillage** (m)	[kɔkijaʒ]
eierschaal (de)	**coquille** (f) **d'œuf**	[kɔkij dœf]
vacht (de)	**poil** (m)	[pwal]
huid (de)	**peau** (f)	[po]

185. Dieren. Leefomgevingen

leefgebied (het)	**habitat** (m) **naturel**	[abita natyrɛl]
migratie (de)	**migration** (f)	[migrasjɔ̃]
berg (de)	**montagne** (f)	[mɔ̃taɲ]

rif (het)	**récif** (m)	[resif]
klip (de)	**rocher** (m)	[rɔʃe]
bos (het)	**forêt** (f)	[fɔrɛ]
jungle (de)	**jungle** (f)	[ʒœ̃gl]
savanne (de)	**savane** (f)	[savan]
toendra (de)	**toundra** (f)	[tundra]
steppe (de)	**steppe** (f)	[stɛp]
woestijn (de)	**désert** (m)	[dezɛr]
oase (de)	**oasis** (f)	[ɔazis]
zee (de)	**mer** (f)	[mɛr]
meer (het)	**lac** (m)	[lak]
oceaan (de)	**océan** (m)	[ɔseɑ̃]
moeras (het)	**marais** (m)	[marɛ]
zoetwater- (abn)	**d'eau douce** (adj)	[do dus]
vijver (de)	**étang** (m)	[etɑ̃]
rivier (de)	**rivière** (f), **fleuve** (m)	[rivjɛr], [flœv]
berenhol (het)	**tanière** (f)	[tanjɛr]
nest (het)	**nid** (m)	[ni]
boom holte (de)	**creux** (m)	[krø]
hol (het)	**terrier** (m)	[tɛrje]
mierenhoop (de)	**fourmilière** (f)	[furmiljɛr]

Flora

186. Bomen

boom (de)	**arbre** (m)	[arbr]
loof- (abn)	**à feuilles caduques**	[ɑ fœj kadyk]
dennen- (abn)	**conifère** (adj)	[kɔnifɛr]
groenblijvend (bn)	**à feuilles persistantes**	[a fœj pɛrsistɑ̃t]
appelboom (de)	**pommier** (m)	[pɔmje]
perenboom (de)	**poirier** (m)	[pwarje]
zoete kers (de)	**merisier** (m)	[mərizje]
zure kers (de)	**cerisier** (m)	[sərizje]
pruimelaar (de)	**prunier** (m)	[prynje]
berk (de)	**bouleau** (m)	[bulo]
eik (de)	**chêne** (m)	[ʃɛn]
linde (de)	**tilleul** (m)	[tijœl]
esp (de)	**tremble** (m)	[trɑ̃bl]
esdoorn (de)	**érable** (m)	[erabl]
spar (de)	**épicéa** (m)	[episea]
den (de)	**pin** (m)	[pɛ̃]
lariks (de)	**mélèze** (m)	[melɛz]
zilverspar (de)	**sapin** (m)	[sapɛ̃]
ceder (de)	**cèdre** (m)	[sɛdr]
populier (de)	**peuplier** (m)	[pøplije]
lijsterbes (de)	**sorbier** (m)	[sɔrbje]
wilg (de)	**saule** (m)	[sol]
els (de)	**aune** (m)	[on]
beuk (de)	**hêtre** (m)	[ɛtr]
iep (de)	**orme** (m)	[ɔrm]
es (de)	**frêne** (m)	[frɛn]
kastanje (de)	**marronnier** (m)	[marɔnje]
magnolia (de)	**magnolia** (m)	[maɲɔlja]
palm (de)	**palmier** (m)	[palmje]
cipres (de)	**cyprès** (m)	[siprɛ]
mangrove (de)	**palétuvier** (m)	[paletyvje]
baobab (apenbroodboom)	**baobab** (m)	[baɔbab]
eucalyptus (de)	**eucalyptus** (m)	[økaliptys]
mammoetboom (de)	**séquoia** (m)	[sekɔja]

187. Heesters

struik (de)	**buisson** (m)	[bɥisɔ̃]
heester (de)	**arbrisseau** (m)	[arbriso]

wijnstok (de)	**vigne** (f)	[viɲ]
wijngaard (de)	**vigne** (f)	[viɲ]
frambozenstruik (de)	**framboise** (f)	[frɑ̃bwaz]
zwarte bes (de)	**cassis** (m)	[kasis]
rode bessenstruik (de)	**groseille** (f) **rouge**	[grozɛj ruʒ]
kruisbessenstruik (de)	**groseille** (f) **verte**	[grozɛj vɛrt]
acacia (de)	**acacia** (m)	[akasja]
zuurbes (de)	**berbéris** (m)	[bɛrberis]
jasmijn (de)	**jasmin** (m)	[ʒasmɛ̃]
jeneverbes (de)	**genévrier** (m)	[ʒənevrije]
rozenstruik (de)	**rosier** (m)	[rozje]
hondsroos (de)	**églantier** (m)	[eglɑ̃tje]

188. Champignons

paddenstoel (de)	**champignon** (m)	[ʃɑ̃piɲɔ̃]
eetbare paddenstoel (de)	**champignon** (m) **comestible**	[ʃɑ̃piɲɔ̃ kɔmɛstibl]
giftige paddenstoel (de)	**champignon** (m) **vénéneux**	[ʃɑ̃piɲɔ̃ venenø]
hoed (de)	**chapeau** (m)	[ʃapo]
steel (de)	**pied** (m)	[pje]
gewoon eekhoorntjesbrood (het)	**cèpe** (m)	[sɛp]
rosse populierenboleet (de)	**bolet** (m) **orangé**	[bɔlɛ ɔrɑ̃ʒe]
berkenboleet (de)	**bolet** (m) **bai**	[bɔlɛ bɛ]
cantharel (de)	**girolle** (f)	[ʒirɔl]
russula (de)	**russule** (f)	[rysyl]
morille (de)	**morille** (f)	[mɔrij]
vliegenzwam (de)	**amanite** (f) **tue-mouches**	[amanit tymuʃ]
groene knolzwam (de)	**oronge** (f) **verte**	[ɔrɔ̃ʒ vɛrt]

189. Vruchten. Bessen

vrucht (de)	**fruit** (m)	[frɥi]
vruchten (mv.)	**fruits** (m pl)	[frɥi]
appel (de)	**pomme** (f)	[pɔm]
peer (de)	**poire** (f)	[pwar]
pruim (de)	**prune** (f)	[pryn]
aardbei (de)	**fraise** (f)	[frɛz]
zure kers (de)	**cerise** (f)	[səriz]
zoete kers (de)	**merise** (f)	[məriz]
druif (de)	**raisin** (m)	[rɛzɛ̃]
framboos (de)	**framboise** (f)	[frɑ̃bwaz]
zwarte bes (de)	**cassis** (m)	[kasis]
rode bes (de)	**groseille** (f) **rouge**	[grozɛj ruʒ]
kruisbes (de)	**groseille** (f) **verte**	[grozɛj vɛrt]

veenbes (de)	**canneberge** (f)	[kanbɛrʒ]
sinaasappel (de)	**orange** (f)	[ɔrɑ̃ʒ]
mandarijn (de)	**mandarine** (f)	[mɑ̃darin]
ananas (de)	**ananas** (m)	[anana]
banaan (de)	**banane** (f)	[banan]
dadel (de)	**datte** (f)	[dat]
citroen (de)	**citron** (m)	[sitrɔ̃]
abrikoos (de)	**abricot** (m)	[abriko]
perzik (de)	**pêche** (f)	[pɛʃ]
kiwi (de)	**kiwi** (m)	[kiwi]
grapefruit (de)	**pamplemousse** (m)	[pɑ̃pləmus]
bes (de)	**baie** (f)	[bɛ]
bessen (mv.)	**baies** (f pl)	[bɛ]
vossenbes (de)	**airelle** (f) **rouge**	[ɛrɛl ruʒ]
bosaardbei (de)	**fraise** (f) **des bois**	[frɛz de bwa]
bosbes (de)	**myrtille** (f)	[mirtij]

190. Bloemen. Planten

bloem (de)	**fleur** (f)	[flœr]
boeket (het)	**bouquet** (m)	[bukɛ]
roos (de)	**rose** (f)	[roz]
tulp (de)	**tulipe** (f)	[tylip]
anjer (de)	**oeillet** (m)	[œjɛ]
gladiool (de)	**glaïeul** (m)	[glajœl]
korenbloem (de)	**bleuet** (m)	[bløɛ]
klokje (het)	**campanule** (f)	[kɑ̃panyl]
paardenbloem (de)	**dent-de-lion** (f)	[dɑ̃dəljɔ̃]
kamille (de)	**marguerite** (f)	[margərit]
aloè (de)	**aloès** (m)	[alɔɛs]
cactus (de)	**cactus** (m)	[kaktys]
ficus (de)	**ficus** (m)	[fikys]
lelie (de)	**lis** (m)	[li]
geranium (de)	**géranium** (m)	[ʒeranjɔm]
hyacint (de)	**jacinthe** (f)	[ʒasɛ̃t]
mimosa (de)	**mimosa** (m)	[mimɔza]
narcis (de)	**jonquille** (f)	[ʒɔ̃kij]
Oostindische kers (de)	**capucine** (f)	[kapysin]
orchidee (de)	**orchidée** (f)	[ɔrkide]
pioenroos (de)	**pivoine** (f)	[pivwan]
viooltje (het)	**violette** (f)	[vjɔlɛt]
driekleurig viooltje (het)	**pensée** (f)	[pɑ̃se]
vergeet-mij-nietje (het)	**myosotis** (m)	[mjɔzɔtis]
madeliefje (het)	**pâquerette** (f)	[pakrɛt]
papaver (de)	**coquelicot** (m)	[kɔkliko]

hennep (de)	**chanvre** (m)	[ʃɑ̃vr]
munt (de)	**menthe** (f)	[mɑ̃t]
lelietje-van-dalen (het)	**muguet** (m)	[mygɛ]
sneeuwklokje (het)	**perce-neige** (f)	[pɛrsənɛʒ]
brandnetel (de)	**ortie** (f)	[ɔrti]
veldzuring (de)	**oseille** (f)	[ozɛj]
waterlelie (de)	**nénuphar** (m)	[nenyfar]
varen (de)	**fougère** (f)	[fuʒɛr]
korstmos (het)	**lichen** (m)	[likɛn]
oranjerie (de)	**serre** (f) **tropicale**	[sɛr trɔpikal]
gazon (het)	**gazon** (m)	[gazɔ̃]
bloemperk (het)	**parterre** (m) **de fleurs**	[partɛr də flœr]
plant (de)	**plante** (f)	[plɑ̃t]
gras (het)	**herbe** (f)	[ɛrb]
grasspriet (de)	**brin** (m) **d'herbe**	[brɛ̃ dɛrb]
blad (het)	**feuille** (f)	[fœj]
bloemblad (het)	**pétale** (m)	[petal]
stengel (de)	**tige** (f)	[tiʒ]
knol (de)	**tubercule** (m)	[tybɛrkyl]
scheut (de)	**pousse** (f)	[pus]
doorn (de)	**épine** (f)	[epin]
bloeien (ww)	**fleurir** (vi)	[flœrir]
verwelken (ww)	**se faner** (vp)	[sə fane]
geur (de)	**odeur** (f)	[ɔdœr]
snijden (bijv. bloemen ~)	**couper** (vt)	[kupe]
plukken (bloemen ~)	**cueillir** (vt)	[kœjir]

191. Granen, graankorrels

graan (het)	**grains** (m pl)	[grɛ̃]
graangewassen (mv.)	**céréales** (f pl)	[sereal]
aar (de)	**épi** (m)	[epi]
tarwe (de)	**blé** (m)	[ble]
rogge (de)	**seigle** (m)	[sɛgl]
haver (de)	**avoine** (f)	[avwan]
gierst (de)	**millet** (m)	[mijɛ]
gerst (de)	**orge** (f)	[ɔrʒ]
maïs (de)	**maïs** (m)	[mais]
rijst (de)	**riz** (m)	[ri]
boekweit (de)	**sarrasin** (m)	[sarazɛ̃]
erwt (de)	**pois** (m)	[pwa]
boon (de)	**haricot** (m)	[ariko]
soja (de)	**soja** (m)	[sɔʒa]
linze (de)	**lentille** (f)	[lɑ̃tij]

REGIONALE AARDRIJKSKUNDE

Landen. Nationaliteiten

192. Politiek. Overheid. Deel 1

politiek (de)	**politique** (f)	[pɔlitik]
politiek (bn)	**politique** (adj)	[pɔlitik]
politicus (de)	**homme** (m) **politique**	[nɔm pɔlitik]
staat (land)	**état** (m)	[eta]
burger (de)	**citoyen** (m)	[sitwajɛ̃]
staatsburgerschap (het)	**citoyenneté** (f)	[sitwajɛnte]
nationaal wapen (het)	**armoiries** (f pl) **nationales**	[armwari nasjɔnal]
volkslied (het)	**hymne** (m) **national**	[imn nasjɔnal]
regering (de)	**gouvernement** (m)	[guvɛrnəmɑ̃]
staatshoofd (het)	**chef** (m) **d'état**	[ʃɛf deta]
parlement (het)	**parlement** (m)	[parləmɑ̃]
partij (de)	**parti** (m)	[parti]
kapitalisme (het)	**capitalisme** (m)	[kapitalism]
kapitalistisch (bn)	**capitaliste** (adj)	[kapitalist]
socialisme (het)	**socialisme** (m)	[sɔsjalism]
socialistisch (bn)	**socialiste** (adj)	[sɔsjalist]
communisme (het)	**communisme** (m)	[kɔmynism]
communistisch (bn)	**communiste** (adj)	[kɔmynist]
communist (de)	**communiste** (m)	[kɔmynist]
democratie (de)	**démocratie** (f)	[demɔkrasi]
democraat (de)	**démocrate** (m)	[demɔkrat]
democratisch (bn)	**démocratique** (adj)	[demɔkratik]
democratische partij (de)	**parti** (m) **démocratique**	[parti demɔkratik]
liberaal (de)	**libéral** (m)	[liberal]
liberaal (bn)	**libéral** (adj)	[liberal]
conservator (de)	**conservateur** (m)	[kɔ̃sɛrvatœr]
conservatief (bn)	**conservateur** (adj)	[kɔ̃sɛrvatœr]
republiek (de)	**république** (f)	[repyblik]
republikein (de)	**républicain** (m)	[repyblikɛ̃]
Republikeinse Partij (de)	**parti** (m) **républicain**	[parti repyblikɛ̃]
verkiezing (de)	**élections** (f pl)	[elɛksjɔ̃]
kiezen (ww)	**élire** (vt)	[elir]
kiezer (de)	**électeur** (m)	[elɛktœr]

verkiezingscampagne (de) **campagne** (f) **électorale** [kɑ̃paɲ elɛktɔral]
stemming (de) **vote** (m) [vɔt]
stemmen (ww) **voter** (vi) [vɔte]
stemrecht (het) **droit** (m) **de vote** [drwa də vɔt]

kandidaat (de) **candidat** (m) [kɑ̃dida]
zich kandideren **poser sa candidature** [poze sa kɑ̃didatyr]
campagne (de) **campagne** (f) [kɑ̃paɲ]

oppositie- (abn) **d'opposition** (adj) [dɔpozisjɔ̃]
oppositie (de) **opposition** (f) [ɔpozisjɔ̃]

bezoek (het) **visite** (f) [vizit]
officieel bezoek (het) **visite** (f) **officielle** [vizit ɔfisjɛl]
internationaal (bn) **international** (adj) [ɛ̃tɛrnasjɔnal]

onderhandelingen (mv.) **négociations** (f pl) [negɔsjasjɔ̃]
onderhandelen (ww) **négocier** (vi) [negɔsje]

193. Politiek. Overheid. Deel 2

maatschappij (de) **société** (f) [sɔsjete]
grondwet (de) **constitution** (f) [kɔ̃stitysjɔ̃]
macht (politieke ~) **pouvoir** (m) [puvwar]
corruptie (de) **corruption** (f) [kɔrypsjɔ̃]

wet (de) **loi** (f) [lwa]
wettelijk (bn) **légal** (adj) [legal]

rechtvaardigheid (de) **justice** (f) [ʒystis]
rechtvaardig (bn) **juste** (adj) [ʒyst]

comité (het) **comité** (m) [kɔmite]
wetsvoorstel (het) **projet** (m) **de loi** [prɔʒɛ də lwa]
begroting (de) **budget** (m) [bydʒɛ]
beleid (het) **politique** (f) [pɔlitik]
hervorming (de) **réforme** (f) [refleʃir]
radicaal (bn) **radical** (adj) [radikal]

macht (vermogen) **puissance** (f) [pɥisɑ̃s]
machtig (bn) **puissant** (adj) [pɥisɑ̃]
aanhanger (de) **partisan** (m) [partizɑ̃]
invloed (de) **influence** (f) [ɛ̃flyɑ̃s]

regime (het) **régime** (m) [reʒim]
conflict (het) **conflit** (m) [kɔ̃fli]
samenzwering (de) **complot** (m) [kɔ̃plo]
provocatie (de) **provocation** (f) [prɔvɔkasjɔ̃]

omverwerpen (ww) **renverser** (vt) [rɑ̃vɛrse]
omverwerping (de) **renversement** (m) [rɑ̃vɛrsəmɑ̃]
revolutie (de) **révolution** (f) [revɔlysjɔ̃]
staatsgreep (de) **coup** (m) **d'État** [ku deta]
militaire coup (de) **coup** (m) **d'État militaire** [ku deta militɛr]

crisis (de)	**crise** (f)	[kriz]
economische recessie (de)	**baisse** (f) **économique**	[bɛs ekɔnɔmik]
betoger (de)	**manifestant** (m)	[manifɛstɑ̃]
betoging (de)	**manifestation** (f)	[manifɛstasjɔ̃]
krijgswet (de)	**loi** (f) **martiale**	[lwa marsjal]
militaire basis (de)	**base** (f) **militaire**	[baz militɛr]
stabiliteit (de)	**stabilité** (f)	[stabilite]
stabiel (bn)	**stable** (adj)	[stabl]
uitbuiting (de)	**exploitation** (f)	[ɛksplwatasjɔ̃]
uitbuiten (ww)	**exploiter** (vt)	[ɛksplwate]
racisme (het)	**racisme** (m)	[rasism]
racist (de)	**raciste** (m)	[rasist]
fascisme (het)	**fascisme** (m)	[faʃism]
fascist (de)	**fasciste** (m)	[faʃist]

194. Landen. Diversen

vreemdeling (de)	**étranger** (m)	[etrɑ̃ʒe]
buitenlands (bn)	**étranger** (adj)	[etrɑ̃ʒe]
in het buitenland (bw)	**à l'étranger** (adv)	[ɑletrɑ̃ʒe]
emigrant (de)	**émigré** (m)	[emigre]
emigratie (de)	**émigration** (f)	[emigrasjɔ̃]
emigreren (ww)	**émigrer** (vi)	[emigre]
Westen (het)	**Ouest** (m)	[wɛst]
Oosten (het)	**Est** (m)	[ɛst]
Verre Oosten (het)	**Extrême Orient** (m)	[ɛkstrɛm ɔrjɑ̃]
beschaving (de)	**civilisation** (f)	[sivilizasjɔ̃]
mensheid (de)	**humanité** (f)	[ymanite]
wereld (de)	**monde** (m)	[mɔ̃d]
vrede (de)	**paix** (f)	[pɛ]
wereld- (abn)	**mondial** (adj)	[mɔ̃djal]
vaderland (het)	**patrie** (f)	[patri]
volk (het)	**peuple** (m)	[pœpl]
bevolking (de)	**population** (f)	[pɔpylasjɔ̃]
mensen (mv.)	**gens** (m pl)	[ʒɛ̃s]
natie (de)	**nation** (f)	[nasjɔ̃]
generatie (de)	**génération** (f)	[ʒenerasjɔ̃]
gebied (bijv. bezette ~en)	**territoire** (m)	[tɛritwar]
regio, streek (de)	**région** (f)	[reʒjɔ̃]
deelstaat (de)	**état** (m)	[eta]
traditie (de)	**tradition** (f)	[tradisjɔ̃]
gewoonte (de)	**coutume** (f)	[kutym]
ecologie (de)	**écologie** (f)	[ekɔlɔʒi]
Indiaan (de)	**indien** (m)	[ɛ̃djɛ̃]
zigeuner (de)	**bohémien** (m)	[bɔemjɛ̃]

zigeunerin (de)	**bohémienne** (f)	[bɔemjɛn]
zigeuner- (abn)	**bohémien** (adj)	[bɔemjɛ̃]
rijk (het)	**empire** (m)	[ɑ̃pir]
kolonie (de)	**colonie** (f)	[kɔlɔni]
slavernij (de)	**esclavage** (m)	[ɛsklavaʒ]
invasie (de)	**invasion** (f)	[ɛ̃vazjɔ̃]
hongersnood (de)	**famine** (f)	[famin]

195. Grote religieuze groepen. Bekentenissen

religie (de)	**religion** (f)	[rəliʒjɔ̃]
religieus (bn)	**religieux** (adj)	[rəliʒjø]
geloof (het)	**foi** (f)	[fwa]
geloven (ww)	**croire** (vi)	[krwar]
gelovige (de)	**croyant** (m)	[krwajɑ̃]
atheïsme (het)	**athéisme** (m)	[ateism]
atheïst (de)	**athée** (m)	[ate]
christendom (het)	**christianisme** (m)	[kristjanism]
christen (de)	**chrétien** (m)	[kretjɛ̃]
christelijk (bn)	**chrétien** (adj)	[kretjɛ̃]
katholicisme (het)	**catholicisme** (m)	[katɔlisism]
katholiek (de)	**catholique** (m)	[katɔlik]
katholiek (bn)	**catholique** (adj)	[katɔlik]
protestantisme (het)	**protestantisme** (m)	[prɔtɛstɑ̃tism]
Protestante Kerk (de)	**Église** (f) **protestante**	[egliz prɔtɛstɑ̃t]
protestant (de)	**protestant** (m)	[prɔtɛstɑ̃]
orthodoxie (de)	**Orthodoxie** (f)	[ɔrtɔdɔksi]
Orthodoxe Kerk (de)	**Église** (f) **orthodoxe**	[egliz ɔrtɔdɔks]
orthodox	**orthodoxe** (m)	[ɔrtɔdɔks]
presbyterianisme (het)	**Presbytérianisme** (m)	[prɛsbiterjanism]
Presbyteriaanse Kerk (de)	**Église** (f) **presbytérienne**	[egliz prɛsbiterjɛn]
presbyteriaan (de)	**presbytérien** (m)	[prɛsbiterjɛ̃]
lutheranisme (het)	**Église** (f) **luthérienne**	[egliz lyterjɛn]
lutheraan (de)	**luthérien** (m)	[lyterjɛ̃]
baptisme (het)	**Baptisme** (m)	[batism]
baptist (de)	**baptiste** (m)	[batist]
Anglicaanse Kerk (de)	**Église** (f) **anglicane**	[egliz ɑ̃glikan]
anglicaan (de)	**anglican** (m)	[ɑ̃glikɑ̃]
mormonisme (het)	**Mormonisme** (m)	[mɔrmɔnism]
mormoon (de)	**mormon** (m)	[mɔrmɔ̃]
Jodendom (het)	**judaïsme** (m)	[ʒydaism]
jood (aanhanger van het Jodendom)	**juif** (m)	[ʒɥif]

boeddhisme (het)	**Bouddhisme** (m)	[budism]
boeddhist (de)	**bouddhiste** (m)	[budist]
hindoeïsme (het)	**hindouisme** (m)	[ɛ̃duism]
hindoe (de)	**hindouiste** (m)	[ɛ̃duist]
islam (de)	**islam** (m)	[islam]
islamiet (de)	**musulman** (m)	[myzylmɑ̃]
islamitisch (bn)	**musulman** (adj)	[myzylmɑ̃]
sjiisme (het)	**Chiisme** (m)	[ʃiism]
sjiiet (de)	**chiite** (m)	[ʃiit]
soennisme (het)	**Sunnisme** (m)	[synism]
soenniet (de)	**sunnite** (m)	[synit]

196. Religies. Priesters

priester (de)	**prêtre** (m)	[prɛtr]
paus (de)	**Pape** (m)	[pap]
monnik (de)	**moine** (m)	[mwan]
non (de)	**bonne sœur** (f)	[bɔn sœr]
pastoor (de)	**pasteur** (m)	[pastœr]
abt (de)	**abbé** (m)	[abe]
vicaris (de)	**vicaire** (m)	[vikɛr]
bisschop (de)	**évêque** (m)	[evɛk]
kardinaal (de)	**cardinal** (m)	[kardinal]
predikant (de)	**prédicateur** (m)	[predikatœr]
preek (de)	**sermon** (m)	[sɛrmɔ̃]
kerkgangers (mv.)	**paroissiens** (m pl)	[parwasjɛ̃]
gelovige (de)	**croyant** (m)	[krwajɑ̃]
atheïst (de)	**athée** (m)	[ate]

197. Geloof. Christendom. Islam

Adam	**Adam**	[adɑ̃]
Eva	**Ève**	[ɛv]
God (de)	**Dieu** (m)	[djø]
Heer (de)	**le Seigneur**	[lə sɛɲœr]
Almachtige (de)	**le Tout-Puissant**	[lə tupɥisɑ̃]
zonde (de)	**péché** (m)	[peʃe]
zondigen (ww)	**pécher** (vi)	[peʃe]
zondaar (de)	**pécheur** (m)	[peʃœr]
zondares (de)	**pécheresse** (f)	[peʃrɛs]
hel (de)	**enfer** (m)	[ɑ̃fɛr]
paradijs (het)	**paradis** (m)	[paradi]

Jezus	**Jésus**	[ʒezy]
Jezus Christus	**Jésus Christ**	[ʒezykri]
Heilige Geest (de)	**le Saint Esprit**	[lə sɛ̃tɛspri]
Verlosser (de)	**le Sauveur**	[lə sovœr]
Maagd Maria (de)	**la Sainte Vierge**	[la sɛ̃t vjɛrʒ]
duivel (de)	**le Diable**	[djabl]
duivels (bn)	**diabolique** (adj)	[djabɔlik]
Satan	**Satan**	[satɑ̃]
satanisch (bn)	**satanique** (adj)	[satanik]
engel (de)	**ange** (m)	[ɑ̃ʒ]
beschermengel (de)	**ange** (m) **gardien**	[ɑ̃ʒ gardjɛ̃]
engelachtig (bn)	**angélique** (adj)	[ɑ̃ʒelik]
apostel (de)	**apôtre** (m)	[apotr]
aartsengel (de)	**archange** (m)	[arkɑ̃ʒ]
antichrist (de)	**Antéchrist** (m)	[ɑ̃tekrist]
Kerk (de)	**Église** (f)	[egliz]
bijbel (de)	**Bible** (f)	[bibl]
bijbels (bn)	**biblique** (adj)	[biblik]
Oude Testament (het)	**Ancien Testament** (m)	[ɑ̃sjɛ̃ tɛstamɑ̃]
Nieuwe Testament (het)	**Nouveau Testament** (m)	[nuvo tɛstamɑ̃]
evangelie (het)	**Évangile** (m)	[evɑ̃ʒil]
Heilige Schrift (de)	**Sainte Écriture** (f)	[sɛ̃t ekrityr]
Hemel, Hemelrijk (de)	**Cieux** (m pl)	[sjø]
gebod (het)	**commandement** (m)	[kɔmɑ̃dmɑ̃]
profeet (de)	**prophète** (m)	[prɔfɛt]
profetie (de)	**prophétie** (f)	[prɔfesi]
Allah	**Allah**	[ala]
Mohammed	**Mahomet**	[maɔmɛ]
Koran (de)	**le Coran**	[kɔrɑ̃]
moskee (de)	**mosquée** (f)	[mɔske]
moellah (de)	**mulla** (m)	[mula]
gebed (het)	**prière** (f)	[prijɛr]
bidden (ww)	**prier** (vt)	[prije]
pelgrimstocht (de)	**pèlerinage** (m)	[pɛlrinaʒ]
pelgrim (de)	**pèlerin** (m)	[pɛlrɛ̃]
Mekka	**La Mecque**	[la mɛk]
kerk (de)	**église** (f)	[egliz]
tempel (de)	**temple** (m)	[tɑ̃pl]
kathedraal (de)	**cathédrale** (f)	[katedral]
gotisch (bn)	**gothique** (adj)	[gɔtik]
synagoge (de)	**synagogue** (f)	[sinagɔg]
moskee (de)	**mosquée** (f)	[mɔske]
kapel (de)	**chapelle** (f)	[ʃapɛl]
abdij (de)	**abbaye** (f)	[abei]

nonnenklooster (het) **couvent** (m) [kuvɑ̃]
mannenklooster (het) **monastère** (m) [mɔnastɛr]

klok (de) **cloche** (f) [klɔʃ]
klokkentoren (de) **clocher** (m) [klɔʃe]
luiden (klokken) **sonner** (vi) [sɔ̃]

kruis (het) **croix** (f) [krwa]
koepel (de) **coupole** (f) [kupɔl]
icoon (de) **icône** (f) [ikon]

ziel (de) **âme** (f) [ɑm]
lot, noodlot (het) **sort** (m) [sɔr]
kwaad (het) **mal** (m) [mal]
goed (het) **bien** (m) [bjɛ̃]

vampier (de) **vampire** (m) [vɑ̃pir]
heks (de) **sorcière** (f) [sɔrsjɛr]
demoon (de) **démon** (m) [demɔ̃]
duivel (de) **diable** (m) [djabl]
geest (de) **esprit** (m) [ɛspri]

verzoeningsleer (de) **rachat** (m) [raʃa]
vrijkopen (ww) **racheter** (vt) [raʃte]

mis (de) **messe** (f) [mɛs]
de mis opdragen **dire la messe** [dir la mɛs]
biecht (de) **confession** (f) [kɔ̃fesjɔ̃]
biechten (ww) **se confesser** (vp) [sə kɔ̃fese]

heilige (de) **saint** (m) [sɛ̃]
heilig (bn) **sacré** (adj) [sakre]
wijwater (het) **l'eau bénite** [lo benit]

ritueel (het) **rite** (m) [rit]
ritueel (bn) **rituel** (adj) [ritɥɛl]
offerande (de) **sacrifice** (m) [sakrifis]

bijgeloof (het) **superstition** (f) [sypɛrstisjɔ̃]
bijgelovig (bn) **superstitieux** (adj) [sypɛrstisjø]
hiernamaals (het) **vie** (f) **après la mort** [vi aprɛ la mɔr]
eeuwige leven (het) **vie** (f) **éternelle** [vi etɛrnɛl]

DIVERSEN

198. Diverse nuttige woorden

achtergrond (de)	**fond** (m)	[fɔ̃]
balans (de)	**balance** (f)	[balɑ̃s]
basis (de)	**base** (f)	[baz]
begin (het)	**début** (m)	[dəbu]
beurt (wie is aan de ~?)	**tour** (m)	[tur]
categorie (de)	**catégorie** (f)	[kategɔri]
comfortabel (~ bed, enz.)	**confortable** (adj)	[kɔ̃fɔrtabl]
compensatie (de)	**compensation** (f)	[kɔ̃pɑ̃sasjɔ̃]
deel (gedeelte)	**part** (f)	[par]
deeltje (het)	**particule** (f)	[partikyl]
ding (object, voorwerp)	**chose** (f)	[ʃoz]
dringend (bn, urgent)	**urgent** (adj)	[yrʒɑ̃]
dringend (bw, met spoed)	**d'urgence** (adv)	[dyrʒɑ̃s]
effect (het)	**effet** (m)	[efɛ]
eigenschap (kwaliteit)	**propriété** (f)	[prɔprijete]
einde (het)	**fin** (f)	[fɛ̃]
element (het)	**élément** (m)	[elemɑ̃]
feit (het)	**fait** (m)	[fɛ]
fout (de)	**faute** (f)	[fot]
geheim (het)	**secret** (m)	[səkrɛ]
graad (mate)	**degré** (m)	[dəgre]
groei (ontwikkeling)	**croissance** (f)	[krwasɑ̃s]
hindernis (de)	**barrière** (f)	[barjɛr]
hinderpaal (de)	**obstacle** (m)	[ɔpstakl]
hulp (de)	**aide** (f)	[ɛd]
ideaal (het)	**idéal** (m)	[ideal]
inspanning (de)	**effort** (m)	[efɔr]
keuze (een grote ~)	**choix** (m)	[ʃwa]
labyrint (het)	**labyrinthe** (m)	[labirɛ̃t]
manier (de)	**mode** (m)	[mɔd]
moment (het)	**moment** (m)	[mɔmɑ̃]
nut (bruikbaarheid)	**utilité** (f)	[ytilite]
onderscheid (het)	**différence** (f)	[diferɑ̃s]
ontwikkeling (de)	**développement** (m)	[devlɔpmɑ̃]
oplossing (de)	**solution** (f)	[sɔlysjɔ̃]
origineel (het)	**original** (m)	[ɔriʒinal]
pauze (de)	**pause** (f)	[poz]
positie (de)	**position** (f)	[pozisjɔ̃]
principe (het)	**principe** (m)	[prɛ̃sip]

probleem (het)	**problème** (m)	[prɔblɛm]
proces (het)	**processus** (m)	[prɔsesys]
reactie (de)	**réaction** (f)	[reaksjɔ̃]
reden (om ~ van)	**cause** (f)	[koz]
risico (het)	**risque** (m)	[risk]
samenvallen (het)	**coïncidence** (f)	[kɔɛ̃sidɑ̃s]
serie (de)	**série** (f)	[seri]
situatie (de)	**situation** (f)	[sitɥasjɔ̃]
soort (bijv. ~ sport)	**type** (m)	[tip]
standaard (bn)	**standard** (adj)	[stɑ̃dar]
standaard (de)	**standard** (m)	[stɑ̃dar]
stijl (de)	**style** (m)	[stil]
stop (korte onderbreking)	**arrêt** (m)	[arɛ]
systeem (het)	**système** (m)	[sistɛm]
tabel (bijv. ~ van Mendelejev)	**tableau** (m)	[tablo]
tempo (langzaam ~)	**tempo** (m)	[tɛmpo]
term (medische ~en)	**terme** (m)	[tɛrm]
type (soort)	**genre** (m)	[ʒɑ̃r]
variant (de)	**version** (f)	[vɛrsjɔ̃]
veelvuldig (bn)	**fréquent** (adj)	[frekɑ̃]
vergelijking (de)	**comparaison** (f)	[kɔ̃parɛzɔ̃]
voorbeeld (het goede ~)	**exemple** (m)	[ɛgzɑ̃p]
voortgang (de)	**progrès** (m)	[prɔgrɛ]
voorwerp (ding)	**objet** (m)	[ɔbʒɛ]
vorm (uiterlijke ~)	**forme** (f)	[fɔrm]
waarheid (de)	**vérité** (f)	[verite]
zone (de)	**zone** (f)	[zon]

www.ingramcontent.com/pod-product-compliance
Lightning Source LLC
LaVergne TN
LVHW051308080426
835509LV00020B/3171
* 9 7 8 1 7 8 4 9 2 3 2 7 3 *